中等职业教育国家规划教材
全国中等职业教育教材审定委员会审定

销售心理学基础

（第4版）

主　编　林　莉　汪飞燕

中国财政经济出版社

图书在版编目（CIP）数据

销售心理学基础/林莉主编．—4版．—北京：中国财政经济出版社，2015.8
中等职业教育国家规划教材
ISBN 978-7-5095-6255-0

Ⅰ.①销…　Ⅱ.①林…　Ⅲ.①销售-商业心理学-中等专业学校-教材　Ⅳ.①F713.55

中国版本图书馆CIP数据核字（2015）第133526号

责任编辑：康　苗　　　责任校对：胡永立
封面设计：陈　瑶　　　版式设计：董生平

中国财政经济出版社 出版
URL：http：//www.cfeph.cn
E-mail：cfeph @ cfeph.cn

社址：北京市海淀区阜成路甲28号　邮政编码：100142
营销中心电话：88190406　北京财经书店电话：64033436　84041336
北京财经印刷厂印刷　各地新华书店经销
787×1092毫米　16开　10.25印张　243 000字
2015年8月第4版　2017年1月北京第2次印刷
定价：18.00元
ISBN 978-7-5095-6255-0/F·5037
（图书出现印装问题，本社负责调换）
本社质量投诉电话：010-88190744
打击盗版举报热线：010-88190492，QQ：634579818

第4版前言

销售心理学是将心理学应用于企业生产与销售过程中而形成的一门综合性的应用学科，主要研究企业生产与销售活动中经营者与消费者双方心理沟通的一般过程。中等职业教育国家规划教材《销售心理学》（第3版）自出版以来，得到全国中等职业院校以及部分高等职业院校和企业的认可，多次印刷，发行量不断上升，受到广大师生和企业员工的好评。

为全面贯彻落实《国家中长期教育改革和发展规划纲要（2010—2020年）》和《中等职业教育改革创新行动计划（2010—2012年）》，我们参考2014年颁布的《中等职业学校市场营销专业教学标准（试行）》，对教材进行了修订。本次修订以“目标导向、岗位实践、理实一体”为总体指导思想，以满足中等职业学校财经类专业教学以及培养适应新时代要求的技能型人才的需要。主要修订了以下几个方面的内容：

第一，改变了以往纯理论教学的模式，根据“项目导向、任务驱动”的要求，将传统的章节修改为项目和任务，让学生在项目、任务的指引下，完成对销售心学相关理论的学习和理解。

第二，根据近年来对相关专业职业分析的结果，教材内容删掉了一些不符合实际的、过于陈旧的知识点，增加了与销售心理实践发展相一致的新思想、新观点，比如增加了网络购物心理需求相关内容，使本书在内容上更具时代性。

第三，更新了第3版中的所有案例，加入学习资源链接、训练与思考，并且文中配上了相关图片，使得内容更加符合现代职业教育和培训学习的需求，提高了中职学生的学习兴趣，达到更加有效的教学、培训的目的。

本次修订由安徽工商职业学院的林莉教授、汪飞燕副教授负责，在修订中参考了大量的文献，得到了有关学校、企业领导以及教师和员工的大力支持，在此深表感谢。另外，书中难免存在偏颇、遗漏与不足之处，恳请广大读者批评指正。

编　者

2015年6月

目 录

项目一 绪 论

案例导入

“康师傅”开拓中国大陆方便面市场

顶新企业的创始者是来自台湾的魏家四兄弟。1988 年，魏家兄弟开始在大陆投资设厂，刚到大陆时，他们不仅感到内地地理环境很大，而且看到了内地市场蕴涵着的巨大商机，特别是注意到当时许多家庭的食用油都是品质较差的散装油，于是想到做生不如做熟，决定把在台湾经营油脂的家族经验移植到内地，在内地生产高品质的包装食用油。因此，顶新在大陆发展的第一步就是在北京生产“顶好清香油”。但由于缺乏对市场的了解，商品价格不为顾客所接受，生产的“顶好清香油”叫好不叫座，导致公司入不敷出。后来，顶新又在济南投资生产“康莱蛋酥卷”，还曾到内蒙古投资一个蓖麻油项目，但都以失败告终。从台湾带来的 1 亿元台币赔掉了 80%。

爱因斯坦曾说过：“成功需要 99% 的努力和 1% 的灵感。”魏氏兄弟在创业道路中所需要的正是这 1% 的灵感，而不可思议的是，这 1% 的灵感竟然是在一次旅途中偶然诞生的。

现为顶新董事长的魏应行一次出差旅行，因为不太习惯火车上的饮食，便带了两箱从台湾捎来的方便面，没想到这些在台湾非常普通的方便面引起了同车旅客极大的兴趣，大家都觉得这面好吃、方便，到后来甚至有人忍不住“偷”吃起来，两箱方便面很快一扫而空。

就是这次经历，魏应行发现了一个新的创业契机。于是，他冷静地分析了大陆的方便面市场，发现当时的方便面市场两极化：一边是国内厂家生产的廉价面，几毛钱一袋，但是质量差，面条一泡就糟，调味料就像是味精水；另一边是进口面，质量好，但是五六元一碗，一般顾客接受不了。如果有一种方便面，味美价廉，价格在一两元钱，一定很有市场，而且随着生活节奏的加快，人们对方便食品的需求量一定会越来越大。

品牌 + 口味：康师傅一炮打响

看准了方便面市场，顶新企业又重新振作起来，他们劝说股东继续投资，然后一头扎进这个崭新的领域。他们首先考虑如何为商品命名。为此，他们下了一番功夫，给商品起名叫

"康师傅"。"康"代表健康，念起来也很响亮；"师傅"是大陆最普遍的尊称，也是专业、好手艺的代名词，康师傅叫起来既上口，又亲切，再配上笑容可掬、憨厚可爱的"胖厨师"形象，是一个很具号召力的品牌。

确定了品牌名称，接下来就是开发适合大陆口味的面，经过公司调研部门上万次的口味测试和调查发现：大陆人口味偏重，而且比较偏爱牛肉口味，于是公司决定以"红烧牛肉面"作为进入市场的主打商品。在工艺上，公司从日本、德国进口了最先进的生产设备，采用特选面粉，经蒸煮、淋汁、油炸制成面饼，保证了面条劲道，久泡不糟，再加上双包调料和细肉块调配出的美味汤汁，售价仅在2元左右，使得"好吃看得见"的康师傅方便面一亮相便征服了顾客。

商品质量——康师傅的不懈追求

从生产第一包方便面起，顶新就把商品的高质量作为自己的追求。顶新的每一家工厂就像孪生兄弟一样，厂区内除了厂房便是成片的绿地，宽敞的厂房将原物料库、生产车间、成品库有机地结合在一起成为一个封闭的整体空间，从而有效地避免了中间环节交叉污染的可能性，为制造优质的商品创造了一个良好的外部环境。

要追求高品质，就要有高起点。顶新从日本、德国、丹麦等国引进先进的生产设备，为了进料精确，顶新引进德国用于制药的AZO给料系统。为了使面条达到波拉奔德标准（口感劲道程度），顶新还花60万元进口了一部检测仪。

在方便面生产线上，成品面都要通过严格检测，分量不够或是有异物的一经检出即被气流吹到旁边的次品箱内。为了不让任何一个次品流入社会，影响康师傅的信誉，这些次品被粉碎并加工成饲料，包装材料则送到焚化炉焚化。

在顶新生产车间的门口有一面镜子，员工进车间先照镜子，难道进车间还要化妆？原来照镜子是检查员工衣着是否整齐。照完镜子，还要过一道风门。将员工身上的落发和尘土吹去。进了车间，还要戴上一种特殊的帽子，以防止人为的污染。

品质保证不仅靠先进设备，更要靠严格的管理。顶新采用TQC全面品质管理系统，从原物料采购、生产到销售，每一个环节都在严格的管理控制之中。根据制度规定，品保部门直接向公司总经理负责，不受生产单位制约，他们的身影到处可见。在生产线上，有很多管制点，如配比、温度、压延、切丝、油炸等等，都是他们的用武之地。成品下线，还要经品保人员确认方可入库。在库区，方便面分区存放，就连方便面箱码放也很有讲究，为在运输中避免商品破损、变质，顶新还坚持使用成本较高的专用运输车。

在顶新，品保的概念已不只是制度和口号，而已成为深入人心的实际行动。自1995年顶新率先将ISO9002质量认证体系引进方便面生产以来，到目前为止，集团旗下已有7家方便面生产公司通过了认证。

顾客满意——康师傅的承诺

"物超所值"是康师傅对顾客的一个不变的承诺，为了做到这一点就要不断前进。首先从商品质量上，随着市场销量的不断上升和生产规模的不断扩大，各种原物料的供应问题显得越来越突出，不是供货不及，就是质量不合要求。在这种情况下，公司决定以合作经营方式引进台湾专业制造商来大陆投资设厂。从1993年开始先后建成了纸箱厂、PSP碗厂、包膜厂、塑料叉厂等配套服务厂，完成了产业的垂直整合，既保证了商品质量的稳定，降低了成本，又为康师傅的进一步发展奠定了坚实的基础。

在保证商品质量的同时，康师傅还尽心竭力地做到让顾客满意。为了将最新鲜的商品及时送到顾客手中，同时也为了避免因长途运输造成的地区差价，顶新从1994年开始相继在广州、杭州、武汉、重庆、西安、沈阳、青岛等地设立生产基地，生产线也从1条增加到88条，并根据各地的口味差异，开发生产了20余种不同口味的商品。为了出门在外的顾客吃得方便，康师傅还首创在碗面上加放塑料叉，真正做到了随时随地提供方便。此项创举迅速成为潮流，使得所有生产方便碗面的厂家纷纷仿效，碗面配小叉成了一项不成文的标准。

通路精耕——康师傅畅销全国

康师傅方便面从1992年上市后，商品供不应求、销路很畅，但销售周期长。进入1996年，同类商品纷纷上市，竞争日趋激烈，原有的销售渠道和周期很难将商品顺利推上市场。为此，集团提出“通路精耕”的概念，意在减少销售环节、缩短流通周期。

为了规范市场，顶新还将国内市场划分为1500个区域，每个区域找一个专属经销商，通过严谨的供销合同，使经销商与顶新集团成为命运共同体，权利、义务明确，这样可以有效地避免由于批发商过多导致的恶性竞争。

通过“通路精耕”措施，康师傅在全国地级城市成立了超过200个自销售和配送网点，并在距全国各级批发市场100米的范围内设立了100多个“前进仓库”，加上直营商场、大型超市和由14000家经销商所形成的销售网络，使康师傅商品畅销全国。

如今，康师傅方便面已得到广大顾客的支持和认可，康师傅品牌知名度已达到95%，康师傅方便面的市场占有率达到35%，当之无愧地成为中国方便面的领导品牌。

（资料来源：王永．营销心理学实用教程［M］．北京：化学工业出版社，2010.）

问题引出：“康师傅”如何运用销售心理学方面的知识进行销售？

任务一 什么是销售心理学

学习目的

通过完成本任务，了解心理学有哪些基本概念，以及销售心理学有哪些基本概念，从而在销售过程中能够分析与抓住顾客的本质心理。

一、什么是心理学

心理学是一门研究人的心理现象及其规律的科学。心理学起源于西方哲学，成形于现代社会，是一门古老而又年轻的科学。人类历经了漫长的岁月来探索我们为什么这样或者那样做事情，古代的哲学家和文学家就已经开始了这类问题的研究，而直到现在，心理学家才把这一类问题实现了系统化、知识化。德国的心理学家威廉·冯特被认为是实验心理学之父，他于1879年在德国的莱比锡建立了第一个心理实验室，也是从那时开始，实验心理学家开始了对人类和动物的心理、情感、感觉、知觉和认知的研究。

随着时代的发展，心理学的应用日益广泛，并形成了一个个重要的科学分支，如：①实验心理学与心理学的生物基础分支：实验心理学、生理心理学；②人类行为的发展与展现：发展心理学、人格心理学、社会心理学；③行为的矫正与治疗：变态心理学、临床心理学与咨询心理学；④教与学的相关领域：认知心理学、教育心理学、教学心理学和学校心理学；⑤经济发展所需的心理学：工业与组织心理学、人因心理学、销售心理学与广告心理学；另外还有健康心理学、职业心理学、进化心理学、个体差异等分支。

心理学的研究，涵盖了人的各个活动层面：内心与外显的、个体与群体的，这也构成了心理学的整体内容。如今，心理学家的活动领域相当广泛。随着社会的进步和科学的发展，新的学术领域不断被开拓，来源于人类实践、又适应人类发展需要的新学科不断产生，它们以某种事物为专门研究对象，为人类研究、认识各种事物提供理论依据。临床心理学家一般工作在心理咨询中心、精神卫生中心和医院，尽管他们也做研究，但他们主要为那些需要帮助的人提供建议，解决他们的心理困惑，帮助来访者健康成长，对那些有比较严重的心理疾病患者，如强迫症、抑郁症、精神分裂症等采用行为矫治或者药物治疗。健康心理学家关注于心理与健康的关系，他们研究心理学的方法在疾病的预防和治疗中的重要作用。在学校，教育心理学家发挥着重要的作用，教育心理学家研究学生是如何学习，教师应该怎样教学，教师如何才能把知识充分地传授给学生，以及如何针对不同的课程设计不同的授课方式等；而且教育心理学家还负责学校学生的心理辅导与健康成长的工作。在监狱、犯罪研究机构以及司法部门，活跃着的心理学家通常被称为司法心理学家，他们研究社会犯罪的特征与规律，为决策机构提供预防、减少犯罪的措施，帮助偏离社会正轨的人重新踏上社会，有时也为司法部门在精神障碍病人犯罪的判决问题上提供科学定罪的依据。工业和组织心理学家帮助公司组织他们的人力资源。其实，凡是有人的地方就有心理学的用武之地，学些心理学的知识，无论是生活、工作还是学习都有着现实的意义。

二、什么是销售心理学

销售心理学作为心理学的一个分支，它的研究对象是：商品销售活动中顾客的购买心理现象和销售人员销售心理现象的产生、发展、变化的一般规律，以及销售过程中销售人员与顾客的心理沟通，内部因素和外部因素对销售人员和顾客的心理影响。具体地说，销售心理学就是研究顾客心理、销售人员或售货员心理、推销员心理，其中侧重研究顾客心理的一般活动过程和购买行为心理，以及销售人员如何与顾客达到心理上的沟通。

销售心理学研究对象的确立，是由商品销售活动中特有的矛盾决定的。销售活动中形成的买卖关系，构成了买与卖这一对矛盾。这对矛盾运动贯穿于销售活动的全过程，并决定着销售工作的成败，即商品是否能够最终销售出去，实现其使用价值与价值构成这对矛盾的直接主体是销售人员与顾客（顾客）他们之间在商品等价交换的原则下，站在各自的角度来考虑买卖问题。一般来说，销售人员从销售商品出发，其心理活动总是遵循着尽快把商品卖出去的轨迹发展；而顾客则从商品的使用价值出发，其心理活动又总是遵循着不着急、慢慢挑，直到选到一件满意商品为止的轨迹发展。两者之间不同的心理活动轨迹，构成了买与卖这一对心理矛盾，即买者心理与卖者心理的矛盾。因而，这就决定了销售心理学的研究对象是顾客购买心理和销售人员的销售心理，以及销售人员心理与顾客心理的沟通。这是一种双向的心理沟通，即销售人员的心理需要得到顾客的理解与支持；顾客的心理需要也要得到销售人员的理解与支持。当然，销售活动中涉及的人和事物是多方面的，本书不仅侧重研究商品销售活动中当事人双方的心理现象，同时也对商品销售条件对当事人心理现象的产生和发展的影响进行了必要的研究，并从不同的方面和角度，探讨商品销售活动中双方当事人的心理活动过程。因此，学习、掌握销售心理学的基本原理是进行销售活动的基础。它的现实意义，不仅在于理论上的学习，而且在于把理论知识的成果运用于指导销售活动的实践中去。

任务二 销售心理学的产生与发展

学习目的

通过完成本任务，掌握销售心理学的发展经历了哪些阶段，从而在销售过程中针对本企业和销售人员本身的特点，找到最适合自身的销售方式。

销售心理学作为一门在多学科交叉融合基础上形成独立的边缘性学科，19 世纪末 20 世纪初产生于商品经济发达的美国。它的发展大体上经历了以下三个阶段。

一、形成阶段

从 19 世纪末到 20 世纪 30 年代，有关研究消费者心理与行为的理论开始出现并得到了初步的发展。

在 19 世纪末 20 世纪初，主要资本主义国家完成了工业革命。资本主义经济迅速发展，市场上开始出现商品过剩，企业之间竞争加剧。在这种情况下，一些商品经营者为了更快地推销商品，开始研究如何向消费者提供商品和劳务信息问题，并开展了大规模的广告宣传活动，与此同时，一些人把心理学开始引向了销售领域，对消费者的心理及消费行为进行研究，以便有针对性地开展市场销售活动。

1895 年，美国明尼苏达大学心理学教授 H. 盖尔曾用问卷法调查研究广告效果，即广告在消费者购买动机和购买行为发生中能发挥的作用。美国的社会心理学家 W. D. 斯科特于 1901 年 12 月 20 日在美国西北大学的学术报告中，首次正式提出心理学可以运用于广告学上，开创了销售心理学研究的先河。1903 年他汇编了 20 余篇论文出版了《广告理论》一书，标志着销售心理学的雏形——广告心理学的诞生。该书较系统地论述了在商品广告中如何运用心理学原理以引起消费者的注意和兴趣。1912 年，德国心理学家闵斯特伯格在出版的《工业心理学》一书中阐述了在商品销售中，广告和橱窗陈列对消费者心理的影响。1925 年美国经济学家科普兰出版了《销售学》一书，书中对消费者的购买动机进行了详尽的研究。他提出的购买动机可以划分为情感动机和理智动机的分类，至今还有一定的意义。1925 年深受机能主义学派影响的卡内基人事研究所所长 E. K. 斯特朗出版了《销售与广告心理学》，书中重点论述了购买者的动机、市场调查、销售理论、前景分析、开场—介绍—收尾的交谈策略、选拔培训、销售管理以及销售、市场与广告之间的联系。美国西北大学心理学教授克伦也认为，要搞好推销工作，推销员要揣摩好消费者的心理，在他们的最佳心理时刻，即易于接近实现购买行为的时刻向他们推销产品，以取得事半功倍的效果。还有一些心理学家也在有关的著作中研究消费者心理和行为问题。20 世纪的前三十年，销售心理学处于萌芽和形成阶段。

二、成熟阶段

从 20 世纪 30 年代到 60 年代末，消费者行为研究广泛地应用于市场销售活动并得到迅速发展。

1929 ~ 1939 年整个资本主义世界出现了严重的经济危机。市场商品大量的供过于求，销售极为困难。企业在困境中要求得生存与发展，必须要解决产品销路问题。第二次世界大战以后，美国的军事工业转向民用消费品的生产，加剧了市场商品供过于求所引起的矛盾以及消费需求的多变性。严重的生产过剩、消费萎缩和消费需求的复杂多变，迫使许多心理学家和经济学家们不得不为刺激消费、扩大需求而寻求新的出路。由此，消费者需求的研究成了心理学家和经济学家的热门话题，以消费者为中心的新市场营销观念开始占据统治地位，销售心理学无论是在理论上还是在实证上，都有了突破性的进展。震撼资本主义经济学界的所谓“凯恩斯革命”的主要构成部分，恰恰是以消费心理的分析作为重要理论依据的。J. M. 凯恩斯于 1936 年发表了他的代表作《就业、利息和货币通论》。凯恩斯认为，当时社会有效需求不足的根本原因是三个基本心理规律发挥作用的结果。这三个基本心理规律分别是：（1）边际消费倾向递减规律或称之为边际储蓄倾向递增规律；（2）资本边际效益递减规律；（3）流动偏好规律。正是这三个基本心理规律制约着消费，从而形成了消费需求和投资需求不足。解决需求不足的途径是什么？凯恩斯认为，应该通过国家的干预，增加政府支出以扩大需求。同时，国家还应通过减免税收以鼓励消费者增加支出，鼓励企业家积极投资。凯恩斯试图通过需求管理刺激社会总需求的理论，是从宏观经济的角度论证的。作为工商企业，如何扩大本企业产品的市场范围、提高市场占有率、增加消费者的需求量，就成为销售心理学研究的主要内容了。为了扩大消费需求，缩小和消除产品过剩危机，要求企业必须了解消费者的需求，唤起消费者的购买欲望，促进消费者购买行为的发生，为此，专门以消费者为对象的消费者研究会出现了。广告心理的研究也不断深入和成熟，以消费者为中心的市场研究也得到了长足发展。这些，都强化了人们对消费者心理的探索，并取得了可喜的成果，使销售心理学作为一门独立学科，逐步发展完善并已走向了自己的成熟阶段。

三、繁荣阶段

第二次世界大战以后，销售心理学随着科学技术的进步和资本主义市场经济的迅速发展而走向自己的繁荣时期。1953 年，美国广告基金会公布了 80 多个商业机构采用投射技术，通过对消费者心理进行的深层次研究所揭示出来的消费者动机，引起了人们的注意。心理学家布朗从 1953 年开始研究消费者对商标的倾向性。1957 年，社会心理学家鲍恩研究参照群体对消费者购买行为的影响。1960 年，由心理学界、企业界、医学界、法律界等方面的权威者共同发起，在美国正式成立了“消费者心理学会”。1969 年成立了顾客协会。自从 20 世纪 70 年代以来，有关消费者心理与行为的研究论文、报告、专著数量剧增，质量日臻完善，研究方法也越来越科学，许多新兴学科如计算机、经济数学、行为科学也被运用于消费者行为的研究，并且被广泛应用于工商企业的生产经营活动，与市场销售关系日益密切。目前，它已成为西方国家市场销售管理人员和大专院校经济类专业学生的一门必修课。

近些年，随着整个经济的发展和消费领域的日益复杂化，销售心理学的研究出现了新的趋势：(1) 理论得到进一步发展；(2) 重视宏观方面的系统研究，不少研究者能够从整个社会经济系统的高度去研究消费行为；(3) 转向因果关系的研究，即由过去单纯地确认描述变量关系，转向解释性的研究和对因果关系的探讨；(4) 引入现代研究方法进行研究，即对心理学的基本范畴如动机、人格等现代方法进行研究。

1978 年以前，我国的一些学者也曾进行了销售心理理论与实践方面的研究工作。但是由于不发达的商品经济和计划经济管理模式，没有从客观上提出需要，使这一研究停留在比较肤浅的层面上。党的十一届三中全会以来，随着党和国家工作重点转移到经济建设和改革开放的深入发展以及社会主义市场经济体制的确立，国民经济得到快速健康持续的发展，市场上商品日益丰富，并逐步由卖方市场转化为买方市场。于是，销售心理学越来越受到学术界、教育界和企业界的重视，对消费心理与行为的研究和对销售心理学的介绍与普及，在我国已经取得了一定的成果。目前具有我国特色的适应社会主义市场经济发展需要的销售心理学体系正在探索和形成过程中，随着市场经济的迅速发展和市场经济体制的日臻完善，我国销售心理学的科学体系必将迅速建立和发展起来。

任务三 学习销售心理学的现实意义

学习目的

通过完成本任务，了解销售人员认识和学习销售心理学的重要性和现实意义，促使销售人员在日常工作与生活中，更加积极地学习和深入理解销售心理学。

在销售过程中，有时候会遇到销售人员销售效果一般，销售技能技巧不佳的情况。在这种情景中，很有可能是这些销售人员没有意识到学习销售技巧、运用销售心理学重要性的原因。销售人员除了对销售的技能技巧进行训练外，还必须深刻认识学习销售心理学的意义，掌握销售心理学的知识，才能在现实工作中有效采取销售策略。

一、学习销售心理学，有助于促进商品生产和销售，更好地实现社会生产目的

随着市场经济的发展，市场巨变，已由卖方市场逐步转向买方市场，即由生产销售者占主导地位的市场向顾客占主导地位的市场环境转化，买方市场区别于卖方市场的主要标志是：生产不再是以原料、设备、能源为起点，而是以市场、顾客的需要为起点；消费也不再是被动消费，即生产者生产什么，顾客就购买什么，顾客就消费什么的行为，而是积极的、主动的、以自己的需要和好恶心理进行购买选择的行为。顾客需求的变化，引起购买行为的

变化；购买行为的变化，又引起市场的变化，市场的变化，又引起商品生产的变化。这就要求企业生产者、商品经营者和商品销售者，在认真分析顾客对商品的心理需求及发展趋向的基础上，合理制订销售计划和组织货源，引导和调节商品生产。顾客对商品的心理需求是多方面的，包括造型、规格、色彩、商标、命名、包装、价格等，销售部门应根据顾客的心理需求，在学习商品对顾客心理影响以及商品心理价值的基础上预测商品销售趋势，科学地制订销售计划，组织符合人们需要的消费品，从而引导商品生产部门按需生产，有效地调节商品的数量、品种、款式等，提高商品的内在质量和外观质量。在现代市场上，生产者、经营者和顾客是一个有机的整体，经营者又是生产者和顾客的中介，销售人员是这一中介商品直接销售者，能及时获得来自顾客的各种信息。销售人员可以及时把市场需求的信息，特别是顾客购买心理变化的信息迅速反馈给商品生产部门，指导并促进生产部门按需生产。销售人员与市场联系密切，对市场的信息反应比较灵敏，对市场上各种商品的数量、质量、品种、规格、式样等方面是否满足顾客的需求拥有第一手情报。因而，销售人员可以根据顾客对商品需求的变化情况，促使生产部门生产适销对路商品，增加花色品种。还可以根据对顾客心理的学习，提供符合顾客心理特点的商品样品或设计意图，以便更好地满足顾客的需要。

二、学习销售心理学，有助于观察和判断顾客的心理发展变化，有预见性和有针对性地处理好买卖双方之间的矛盾，提高商品销售艺术，促进经济发展

在商品销售活动中，销售人员或推销员通过细心观察顾客的言谈举止和表情流露，了解他们的购买心理，诸如需求、偏爱、顾虑等，有意识地采取恰到好处的接待方法，就能把整个买卖过程变成一种心情舒畅、欢乐喜悦的交际活动过程，顺利促成顾客的购买行为。

从心理学角度来考虑，要在顾客千变万化的购买行动中，掌握他们的心理特征和心理需求，是一件极为复杂、极为细致的工作。销售心理学正是为学习、探索这一问题，回答这一问题而提供了相关的知识与方法。它赋予销售人员一定的心理学知识，培养其良好的心理素质。如：形成顾客对某种商品需求的主要原因和引起某种商品社会性流行的主要因素；顾客对某种商品的商标或包装发生兴趣或偏好的心理基础；各类顾客由于生活条件、工作特点等因素长期形成的消费习惯或购买习惯等；判断顾客的性格类型；销售人员自身的个性心理特征；销售人员自身的品质、性格、能力等。这样，就能使销售人员从销售活动中掌握顾客心理活动变化的规律性，全面了解顾客在购买阶段各个时期的心理需求，以便确定销售策略，讲究服务艺术。

三、学习和运用销售心理学，有利于适应国内外市场经济形势的变化，提高市场竞争力

国际市场竞争告诉我们，一种商品竞争力的高低、一个企业经营的成败，与这种商品是否适合顾客的心理需求以及采取何种经营对策有着密切的关系。中国的商品销售者们要适应国内外新的经济形势，特别是要在国际市场上能够竞争取胜，就必须在市场销售的各个方面采取适应顾客心理的策略与方法。随着现代科学技术的进步和商品经济的发展，以及生产分工细化和多样化的发展、社会消费需求的改变，商品及其经营必须满足顾客心理需求越来越显得重要。所以，商品销售者只有努力掌握销售心理学知识，并把这些知识运用到商店环境布置、商品包装、商业广告、服务接待等方面中去，注重和提高经营艺术，才能在瞬息万变的国内外市场上应付自如。过去我们由于对国外顾客心理特点缺乏必要的了解，在国际贸易上有过不少失败的教训，如大象深受印度人民的喜爱，而欧洲人则认为它呆头呆脑，缺乏灵气，结果出口欧洲的“大象”牌电池，因为商品名称犯忌而销路不畅；红色在中国、日本等东亚国家是喜庆的象征，而在德国和瑞典则表示凶兆，因而销往德国和瑞典的红色爆竹就备受冷落。

【学习资源链接】

1. 精品视频讲座推荐：《人际关系学》。讲师：曾仕强，台湾兴国管理学院校长、台湾智慧大学校长、台湾交通大学教授、英国莱斯特大学管理哲学博士。专研领域：中、美、日管理比较；中、西管理思想比较；中国人的民族性与管理，被企业界尊称为中国式管理大师、华人三大管理学家之一。

2. 延伸阅读。

现代心理学的八大主题

心理学之所以有不同理论，其原因之一是，不同的心理学家对人性持有不同的观点与解释；其原因之二是，不同的心理学家对人性表现的各行为层面，持有不同的观点与解释。换言之，第一个原因是因对心理学的整体观念不同而异，第二个原因则是因对心理学范围内各主题的看法不同而异。讨论至此，读者自然会问：现代心理学包括哪些重要主题？要回答此问题，我们必先确定问题的范围与层次。如果我们把范围与层次确定在一般性或基础性讨论的普通心理学的范围内，主要包括以下八大主题：

（1）心理的生理基础。科学心理学发展之初，即与生理学具有密切的问题。

（2）感觉与知觉。现代心理学对感觉与知觉的研究，旨在探究个体如何以其各种感觉器官为通路，去觉察、认识以至解释其周围的世界。感觉是知觉的记录员，主要是以生理功能为基础；知觉是感觉的评判者，主要是受心理因素支配。

（3）学习心理观。心理学对学习心理的研究，旨在探究个体在与环境（包括人事物等）交感互动时，行为获得或经验改变的历程。因此，学习并不限于学校中传授的知识，举止动作、技能、语言、生活习惯、记忆、概念、认知、思考、推理、判断等，均包括在学习心理专题研究范围之内。自然，学习原理的研究带有应用的目的，增进学校教学效果，即应用目的之一。

（4）身心发展。现代心理学上对身心发展的研究，旨在探究个体的身心改变与其年龄增长两者间的关系。早期的发展研究，在年龄上只研究儿童与青年，现代心理学将发展的年限向前后延伸，从产前生命开始起，一直到老死为止，包括了个体一生的全程。

（5）个别差异。现代心理学上所研究的个别差异，主要集中在能力差异与性格差异两方面。个别差异研究的目的，一方面探究差异形成的原因并建立差异的系统理论，另一方面陈述差异的事实，提供教育上因材施教与社会上适才分工的根据。

（6）动机与情绪。现代心理学上一般将动机与情绪相连，视为一个大主题。动机是行为发生与改变的内在动力，情绪则是动机满足与否所带来的行为反应；两者性质虽不尽相同，但有连带关系。

（7）社会心理。现代心理学上对社会心理的研究，旨在探究在团体活动中，个体在行为上或心理历程上，受团体的影响，或个体与个体之间彼此的影响，从而了解人际间的互动关系，以建立系统的社会心理学理论。

（8）异常行为与心理治疗。现代心理学对异常行为的研究，旨在从个体行为的异常现象，探究其导致异常的原因，除从而建立变态心理学的理论外，评析目前流行之各种心理治疗方法。

（资料来源：李长秋．消费心理学［M］．北京：科学出版社，2009．）

训练与思考

训练思考一：

1. 将学生进行分组，选择3～4家在当地具有代表性的商场或者专卖店，组织学生利用课外时间到商场或专卖店开展现场调研，运用观察法进行消费心理研究，将观察到的客观情况如实记录。

2. 各小组将观察记录在课堂上进行分组讨论，汇报。

训练思考二：

案例讨论：

系列销售创佳绩

挪威有一家名为叶辛库脱的著名服装公司。该公司有24间陈列室，其中陈列着3813件服装，都是从1898年至1993年近一个世纪中，曾经在某时盛行的走红服装。该公司从19世纪末开始，将本公司每年生产的流行过的服装，保留一款在陈列室中展示。

公司对顾客宣传时称，所有时装万变不离其宗，都是从原陈列服装中变化发展而来，采取取历史款式各处之长、创现在市场流行之新的做法，如，今年本公司推出的最新时装，实际上是××年的领子、××年的腰束、××年的下摆，等等。总之，是历史式样赋予新时代特点的创新。

这种实话实说、开宗明义的宣传，在顾客中收到了良好效果。他们笃信叶辛库脱公司的服装，均为积百年之经验而成，属精品。因而，该公司生意十分兴旺，长久不衰。许多顾客还要求进行特约服务，指定要公司为其设计具有古典风格又具现代气息的套装。剧团要演不同年代的戏剧，也寻求叶辛库脱公司进行服装设计和制作。

而该公司的陈列室对公众展示，仅门票收入就达公司年利润的15%。此外，服装设计师们也来学习，寻求设计灵感与借鉴，这类顾客还必须交一笔设计参考费。于是，公司不仅广进财源，而且名声大振，真可谓名利双收。

（资料来源：毛帅．消费者心理学［M］．北京：清华大学出版社，2009．）

思考题：

1. 该公司向顾客坦陈现在时装的设计理念能对顾客产生什么心理影响？为什么能促使顾客去参观购买该公司的产品？

2. 说说叶辛库脱公司的设计理念、经营方式能否适应21世纪人们的需要？

项目二

顾客购物心理过程

案例导入

周大福的成功秘诀

中国人向来喜爱金饰珠宝，不仅因为它的保值能力，更因为它凝结着中国文化的灵韵。珠宝文化发展至今，已形成了多层次、多品种的市场需求，顾客群体对首饰的价值观和消费模式，已发生了相当大的变化，只有从单纯比价格，走向比款式、比设计、比工艺，才是珠宝行业最具竞争力的营销策略。

著名的珠宝金饰品牌周大福，不断在创新中图谋发展，抓紧营销脉搏，以保持市场的领导地位。

“一口价”打出品牌

周大福在20世纪60年代首创的999.9纯金首饰，成为一时佳话，是当时黄金首饰业的成功典范。自20世纪90年代起，又率先采用“珠宝首饰一口价”政策，以薄利多销的经营方式，节省讨价还价的时间，虽然承受着金价差异的风险，但建立了“货真价实”的诚信形象。

让首饰成为生活必需品

近年周大福再创先河，提出“珠宝时装化，首饰生活化”的突破性营销理念，把首饰变成生活必需品，将珠宝变成时尚，甚至是一种艺术。

周大福认识到以往单件款式的经销形式，已不能满足现今顾客的购买意向，他们在选购过程中，追求各自的艺术素养、文化品位、个性主张和时代风格，他们喜欢的是一件带点个人特色的潮流首饰，并不再单纯是产品本身的价值。消费模式的转变，更加促使周大福锐意革新，将品牌年轻化，推出面向年轻消费群的潮流饰品CTF2产品线，以此来吸引顾客和扩大市场份额。

时尚风吹进内地

有周大福完整的生产技术及资源作为后盾，CTF2在营销市场上占尽优势，尽情发挥新品牌在设计意念上的创新思维。CTF2的“珠宝时装化，首饰生活化”理念，以珠宝首饰配衬时装设计，把两种不同层面的生活艺术融会贯通，先后推出加入了艺术元素的系列首饰产品，如红楼梦黑玉系列，以当代首饰设计演绎东方古典文化，物料亦不局限于金钻珠宝，旨在突出款式设计及工艺为主，创造一个时尚标记，将产品变成购买者一个不可或缺的饰品。与此同时，周大福根据顾客的心理，采用开放式的态度，广纳知名的、有成就的设计师，提升产品款式的发挥空间，营销定位相当清晰，标志着饰物发展进入了另一个里程碑。

由于香港的珠宝品牌早已树立了很好的基础和信誉，在落实与内地更加紧密的经贸关系的方案后，香港珠宝首饰业在国内将发展得更加迅速。加上内地的首饰设计还在刚刚起步的阶段，没有专业培训，设计人才相对匮乏，因此，时尚首饰在内地应该极具发展潜力，买设计、买款式，亦将渐渐成为内地人选购首饰模式，从而掀起一股时尚首饰风潮。

（资料来源：李秀英，王旭. 消费心理学［M］. 机械工业出版社，2013.）

问题引出：周大福产品的发展与变化如何引领顾客的认知？

任务一　顾客对商品的认知过程

学习目的

通过完成本任务，了解顾客的认知过程，掌握顾客对商品的认识是如何形成和发展的，从而能够在销售过程中针对顾客对商品的认知采取积极有效的销售方法。

认知过程是人在认识客观世界的活动中所表现出的各种心理现象。人的认知过程包括感觉、知觉、记忆、想象、思维过程。

顾客购买商品的消费心理活动，分为两个阶段：对商品认识的形成阶段和对商品认识的发展阶段。

一、顾客对商品认识的形成阶段

顾客对商品认识的形成阶段，是指顾客通过自己的各种感觉器官，获得有关商品的多种信息及其属性的资料的过程。这个过程主要包括顾客的感觉和知觉过程。

（一）顾客的感觉概念及其作用

1. 感觉的概念

顾客是如何辨别眼前五光十色、琳琅满目的商品的呢？自然是用眼睛看、耳朵听、用手摸、鼻子闻、嘴去尝，即利用自己身体的各种感觉器官。所以，感觉是指当客观外物（商品）作用人的感官时，产生的对客观事物（商品）的个别属性及其特征的认识。感觉是人认识客观事物的第一个环节。这是因为人们在认识客观外物（包括商品）时，总是先从认识客观事物的外部联系和外部特征开始的。例如，顾客认识一个红香蕉苹果时，看到它的形状是圆的、红色的，摸一摸是硬的，闻一闻是有香味的，咬一口甜滋滋的，人们这些对苹果这一客观事物的个别属性及其特征的认识，就是感觉。感觉是人各种心理活动的基础，人的各种心理活动都是在感觉的基础上进行的。但是，由于感觉只能认识到直接作用于人的感官的客观事物的个别属性及其外部联系和特征，因此，感觉具有片面性、表面性和直观性的特点。根据刺激的来源和反映的特点，可以把顾客的感觉分为两大类：一是反映外界事物的个别属性和特征的外部感觉，包括人的视觉、听觉、嗅觉、味觉和触觉；二是反映身体位置、运动和内脏器官状态及其变化的内部感觉，包括动觉、静觉和肌体觉。心理学的研究表明，人的头脑中85%的信息是通过外部感觉中的视觉获得的，另外15%的信息是通过包括听觉在内的其他感觉获得的。

2. 感觉的作用

感觉在顾客购物中的作用主要表现为：

（1）顾客对商品的认识都是从感觉开始的。感觉是顾客认识商品的起点。顾客一切复杂的心理活动都是在感觉的基础上产生的。例如，顾客选购商品时，往往先用眼睛观看商品的外表，用手触摸商品的质地，用鼻子嗅商品的气味，用耳朵听商品的声音，用嘴品尝商品的味道等等。通过这些活动，顾客获得了对商品的感性认识，了解了商品的外形、颜色、气味、味道等个别属性和特征，从而对商品产生了美观、漂亮、香甜、新奇、质地优良的感觉和认识，激发顾客对商品的购买欲望。

（2）不同的感觉会引起顾客的不同情绪体验。顾客在购物时首先接触的是购物环境和销售人员的服务。购物环境的优劣、商品陈列造型和颜色的搭配、灯光和自然灯光的采用、销售人员的仪容仪表、服务态度等，都能给顾客以不同的感觉，从而引起顾客不同的情感体验。顾客走进商店，宽敞、明亮、整洁的购物大厅，五光十色、琳琅满目、新颖、漂亮、高质量、高品位的商品，营业人员不俗的仪表，优雅的谈吐和热情周到的优质服务等，都能引起顾客良好的心境以及愉快的情绪体验，使他们对商店产生良好的第一印象，从而产生惠顾心理。相反，如果不能营造出优雅温馨的购物环境，组织高质量、高品位的商品和对顾客进行周到热情的服务，就会引起顾客的不满情绪，等于把顾客拒之门外。

（3）对顾客的刺激不能超出适宜的感觉阈限。顾客认识商品的心理活动，首先是从感觉开始的，而感觉又是在一定的阈限范围内进行的。因此，商业企业、销售人员对顾客发出的刺激信号的强度要适应人的感觉阈限。商业企业做广告、调整价格和介绍商品时就应注意到这点，对顾客发出的刺激信号过弱、过强都不行。如果刺激信号的强度过弱，不足以引起顾客的注意，达不到诱发其购买欲望的目的；但是，如果刺激信号的强度过强，则又会使顾客承受不了，走向反面。例如，顾客在购物时，对商品的价格非常敏感，商家为了达到促销的目的，都采取了降价策略。降价销售商品，对顾客是个刺激的信号，但是降价的幅度要符合顾客心理。降价幅度过小，刺激强度不够，不能刺激顾客踊跃购买；如果降价幅度过大，就会引起一些顾客怀疑商品的质量，反而不敢贸然购买。所以，商品一般降价的幅度在10%～30%时较为适宜；超过50%，则会引起顾客对商品的品质、商品的质量、商品的安全性、商品的使用价值等产生怀疑，影响其购买信心。在20世纪80年代初期，市场上曾销售日产的简易录放机，220元一台。由于销售不畅，他们采取了降价策略，第一次降价幅度为10%，顾客不屑一顾，仍没有多少人购买；他们又进行了第二次降价，第二次每台比原价降低100元，结果没有几天的时间，被抛售一空。再如，大件耐用消费品（如冰箱、彩电），每台提价50元，可能都不会引起顾客的注意，而对于那些柴、米、油、盐、酱、醋、茶、禽、蛋、肉、奶等，顾客须臾不能脱离的日用消费品，提价几元钱，甚至几毛钱都会引起他们的强烈关注。因此，商家在采用降价和提价策略时，一定要注意顾客的可接受程度，对顾客的刺激信号不能超出适宜的感觉阈限。

（二）顾客的知觉概念及其作用

1. 知觉的概念

知觉是指在感觉的基础上形成的，对客观事物整体形象的认识。它是人认识客观事物的第二个环节。知觉的形成是在感觉的基础上，对感觉材料综合整理，从而形成了对客观事物的整体印象的认识。顾客在购买商品时，通过知觉活动，对商品的认识又加深了一步，由对商品个别属性及其特征的认识，上升到了对商品的整体认识。例如，顾客在感觉的基础上，在头脑中形成了一个大大的、圆圆的、红颜色的、有香味的、咬一口甜滋滋的红香蕉苹果整体形象的认识，这时就上升到了知觉认识阶段。当然，顾客知觉的形成，并不是各种感觉的简单相加，它往往要受过去经验的影响。例如，感觉苹果的滋味时，人们就会把它同其他类水果的滋味联系起来，进而加深了对该商品的认识。人们正是依靠过去的经验，才能把感觉到的个别属性和特征综合成一个整体形象，从而把眼前的对象物知觉为某个确定的事物。

2. 知觉的分类

知觉可以按照不同特点分为以下几类：

（1）根据知觉反映事物的特征不同，可以把知觉分为空间知觉、时间知觉和运动知觉。这三类知觉比较复杂。空间知觉反映的是物体的空间特性（如物体的大小、距离的远近等)。时间知觉反映的是事物的延续性和顺序性。运动知觉则反映的是物体在空间位置的移动。

（2）根据反应活动中某个分析器官所起优势作用不同，又可以把知觉分为视知觉、听知觉和触知觉。

（3）根据人们对外界事物认识正确与否，还可以把知觉分为正确知觉和错觉。正确知觉是指在感觉的基础上形成的对客观事物的整体形象的正确认识；错觉是指人们对外界事物错误的或歪曲的认识。顾客在知觉某一商品时，由于知觉对象受到背景或其他因素的干扰或影响，就会产生对该商品的错误认识，这就是错觉。

3. 知觉的基本特征

人的知觉具有整体性、理解性、恒常性和选择性等基本特征。特别是知觉的选择性能帮助顾客确定购买目的。所以，我们在这里重点谈谈知觉的选择性。当人们带着特定的需要、目的、兴趣、爱好、情感、愿望等心理倾向，有选择地把有限的事物作为自己知觉的对象时，就是知觉的选择性。人们在饥饿时，首先知觉到的是食品和其他能充饥的东西；在口渴的时候，首先知觉的是水、饮料或其他能解渴的东西。当人们带着特定的需要、目的、兴趣、爱好、情感、愿望等心理倾向选择事物时，被选择的事物就是知觉的对象，而其他事物则成了人们知觉的背景。但是，知觉的对象和背景关系不是固定不变的，在一定条件下，对象可以转变为背景，背景也可以转变为对象。这一定的条件，就是随着人们的需要、目的、兴趣、爱好、情感、愿望等的变化，知觉的背景和对象在不断地转化。

4. 影响知觉的因素

顾客的知觉选择是要受很多因素影响的，这些因素主要有：

（1）刺激的大小。一般来说，对人刺激大的事物比刺激小的事物更容易引起人们的知觉。所以，现在广告商都做大幅广告，以吸引顾客的注意。

（2）刺激强度的大小。心理学的研究表明，通常那些声音洪亮、色彩鲜艳的东西，比声音细小、色彩暗淡的东西更容易引起人们的知觉。现在很多商人都注意运用“提高刺激强度，唤起人们的知觉”原理。个体商店里每天都放着高声音乐，目的是引起顾客的注意。电视台在各节目之间插播的广告，音量突然变大，目的是提高刺激强度，强迫人们知觉。

（3）物体的流动性。运动的比静止的物体更容易引起人们的知觉。例如，流星就比天上的其他星星更容易引起人们的注意；夜间的霓虹灯广告就比其他静止的广告更容易引起顾客的知觉。

（4）色彩对知觉的影响。一般来说，色彩对比度强烈的物体，更容易引起人们的注意，被人们知觉。彩色广告就比黑白广告更容易引起人们的注意，因此，现在广告商在做广告时，大都采用大幅彩色广告而不用黑白广告。海上救生信号都用红色和橘红色，这是因为红色、橘红色色彩鲜艳，更容易引起人们的知觉。

（5）位置对知觉的影响。商店的位置、商品摆放的位置，都应选在能引起顾客注意的地方。事实表明，货架上举目可望的商品，就比其他商品更容易引起顾客的注意，销售得更快；穿在模特身上的服装比其他服装卖得更好。因此，一定要把想推销出去的商品放在最显眼的位置上。同样，商店也应选在容易被人光顾的热闹的地方。

5. 错觉及其运用

人们在认识客观事物的过程中，各种错觉是经常发生的，特别是视错觉。所谓错觉是指在特定条件下产生的、错误的、歪曲客观现实的知觉。在消费领域中，既要防止因错觉而造成的认识上的错误，又可以利用错觉为我们服务。下面谈谈错觉在消费领域中的运用。

（1）空间错觉的运用。一家面积不大的宴会厅或商店，为了增添热烈气氛，在大厅或商店两面的墙上镶上巨大的镜子，使顾客一进大厅，一种盛大之感油然而生，或者使顾客感觉商店的面积很大。大商店里的水果、糕点的店面上镶上镜子，顾客还没来到店面前，就从镜子里看到色泽鲜艳、又大又好的水果，便顿时产生赏心悦目之感，会大大刺激顾客的购买欲望。

（2）图形错觉的运用。图形错觉不仅引人注目，而且能产生特殊的心理效果。例如，花布的设计、平面图形显得比较呆板，如果加上不同的线条，可以产生立体感效果，使图形变得生动活泼，更受顾客的欢迎。同样，在广告设计、商标设计、包装设计上，都可以利用图形错觉效应，以提高设计的效果。

（3）形体错觉的运用。人的胖瘦、高矮是无法改变的，但是可以借助错觉原理，用服饰、发型加以调整。如穿深色衣服能使人体形显得苗条些，穿浅色衣服则使人显得肥胖些；穿横条衣服使人显得矮胖些，穿竖条衣服使人显得瘦长些，较肥胖的女士不宜穿具有放大效果的大花图案的衣服，而宜穿小碎花图案的衣服；个子矮的人宜穿套服和与服装相同颜色的鞋袜，这样可以给人以延长身高的错觉；细长体形的女士宜穿亮色、横条纹、大花的服装，而不适宜穿带竖条花纹的连衣裙；同样道理，头小的男士不宜戴大檐帽，而头大身矮的妇女不宜烫发等等。销售人员懂得这些错觉原理，就可以在为顾客服务时，为他们当好参谋，提高服务质量，提高顾客的满意度。

以上介绍了感觉和知觉。顾客复杂心理现象的形成离不开知觉。但是，感觉和知觉为人们提供的正是对客观事物的表面现象和外部联系的认识，人们要认识事物的本质和规律，光靠感觉和知觉是不行的，还要上升到理性认识阶段。

二、顾客对商品认识的发展阶段

顾客通过感觉、知觉，形成了对商品的表面的直观认识之后，还要通过一系列环节，诸如通过对商品的注意、记忆、思维、想象等复杂的心理活动来深化和发展其认识过程。

（一）顾客的注意概念及其作用

1. 注意的概念

注意是指人的心理活动集中指向某一事物的过程。注意的中心，就是人心理活动集中指向的对象。注意并不是一种独立的心理过程，而是伴随着感觉、知觉、思维、想象、记忆等心理过程产生的共同特征。因为人的感觉、知觉、思维、想象、记忆等心理过程的产生，首先是从注意开始的，只有注意着什么，你才感知、记忆、思维着什么。集中性和指向性是注意的两个基本特征。注意的指向性显示了顾客认识过程的对象及所选择的目标。而注意的集中性则说明顾客排除外界干扰将心理活动集中关注于某一事物，说明了顾客的自身调节功能。例如，顾客在购物时注意“听”，注意“看”，就是其在购物中处于积极的心理状态的表现。

2. 注意的功能

注意有以下功能：

（1）选择功能。注意使人的心理活动有选择地指向那些于自己有意义的、符合自身需要的、与当前活动相一致的事物，而避开或抑制、排除那些无关的事物和影响。当心理活动指向一定事物时，注意就把有关的信息检索出来，并把它与各种无关的信息加以区分，使心理活动按照人的需要和愿望进行集中或者转移。

（2）保持功能。保持功能就是使注意对象的映象和内容在主体意识中保持、延续到达到目的为止。注意的保持功能有两种作用：一是当外界大量信息进入感觉记忆之后，经过注意把每个信息单元转换成一种更持久的形式，而使之得到更好的保持。二是注意能使人的心理活动一直坚持到完成行为动作，直至达到目的为止，不达目的注意还会转移。

（3）调节和监督功能。注意可以协调、控制和监督心理活动的正常进行，使之朝着一定的方向和目标前进。注意的这种调节和监督功能，决定着一个人注意的集中与稳定和注意的分配与转移的好坏。有人做事易出错、马虎、走神，实际上是心理监督机能不够健全所致，顾客对某种商品信息的注意比较集中，就能够帮助他们正确地选择和购买商品。

3. 注意的作用

在商业销售活动中，要使商品引起顾客的注意，必须做到以下几点：

（1）提高商品的刺激强度。具有一定强度的刺激物是引起人们注意的重要原因，没有一定强度的刺激，不能引起人的注意。例如，巨响、强光、艳丽的色彩、奇异的香味等，都会使人不由自主地对其注意。一些商家就成功地运用注意原理来吸引顾客。又如，伦敦的一家超市里释放出一种人造草莓气味，引起了顾客的注意，把超市里的顾客都吸引到食品部，结果连橱窗里的草莓样品都被抢购一空。再如，美国的一家食品公司在底特律城郊竖立了一块高 80 英尺、长100 英尺的巨型面包广告牌，不仅播放介绍面包的音乐，还释放出一种神奇的混合面包的香味，以此来刺激顾客，引起过路人的食欲，结果，这家面包公司的日销量陡增两倍多。

（2）利用好刺激物之间的对比关系。刺激物之间的强度、形状、大小、颜色或持续时间的长短等方面的对比差异，都是引起人的注意的原因。那些特别明显、突出的事物最容易引起人们的注意。例如，人们常说的鹤立鸡群、万绿丛中一点红等，都会引起人们的特别注意。商家在布置展台和橱窗时就可以利用颜色、形状、大小、灯光等和其他展台和商品形成强烈的对比，突出自己商品特色，引起顾客的注意。

（3）提高刺激物的新异性。任何新异的东西都可能成为无意注意的对象，而那些刻板、千篇一律的习惯性的刺激，不容易引起人们的注意。例如，商家在推销商品时，没有使用过的招数一用就灵，而使用过的，再使用就不灵验了。广告商推出的广告，从广告词到画面都要有新意，才能引起人们的注意。例如，新中国成立前上海有一家梁新记牙刷店，它的广告画面是一个人用九牛二虎之力，用钳子拼命地拔牙刷上的毛，旁边只写“一毛不拔”四个字（见图2-1），说明梁新记牙刷的质量上乘，一下子引起了顾客的注意。为什么新奇的东西能引起人们的无意注意呢？因为新奇的刺激容易使人产生一种好奇心理。好奇心理是指人们对新奇刺激的注意。所以，商业企业无论是用何种广告推销自己，还是采取何种销售策略，都要不断创新，只有不断创新才能引起顾客的注意。

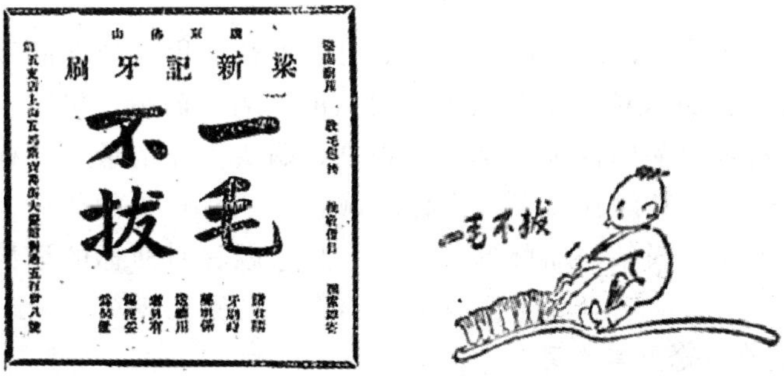

图2-1 梁新记牙刷店广告

（二）顾客的记忆概念及其作用

1. 记忆的概念

记忆是指过去的经验和认识在人头脑中的反映。过去认识过的事物、思考过的问题、体验过的情感、采取过的行为等，都以经验的形式在头脑中保持下来，在一定条件下把它反映出来就是记忆。人脑之所以能对过去经历过的东西进行反映，是由于人脑受到外界事物刺激之后，会在大脑皮层上留下兴奋的痕迹，这些痕迹在一定条件的诱导下，就会重新活跃起来，在人脑中重现出已经消失的刺激物的映象。记忆是人脑的重要功能之一。顾客在商店里看到了一个新商品，回到家里能把它的形状、颜色、款式、性能描述出来，这就是通过记忆来实现的。顾客搜集商品的信息、认识商品以及做出购买决策，都离不开记忆。

记忆过程包括识记、保持、回忆和再认四个环节。

（1）识记。识记是指识别和记住事物的过程。心理学家认为，这是一个反复感知事物，在头脑中建立起巩固的神经联系的过程。例如，记忆外语单词就是反复识记，在头脑中形成音、义、拼法的巩固联系。顾客对广告的记忆也是如此，通过视觉、听觉反复接触广告，在大脑皮层上建立起了广告与商品的巩固联系，留下了对商品的印象，识记住了广告商品。

（2）保持。保持是指将已经获得的知识和经验，在头脑中得到巩固的过程。人们所识记过的东西并不是都能在头脑中保留下来。有的被遗忘了，有的模糊了，而只有少数印象最深刻的东西清晰地在头脑中保持下来。

（3）回忆。回忆是指把过去经历过的事物重新回想起来。例如，顾客在购买商品时，为了进行比较，往往会在头脑中重现出他曾经在别处买过的或使用过的同类商品，这就是回忆。

（4）再认。再认是指当过去经历过的事物再度出现在人们面前，对它感到熟悉，能把它辨认出来。例如，顾客在商店里选购商品时，看到某种商品是广告中宣传过的商品，于是对它感到熟悉，立刻把它辨认了出来，就是再认。

以上识记、保持、回忆和再认是相互联系和相互制约的过程。没有对事物的识记、保持，就没有对事物的回忆和再认；没有对事物的回忆和再认也不能体现对事物的识记、保持。因此，识记和保持是回忆和再认的基础；而回忆和再认又是识记、保持的体现。

2. 记忆的作用

当顾客初步感知商品后，往往是运用记忆把过去曾使用过的商品、体验过的情感和动作回想起来，进一步加深对商品的认识。商品的命名、商标、包装、广告都是顾客记忆的主要方面。特别是商品的商标，是顾客识别、购买商品的最主要标志。在国外有关顾客行为理论的研究中，专门有关于“商标忠诚者”购买行为的研究，顾客凭着对商品的忠诚与信赖，才重复购买某一品牌的商品。可见，顾客对商标的记忆对商业企业有着重要作用。

（三）顾客的思维概念及其作用

1. 思维的概念

思维是在大量感知觉材料的基础上，对这些感知觉材料进行分析、综合判断和推理，并借助于言语，对客观事物间接、概括的反映。思维是人脑对客观事物的本质及其规律的认识。间接性和概括性是思维活动与感知觉活动的区别，也是思维的重要特征。

2. 思维的作用

思维对企业经营的影响包括以下几个方面：

（1）思维的灵活性与企业经营活动。思维的灵活性是指不拘泥于原来的思维模式、方案、假设，而是概括客观情况的变化，运用已有的知识、经验，灵活地思考问题和解决问题，表现在能力上就是有变通性。思维的灵活性对于搞好市场销售起着非常重要的作用。有些商品滞销，不一定是商品的质量问题，而是经营者的思维缺乏灵活性。他们不能根据当地的不同市场、不同顾客的购买心理进行销售。如果经营者思维灵活些，头脑变通些，就可以出现“山重水复疑无路，柳暗花明又一村”的景象。我们以享誉世界的瑞士著名“雀巢”咖啡为例进行说明。该公司设有多个专门机构，他们定期从物理学、化学、营养学、细菌学方面进行研究，检查雀巢咖啡的配料、口味、色泽、包装，如何适应各国不同顾客心理。例如，销往美国的“雀巢”咖啡要色淡味纯，销往意大利的要色黑、味浓；销往法国的则要不浓不淡，要适中等等。可见，雀巢咖啡公司生产各批咖啡的味道、颜色、包装都不是千篇一律的，而是根据不同国度的顾客的不同特点、心理需求而灵活经营。由于他们思维的灵活性和变通性，使得今天的雀巢饮料盛销世界140

多个国家和地区。又如，上海闸北区的一家绸布店，仓库里积压着几十万元的中长纤维布料，他们活动脑筋，变通方法，把布料剪裁成儿童裤件，并在裤腿绣上各种小动物，竟成了店面上的抢手货。

（2）思维的敏捷性与市场应变能力。思维敏捷性是指思考问题既快又灵活，能在较短的时间内发现问题和解决问题。在当前激烈的市场竞争条件下，谁具有敏捷的思维，善于分析和研究市场变化，并根据市场变化而随机应变，即谁的思路敏捷，应变能力强，谁就发展得快。英国一个卖望远镜的老板，抓住了英国王子查尔斯和戴安娜王妃在伦敦举行婚礼之机，大发一笔横财。当时，查尔斯王子和戴安娜王妃在伦敦举行了一场耗资10亿英镑、轰动世界的婚礼。在这次盛典中，英国这家老板亲眼目睹了这场20世纪最豪华的婚礼场面。当盛典到来时，从白金汉宫到圣保罗教堂，沿途站了近百万观众，人们都想一睹王子和王妃的风采。就在后排观众正在为无法看到王子和王妃的风采着急之时，突然从身后传来响亮的叫卖声："用望远镜看盛典了！一英镑一个！"长长的街道两旁出现了成千上万的人抢购望远镜的场面，不大一会儿工夫，用硬纸板配上镜片做成的简易望远镜被抢购一空。

（3）思维的创造性与市场竞争性。创造性思维是指超越平常的思考和活动范畴，创造出新的观念、范畴，新的事物、新的商品等的能力。独特性和新颖性是创造性思维的两个突出的特征。人类的进步离不开创造性思维；在激烈的市场竞争中，企业要想站稳脚跟，也必须有独特的招数，这就要依靠创造性的思维出奇制胜。例如，长期以来，瑞士手表一统天下。日本西铁城手表公司，为了开拓澳洲市场，挖空心思地想出了一种极具创意的推销方法：采用直升机空投方法，从高空把手表投掷下来，落到指定广场。人们一看，原来是西铁城牌手表，手表掉到地上后完好无损，还在"嘀嗒，嘀嗒"地走着。于是，西铁城手表在澳大利亚名声大振，求购者络绎不绝。这说明，只要企业经营者能克服墨守成规的习惯心理，运用创造性思维开拓思路，并且迎合顾客心理，就能在激烈的市场竞争中取胜。

（四）顾客的想象概念及其作用

1. 想象的概念

想象是指对原有的感性材料进行加工改造，在头脑中形成新的形象的心理过程。有人称想象是思维的特殊形式，想象是思维的升华。想象带有生动、形象、间接概括的特点。想象同其他心理现象一样，它也是人脑对客观现实的反映。但是，它是一种创造性的反映形式，是以感性材料为基础，以实践活动为动因的创造性活动，那种把想象看成是一种"超现实的自由精神的创造"的观点是错误的。

2. 想象的作用

想象在市场销售中起着重要的作用。顾客在购买商品时每时每刻都伴随着想象。顾客在购买商品时没有一刻不伴随着想象，想象贯穿于顾客行为的全过程。顾客是否购买某种商品，取决于购买对象与他们想象中的追求是否相吻合，吻合就购买，否则就拒绝购买。例如，一个女士去买一条裙子，于是她开始想象这条裙子配我的哪件上衣穿，配什么样的皮鞋，效果如何，当她想象自己穿上这条裙子一定很时髦时，她就会发生购买行为。再如顾客买了新居后要装修房子，达到什么样的效果，也要伴随着想象。总之，顾客在购物时总是要伴随着想象，购买对象符合他们想象中追求的目标，就发生购买行为，否则就拒绝购买。

销售人员在为顾客服务时，想象的作用是不可忽视的。商品成交率的高低，除了其他因素以外，还和销售人员创造性的想象能力的大小有关。优秀的销售人员应能根据不同商品、不同顾客的实际情况，想象出哪种商品更适合哪些顾客的需要。此外，销售人员在摆放商品、布置橱窗、展示商品时，要善于发挥创造性的想象能力。

任务二　顾客对商品的情绪过程

学习目的

通过完成本任务，了解顾客具有哪些不同的情绪类型，掌握影响顾客情绪的因素有哪些，从而销售过程中针对顾客的情绪状况采取积极有效的销售方法。

人在认识客观事物时会产生各种内心体验过程。顾客的心理活动既是认识不断变化的过程，也是情感不断变化的过程。

一、顾客的情绪

（一）情绪过程的概念

情绪过程，从销售心理学的角度来分析，是指顾客在某一段时间内与消费或购买有关的具有独特的个性特点和主观体验的一种心理现象，也是一种带有某种色彩的、比较持久的心理状态。它是顾客对购买现场、商品等客观事物的态度在感情上的反映。情绪过程是在感知的基础上，伴随着顾客的认识过程而产生和发展的，通常带有两极性的特点。如愉快与忧愁、愤怒与安静、朝气蓬勃与抑郁寡欢等，反映在商品购买上，表现为对销售服务和商品的满意与不满意、肯定与否定。因此，情绪过程包括顾客对商品和服务的评定阶段和信任阶段。顾客良好的情绪过程，对其购买行为能够产生积极的影响。

（二）顾客购买活动中的情绪色彩

顾客不仅仅是指市场上生活资料的购买者及顾客，还包括生产资料的购买者，即用户，甚至还包括精神商品的购买者。世界上许多国家逐渐形成了以顾客为中心的生产经营活动。生产经营活动以顾客为中心，是企业经营思想成熟的表现，也是社会生产发展的必然结果。在现代市场上，企业的兴衰往往取决于顾客的向背。顾客是思维最活跃的人，在购买商品时，受到生理需要和心理需要的支配，会引起不同的类型变化和外部反映，构成各具特点的对商品的情绪色彩。情绪虽然没有具体的形象，但并不是不可捉摸的。作为人的喜、怒、哀、欲、爱、恶、惧七情，大多数可以通过顾客的神态、表情、语气和行为表现出来。

（三）顾客情绪的类型

顾客的情绪尽管表现不同，千差万别，但在购买活动中，综合各种情绪的表现程度和状况，可以分为积极情绪、消极情绪和双重情绪三大类。

1. 积极情绪

积极情绪，如愉快、喜爱等。它能增强顾客的购买欲望，造成融洽的买卖气氛，促进购买行动。如顾客在选购商品的过程中，由于心境比较好，因而可能愿意听取销售人员关于某种商品的质量、用途及产地的介绍，或旁人对该商品的评价，迅速做出购买决策。

2. 消极情绪

消极情绪，如淡漠、厌恶、愤怒等。它能抑制顾客的购买欲望，阻碍购买行动。不同民族、不同国家、不同地区、不同集体、不同社会阶层的顾客，对同一商品会产生不同的情绪。信奉基督教的国家（地区、民族）的顾客对十三颗星的图案，会很反感，因为他们忌讳 13 这个数字，而不信奉基督教的国家的顾客则不存在这种厌恶心理。日本曾经向巴西出口过一种配有紫色饰带的钟表，遭到巴西人的反感。原因是：紫色在巴西被认为是不吉利的颜色。中国人不喜欢乌鸦，认为它是丧鸟，而法国人则认为孔雀是丧鸟。所有这些都影响到顾客的购买情绪。

3. 双重情绪

双重情绪，如顾客在购买活动中产生的既满意又失望，既喜欢又忧虑等。顾客同时存在两种对立情绪的现象在购买活动中并不少见。如某顾客在百货商场看中了一个背提两用的红色帆布书包，想为女儿买下，但想到邻居曾买过一个这样的书包，结果是中看不中用，挂背带的钦圈当天就掉了，书包上面的两粒铁扣也是“聋子的耳朵”，扣上后稍一活动就自动打开了，有时文具掉了还不知道，于是又产生了忧虑的情绪。

三种情绪虽然相互对立、差别很大，但是相互依存、相互联系的，在一定条件下又是彼此转化和相互融合的。

二、顾客的激情

顾客的激情，是指在购买过程中产生的一种爆发性的情绪状态。它是顾客情绪过程的重要因素。顾客的激情表现为，如因销售人员生动有趣的商品介绍而哈哈大笑，或因某种商品的特征突然激发起他强烈的乡土感情，也可能因销售人员服务态度不好而突然发怒。消费的激情对购买行为影响较大。处在良好激情状态下的顾客，购买过程简单、迅速，选购商品时不太爱挑来挑去。有时即使身上带的钱不够买下某一商品，他也会向同伴、熟人借钱来买，或请销售人员先把商品给他留下，待他把钱拿来后再买等。如某顾客因工作急需要买一本有关书籍，当找遍所有书店均无此书时，开始感到沮丧了，然而一个偶然的机会，在一家个体书摊上见到了这本书，这时他的情绪会突然高昂起来，真是“踏破铁鞋无觅处，得来全不费工夫”。在这种激情状态下，购买决定即刻就产生了，至于书是否被别人翻脏了，价格是否太高等都全然不顾了。处在消极激情状态下的顾客，购买行为往往因此而受到阻碍，其消费态度也可能因此而改变，由满意变为不满意，由想买某一商品而突然变为不买。当一个顾客在选购一件商品时，销售人员的态度不是那么认真，或漫不经心，或显出不耐烦的表情，或讲话带刺等，都容易引发顾客发怒、生气等消极的激情。如果顾客因此而和销售人员争吵，或生闷气，那么极大可能会改变态度，停止购买行为。如某顾客来到一家商店，立即被一张席梦思床所吸引，一下子便做出了购买决定。但是，由于家比较远，又没带运输工具，所以向商店销售人员询问包不包送货。销售人员不屑一顾地说："我们店没有这个服务项目，你要就自己拿吧。"顾客听了销售人员这种冷若冰霜的口气，买床的兴趣一下子就消失了。这种情况在购买活动中是屡见不鲜的。积极的激情往往能缩短购货时间，能促使顾客迅速做出购买决策；而消极的激情则不然，往往会使顾客在极短的时间内改变态度，停止购买行为。

三、购买现场和商品对顾客情绪过程的影响

（一）购买现场对顾客情绪过程的影响

购买现场是商店给顾客的第一印象。商店经营的最终目的是要使商品通过销售转移到顾客手中，消费是否来店，来店后是否购买，直接影响着是否能顺利达到商店经营的最终目的。因此，商店的购买现场，应处处体现为顾客服务的主旨。提供适宜的环境和便利的服务设施，方便顾客参观、选购商品。

从消费购买过程来分析，顾客情绪的产生和变化，首先受购买环境的影响，商店的建筑设计是顾客从整体上认识一个商店的客观对象，它会给顾客留下深刻的第一印象。例如，美国芝加哥市水塔广场建起了一座七层楼的百货商场。这个商场的整体设计采用多种形式的隔断，分隔为若干个百货部和专卖单元。顾客一跨进商店的出入口，首先被花草树木沿着阶梯迭落式升起的"阶梯花园"所吸引。沿扶梯上到二层营业厅，就可以看到一个七层楼高的内天井，天井四周环以走廊，好似一个小广场，而与环廊相通的内走廊，又恰似一条商业街，天井中部有一组玻璃电梯负责将顾客输送到各个专卖单元。这个七层大楼里设有两家大百货部，其品种俱全、应有尽有，许多专卖单元加强了同类商品之间的联系，便于人们挑选商品。此外，"阶梯花园"迅速将顾客输送到各自所要去的地方，方便顾客寻找购买目标，减少了大厅式营业由于寻找购买目标不同而造成的拥挤现象。新颖、别致的购货现场，不但能节约资金、合理使用面积，还能起到吸引顾客来店的作用，使顾客处于积极的情绪状态之中。舒适的购物现场能促进顾客情绪高涨。顾客逛商店时，不少人都有一种疲劳的感觉，总想找个地方好好安静地休息一下，经营者如果从适应顾客的这种心理出发，在店内适当的位置设置一些让顾客休息的地方，那么就可以吸引更多的顾客光临。顾客得到适当的休息，购货的情绪一般都会相对的高涨，购买的行动也会变得积极起来。

总之，从顾客购买的过程来分析，顾客情绪的产生和变化，首先受购买环境的影响，如步入宽敞明亮、色彩柔和、美观雅洁、温度宜人使之处于喜悦的商场，会引起顾客愉快的、舒畅的、喜爱的等积极的情绪状态之中；反之，则会引起顾客厌烦的、失望的和厌恶的消极情绪。

（二）商品对顾客情绪过程的影响

商品直接关系到顾客的切身利益。因此，商品对顾客购买的情绪过程起着决定性的影响。从销售心理学的角度来考察，商品不仅是具有使用价值和价值的、用来交换、能满足人们某种需要的劳动商品，也就是说，商品不仅仅是一种有形的物体，还包含着一些看不见的因素，如商品的便利性、欣赏性及其顾客感觉到的心理满足等。因此，商品是一种有形的、无形的、各种物质的综合体，即"商品整体"。

1. 商品整体心理对顾客情绪与过程的作用

商品整体，是指能够满足顾客某种需要或欲望的物质商品和非物质形态的服务之组合，

它能为顾客带来有形与无形的利益，使顾客产生积极的或消极的情绪。商品整体的概念包括三重含义：商品实质，即商品的使用价值，它关系到顾客的基本效用或利益。商品外形，是指商品的形式，是满足顾客心理需要的外在表现。它包括商品的种类、式样、花色、规格、体积、重量、包装、装潢、厂牌、商标等。商品附加利益，是指商品销售过程中的销售服务，也就是消费对商品效用的延伸，它包括售前、售中、售后服务。商品整体这一概念客观上要求商品经营者不仅向顾客提供满意的、具有使用价值的商品，而且要向顾客提供外形美观、装潢新颖的商品以及提供各种服务。只有这样，才能使商品对顾客的情绪过程产生积极的影响。

2. 商品联想心理对顾客购买情绪的影响

情绪是人在认识客观事物时所产生的一种态度的体验，它总是伴随一定的认识过程发生，并随着认识的深度与广度而发展变化的。因此，顾客对商品认识的程度，必然引起情绪的发生与变化。当顾客认识或联想到商品符合自己过去经验中所形成的愿望时，就会产生积极的情绪或向积极的情绪演变，反之，就会产生消极的情绪或向消极的情绪演变。在现实的购买活动中，顾客情绪的性质和程度往往也是随着对商品的逐步了解而发生变化的，或产生“满意、不满意”，“愉快、失望”等性质对立的情绪变化；或产生“喜欢、欣喜、狂喜”、“疑虑、不满、失望”等情绪程度的变化。如顾客发现某种商品的外观质量很好，引起愉快的情绪，但在深入认识商品的过程中，发现商品的内在质量较差，便产生不满意的情绪，继而又联想商品的命名寓意，感到不合自己的意愿，从而由不满意的情绪演变为失望或厌恶的情绪。顾客认识商品活动的过程，一般是凭借过去的经验和家庭的经验、朋友或有关群体成员的影响，这些都是情绪产生与变化的重要因素。顾客在认识商品活动的过程中，情绪的产生和变化通常是能够观察到的。

四、个性心理对顾客个人情绪的影响

（一）个人情绪

个人情绪，是指顾客的个性心理在购买活动中所表现出来的具有独特个性特点和内心体验的心理现象。它对顾客情绪过程有着重要的影响。顾客的个人情绪是以其心理状态背景为基础的。个性心理特征是千差万别的人类行为的心理状态的基础。由于个体的个性心理不同，对世间事物的行为反应也不同。个性，亦称人格，是指一个人经常表现出来的、比较稳定的、本质的心理特征。个体的心理特征反映出来就表现为个人情绪。个性心理特征的形成，主要受两种因素的影响：一是先天的遗传，与生俱来；二是后天的学习。顾客的个性心理特征就是在消费活动中所经常表现出来的、比较稳定的、本质的心理特征，这种心理特征在购买活动中就表现为个人情绪。影响个人情绪的因素是多种多样的，包括顾客的生理特点、性格倾向、生活遭遇、事业成败、需求顺逆、道德观念、社会地位、理想信念，乃至自然环境、身体状况、社会关系。顾客这些心理状态背景的不同或程度差异，构成了各自不同的个人情绪状态。

（二）影响个人情绪的因素

影响个人情绪的因素是多方面的，概括起来主要是：

（1）个人的社会角色互相冲突。指社会地位、社会职业、社会职务等之间的情绪冲突。

（2）个人环境的改变。由于环境改变，对原来环境中所接触的东西的情绪就相应改变。

（3）个人由于受他人的影响，为寻求新的一致而使情绪发生变化。

（4）个人由于缺乏理性而产生判断、推理上的谬误，导致情绪上的变化。追求满足新奇的需要而产生新的情绪。

（三）顾客个人情绪产生变化的四种类型

顾客个人情绪的产生变化有以下四种情况：一是个人情绪由积极的转变为消极的；二是个人情绪由消极的转变为积极的；三是积极情绪的增强或减弱；四是消极情绪的增强或减弱。

顾客情绪状态是给购买心理与购买行为染上同一情绪色彩的基本根源。例如：有的顾客由于工作上屡遭挫折，或生活道路的坎坷不平，会导致某段时间的萎靡不振，形成在购买过程中所表现的某种消极情绪的倾向；有的顾客因为物质需要与精神需要都能得到较好的满足，会引起某段时间的情绪振奋舒畅，在购买过程中表现出来某种积极的情绪倾向。顾客的情绪，也会由于出乎意料的事件的强烈刺激而引起高度显著的变化，也会随着某心理状态背景发生变化而逐渐转化。

五、社会潮流对顾客情绪过程的影响

（一）社会潮流的概念

社会潮流，是指在反映大多数人意愿基础上形成的群众性社会活动。社会上的每个人都可能利用这一潮流实现个人的意愿，并使自己的个性得到发展，以适应时代的大潮。社会潮流反映在消费上则形成社会消费潮流。人们的消费总是由低级向高级发展，人们的生活方式和消费方式也总是随着社会经济的发展不断地进入新的消费阶段，形成新的社会消费潮流，它总是反映具有时代风貌的生活方式和对新生活的渴望，成为推动生产发展、繁荣经济的一种新动力。社会消费潮流的具体表现之一是与人们的消费方式、消费行为密切相关的时髦及其时髦心理。

（二）时髦是一种社会消费潮流

时髦，是指在整个社会中传播的、周期性的、自发的、短暂的一种特殊标准式样，是一种社会现象。时髦表现在如何满足人的物质消费上，在服装、家庭陈设和物质享受上最为明显。现代是一个表现穿着个性的时代，不管你有意或无意，大家都在追赶着“时髦”的脚步。穿着个性并不一定在于雄厚的经济基础，俗话讲“漂亮不在衣裳多”，时髦与高档之间并没有等号，所以赶时髦的最重要一点是气质的培养。当然，时髦的影响不单是穿和吃的物质生活方面，还包括精神领域，如对科学、文艺、美、道德等的追求。时髦反映在人们的心理上，则是指一种普遍的、易变的、不稳定的社会心理，它表现为人们对某一事物的崇尚和追求，就消费而言，是以达到满足生理需要和心理需要为目的。

（三）时髦的发展与社会物质生产和文明程度相联系

时髦是社会物质和文明程度的产物，时髦的发展常常与社会物质生产和文明程度成正比。社会物质和文化水平越高，时髦的变化就越快，类型和表现手法也就日益复杂化和多样化。时髦的魅力就在于，它既是新的，同时又是正在过时的。它以最快的速度反映社会现实状况，是新的社会行为规范和社会风俗形成的先驱。反映在人们崇尚和追求某种消费品上也是这样。随着社会的发展，某种具体的时髦形式在不断地消失，但是时髦的风气始终存在。也就是说，旧的时髦形式消失了，新的时髦形式又接踵而至。例如，20 世纪 80 年代兴起的直筒裤、喇叭裤、牛仔裤、花衬衫、高跟鞋等，开始被人视为奇装异服，后来，这种符合社会潮流的时髦才逐渐被人们接受，由此引起的时髦心理和行为也随之发生了变化。

顾客的新奇心理和攀比心理是时髦产生的条件。顾客追求新奇的心理，是时髦产生的基本条件。时髦与事物的新颖奇特有关，每一种时髦的开始都是以与众不同的形式和方法出现的。新奇心理是许多人喜欢别出心裁地打扮自己，达到自我显示、引人注意、满足某种心理需求的目的。在时髦的要求方面，顾客都有性别上的差异，男性顾客更善于模仿，表现出一种求同的趋向；而女性顾客则偏重于个人特色，总是表现得与众不同，如衣着显得五花八门，无论是式样还是花色品种都有一种离散的倾向。顾客追求高档商品或新式商品的攀比心理是时髦现象产生的重要条件。其原因，一是由于生活水平的提高和人们需要的更新，人们的收入多了，就会考虑如何把钱用在消费上，如购买彩电、冰箱、洗衣机等高档商品；二是很大程度上是为了自我表现，在某种时髦大潮兴起的时候，有相当一部分人认为“我并不比别人差”而刻意追求高档商品。

六、社会情感对顾客情绪过程的影响

社会情感是指顾客在购买过程中运用自己所认识和掌握的社会知识去衡量商品或服务时所产生的情绪。对顾客情绪过程影响较大的主要是：美感和道德感、理智感。社会消费潮流把成千上万的顾客卷进时髦的浪潮。然而，由于人们的审美观和道德观的不同，对消费情绪过程的心理影响也不同。

（一）美感对顾客情绪过程的影响

美感是人喜爱美好事物的心理反映，也是创造美好事物欲望的反映，即人们对客观事物或社会现象和它们在艺术上的反映进行评价时所产生的体验。从广义上说，美感就是指审美意识，包括审美趣味、审美理想、审美感受。如桂林漓江的山水使人心情舒畅、流连忘返；优美的旋律使人如痴如醉、浮想联翩，这就是审美主体对审美对象的反映。这种审美观反映在销售活动中，顾客就会对商品和服务产生不同的美感。顾客的美感会因社会地位、爱好情操、文化修养、实践经验等方面的差异，在购买过程中对客观事物或社会现象得出不同的美感，尤其是处于不同国度、不同种族、不同民族的顾客，其美感的差异性就更为明显。当然，由于顾客都具有共同的生理机能与感觉器官，以及思维、意欲等生存与生活的条件，对客观事物或社会现象的某些方面就有可能得出共同的或近似的美感。国内的绝大多数顾客，由于民族传统与时代风尚的影响，一般生活的条件与方式大体相同，在欣赏事物或现象时，就往往会得出基本相同的美感，如人们穿衣戴帽各有所好，这反映出每个人审美观点的不同，但是，在同一群体中对美感也有其近似之处，时尚商品的出现，就是一个很好的说明。顾客在购买过程中产生的对某种事物或现象的美感，实际上是肯定的态度，是一种高级的社会性情感，它往往以满意、愉快等情绪色彩反映出来。顾客这种美感的程度高低，也是直接影响其情绪的强弱变化的因素。

（二）道德感对顾客情绪过程的影响

道德作为一个特定的科学概念，它是在原始风尚、习惯性基础上，根据一定社会的要求，形成的依靠社会舆论、风俗和人们的内心信念等维持的行为规范。道德感反映在销售活动中，是顾客根据社会道德行为准则去评价事物时所产生的一种情感。如售货员的热情服务、礼貌待客等经营作风，符合了社会道德行为准则，会使顾客产生诸如赞赏感、友谊感、满足感等属于道德感的肯定的情感，以愉快、欣喜、兴奋等情绪形态反映出来。当然，不同的历史时代和社会制度，消费不同的理想信念和世界观，都会有不同的社会道德行为准则，形成内容不同或程度不同的道德感，它制约着顾客对社会道德行为的愿望与要求在感情上的反映程度。

（三）理智感对顾客情绪过程的影响

理智感，是顾客的求知欲望是否能够得到的一种情感。顾客对某些构造新奇、性能复杂的商品进行认识活动时，所产生的疑惑感、求知感、好奇感、自信感和犹豫感，都属于理智感，它们都有可能促进顾客做出某种情绪的反映。如某些顾客对新型的、科学性较强的商品，往往不能做出正确的评价，下不了购买的决心，就会产生犹豫感，表现出疑虑的情绪色彩。顾客的理智感，也因其求知欲望的强弱、探求真理的毅力以及兴趣倾向的不同，而有着不同的形式与程度，会随着顾客的认识与实践的不断深入而发展。所以，理智感对顾客在购买过程中的情绪活动起着重要的推动作用。

由此可见，顾客在购买商品时，影响其情绪状态产生和变化的因素很多，既有来自顾客本身生理状态和心理状态的影响，也有受外界事物变化刺激的因素。导致情绪过程，既有稳定的、持续的表现，也有冲动的、起伏的表现，构成一个相当复杂的过程。顾客情绪的产生和发展，可以促进实现购买行动，也可以抑制和破坏购买行动。所以，研究顾客对商品的情绪过程，对于销售工作者来说尤其重要。

任务三　顾客对商品的意志过程

学习目的

通过完成本任务，了解顾客心理意志过程的特点和阶段，从而在销售过程中针对顾客所处的意志阶段采取积极有效的销售方法。

一、顾客心理意志过程的概念

意志是指人们为了实现一定的目的、行为所作出的自觉的坚持不懈的努力。意志过程就是人们为实现奋斗目标，努力克服困难，完成任务的过程。在意志过程中产生的行为就是意志行为。顾客不仅包括认知、情感过程，还包括意志过程。在销售活动中，顾客心理意志过程是指顾客确定购买目标并选择一定的手段，克服困难，达到预定的购买目的的心理过程。

顾客在购买活动中表现的这种有目的地、自觉地支配调节自己的行动，努力克服各种困难，从而实现既定购买目的的心理活动，就是心理活动的意志过程。

顾客在购买活动中从心理的产生、变化到心理的效应，由购买动机转变为购买行动，除了以生理机制为基础外，还需要心理机能的保证。这种心理保证，能使顾客自觉地实现其既定的购买目的而采取一系列的购买行动，并使顾客在实现购买目的的过程中，努力排除来自内在的和外在的各种因素的影响，保证购买目的的实现。

二、顾客心理意志过程的两个基本特征

（一）顾客有明确的购买目的

意志过程是意志与行为统一的过程，意志与行为联系紧密并体现在行为之中。行为是有机体在环境影响下所引起的内在生理和心理变化的外在反应，意志对行为又起着直接的调节作用。意志行为是与人的目的性紧密联系着的。顾客对商品的意志过程，可以在有目的的购买行动中表现出来。这种购买行动，有它明确的购买目的作为基础。在购买活动中，顾客为了满足自己的需要，总是经过思考而明确提出购买的目的，然后有意识、有计划地根据购买目的去支配和调节购买行动。顾客这种意志与目的性的联系，集中地体现了人的心理活动的自觉能动性。

一般说来，顾客在进行购买活动之前，其活动的结果已经作为意志行动的目的而主观地存在于他的头脑之中。这种观念要变为现实，就必须以预定的购买目的去指导自己的行动，并由此寻找实现购买目的的途径。所以，顾客在确定购买目的后，通常还会考虑如何实现购买目的的方式方法，甚至制订购买计划，预先想象出能保证实现购买目的的行动，一并向着一定的目标采取一系列意志行动。可以说，顾客的意志行动，都是以一定的行动作为基础的，它实质上是顾客内部心理活动向外部行动的转化。

（二）意志过程是排除干扰、克服困难的过程

顾客在确定购买目标以后，付诸实施之前，还会遇到干扰和困难。因此，顾客在为实现购买目的而采取的意志行动的过程，通常就是排除干扰和克服困难的过程。意志对人的心理状态和外部动作的调节作用，一方面表现在它可以推动人为达到预定目的所必需的情绪和行动；另一方面表现在它可以制止与预定目的相矛盾的情绪和行动。这两方面作用的统一，使人能克服各种各样阻碍、干扰和困难。

意志行动过程中，顾客要排除的干扰和要克服的困难是多种多样的，既有由内在因素造成的，也有由外部条件造成的。如：同时发生几个不协调的购买动机所产生的冲突；社会性需求与个人经济条件的矛盾；商品品质、销售方式和服务质量造成的障碍等。顾客在购买活动中，就往往需要克服这些来自主观上的思想干扰和客观条件引起的外部障碍，去实现既定的购买目的。不过，由于干扰与困难的程度不同以及顾客意志品质的差异，顾客对商品的意志过程有的较为简单，有的则很复杂。简单的意志过程，在确立购买目的后，就付诸购买行动，从决定购买过渡到实行购买。复杂的意志过程，在确立购买目的后，从拟定购买计划到实现购买计划，往往还需要付出一定的意志努力，甚至经过一个准备阶段，才从决定购买过渡到实行购买。

三、顾客心理意志过程的两个阶段

（一）做出决定的阶段

做出决定的阶段实际上是顾客在购买前的准备阶段。做出购买决定的阶段是意志行为的初始阶段，它主要表现在动机的确立、目的的确定、选择方法和制定计划等三个方面。顾客在这个阶段的主要表现，就是权衡购买动机，确定购买目的，选择购买的方式方法和制订购买计划。顾客在这个阶段里，主要是克服个人心理上的冲突，战胜内部困难，及时做出购买决定。

顾客的购买行动总是由一定的购买动机引发的，有的购买行动还会有许多动机存在于意志过程的整个活动之中。因此，在多种动机同时出现时，有一定意志力的顾客往往就会认真地加以权衡，对购买动机做出具体的分析，选出恰如其分的购买动机。购买目的是购买行动的预期结果，顾客正确选择了购买动机以后，一般就能确定购买目的。在复杂的购买行动中，顾客在购买动机和目的确定的同时或确定之后，还会在头脑中拟定实现购买目的的计划和方法，拟定计划和选定方法还可能经过复杂的思想活动。

（二）实行购买决定阶段

实行购买决定阶段是采取实际行动的阶段，是意识作用的外化和主观见之于客观的阶段。顾客在这个阶段的主要表现，就是根据既定的购买目的采取行动，把主体意识转化为实现购买目的的实际行动。

顾客由做出购买决定直接过渡到实行购买决定，都不是一帆风顺的，往往要克服主观上和客观上的各种困难。如某青年想买自行车已经两年多了，但始终未买到喜欢的"凤凰"牌，迫于急切需要以自行车代步的现实，她不得不在那些她曾不屑一顾的其他牌子的车中物色，当最终获得的各方面的信息都是对"金狮"牌自行车的肯定时，她又看了有关该车的文字介绍和他人的议论评价，于是重新考虑她的选择，而买了"金狮"牌自行车。所以，实行购买决定，是真正表现顾客意志的中心环节，它不仅要求顾客克服内部困难，还需要排除外部障碍，为实现既定购买目的，付出一定的意志努力。顾客心理活动的意志过程是保证实现其主体实践活动的一种心理功能。意志行为的两个阶段表明意志过程不仅明显地支配调节顾客的外显活动，而且对其内部活动发生较大的效力，对于推动顾客购买心理的发展，实现购买行为起到了积极的特殊作用。前面谈到，在购买活动中影响顾客的情绪变化的因素是很多的，来自各种因素不同方面的影响。有的可能导致积极的情绪反应，有的可能引起消极的情绪反应。积极的情绪反应有利于顾客购买行动的实现，而消极的情绪反应则可能抑制购买行动的实现。因此，在购买活动中，顾客对消极情绪的克制，就有赖于意志行动的心理过程，如顾客在认识商品的过程中，发现所需购买的商品不大会用，一般都会产生不满意的情绪，影响其购买行动的实现，但有些顾客能自觉排除这些消极情绪的干扰，积极思考出通过改装商品使之适合自己需要的办法，从而克服外部困难的阻力，实现既定的购买目的。

任务四 认知过程、情绪过程和意志过程的相互关系

学习目的

通过完成本任务，了解顾客在购物过程中对商品的认知过程、自身的情绪以及购物的意志过程有什么样的关系和作用，从而在销售过程中针对顾客购物的完整心理过程能够采取积极有效的销售方法。

一、认知过程、情绪过程和意志过程是顾客购买心理活动过程中统一的、密切联系着的三个方面

在购买活动中，顾客心理活动的认知过程、情绪过程和意志过程，是顾客购买心理活动过程中统一的、密切联系着的三个方面。意志过程既有赖于认知过程，又能促进认知过程的发展和变化。因为没有对社会事物的一定认识，就不能做出和执行购买决定，而通过意志过程的两个阶段，又必然促进认知过程中各种活动的加强，使顾客对有关事物获得新的认识。如在购买活动中，有些顾客就往往由于对自己行动的目的没有经过深思熟虑，或对商品缺乏深入的认识，因而在购买过程中表现出犹豫不决；有些顾客通过意志的努力，克服了实行购买决定过程中的各种困难，往往会对商品或其他事物产生新的认识。意志过程有赖于情绪过程，又能调节情绪过程的发展和变化。

因为没有积极情绪的推动，就难于做出和实行购买决定。而通过意志过程又可以控制和调节情绪，并因内心冲突与外部障碍的解决，而引起情绪向好的方面发展与变化。如顾客在愉快的心境促使下，对周围的事物都感到顺心，实现购买目的的信心和决心很足，可以鼓舞意志行动的实现；反之，如果在不愉快的心境影响下，对周围的事物都感到不顺心，缺乏实现购买目的的信心和决心，就会妨碍意志的实现，造成意志过程的内部困难。但通过意志过程，有的顾客的情绪也会得到一定的抑制；随着意志行动的实现，情绪也可能向积极的方向发展。

二、认知过程、情绪过程和意志过程彼此渗透、互为作用地影响着顾客的购买活动

在顾客的购买过程中，认知过程、情绪过程和意志过程是彼此渗透、互为作用地影响着顾客的购买活动。因此，在顾客购买心理活动中，认知、情绪、意志这三个过程，是紧密联系、不可分割的统一体。情绪依靠感知、记忆、联想、思维等活动，同时情绪又左右着认知活动。

积极的情绪可以促进顾客认知活动的发展，消极的情绪可以抑制认知活动。认知活动是意志的基础，认知活动又离不开意志的努力。对待商品的情绪同样还可以左右意志，可以推动也可以阻碍购买的意志和行为。意志又能够控制情绪，进行客观冷静地分析。

它们三者之间是互相制约、互相渗透、互相作用的。当顾客对某一商品的购买活动完结之后，又将根据新的需要，进行新的认知过程—情绪过程—意志过程，如此循环往复，以至无穷。

【学习资源链接】

1. 精品视频讲座推荐：《沟通心理学》。讲师：舒俊琳，专业国际持证 NLP（行为科学神经语言程式学）执行师；国内资深 NLP 导师、心理咨询顾问、中山大学 MBA 课程精修班授课导师、DAO 中国知识管理论坛专家委员会成员；长期致力于组织中人的成长和发展的研究，是国内为数不多的 NLP 的研究者和发展者。他在 NLP 的主要研究方向包括领导力、沟通与有效改变、高效学习和创新。

2. 心理测试。

意志品质的自我测量

说明：本测验是我国心理学家陈会昌编制的意志品质自测简易量表，共 20 题，每题后有五种答案，要求选择一个最符合自己的答案，最后累计总分。

(1) 我很喜欢长跑、远途旅行、爬山等体育运动，但并不是因为我的身体条件适合这些项目，而是因为它们能使我更有毅力。

(很同意　比较同意　可否之间　不大同意　不同意)

(2) 我给自己订的计划常常因为主观原因不能如期完成。

(这种情况很多　较多　不多不少　较少　没有)

(3) 如没有特殊原因，我能每天按时起床，不睡懒觉。

(很同意　较同意　可否之间　不大同意　不同意)

(4) 订的计划应有一定的灵活性，如果完成计划有困难，随时可以改变或撤销它。

(很同意　较同意　无所谓　不大同意　反对)

(5) 在学习和娱乐发生冲突的时候，哪怕这种娱乐很有吸引力，我也会马上决定去学习。

(经常如此　较经常　时有时无　较少如此　非如此)

(6) 学习或工作遇到困难的时候，最好的办法是立即向师长、同志、同学求援。

(同意　较同意　无所谓　不大同意　反对)

(7) 在练长跑中遇到生理反应，觉得跑不动时，我常常咬紧牙关，坚持到底。

(经常如此　较经常　时有时无　较少如此　非如此)

(8) 我常因读一本引人入胜的小说而不能按时睡眠。

(经常有　较多　时有时无　较少　没有)

(9) 我在做一件应该做的事之前，常能想到做与不做的好坏结果，而有目的地去做。

(经常如此　较常如此　时有时无　较少如此　非如此)

(10) 如果对一件事不感兴趣，那么不管它是什么事，我的积极性都不高。

(是　有时是　是与非之间　很少这样　不是)

(11) 当我同时面临一件该做的事和一件不该做却吸引着我的事时，我常常经过激烈的斗争使前者占上风。

（是　　有时是　　是与非之间　　很少这样　　不是）

（12）有时我躺在床上，下决心第二天要干一件重要事情（例如突击学一下外语），但到第二天，这种劲头又消失了。

（常有　　较常有　　时有时无　　较少　　没有）

（13）我能长时间做一件重要但枯燥无味的事情。

（是　　有时是　　是与非之间　　很少这样　　不是）

（14）生活中遇到复杂情况时，我常常优柔寡断，举棋不定。

（常有　　有时有　　时有时无　　很少有　　没有）

（15）做一件事之前，我首先想的是它的重要性，其次才想它是否使我感兴趣。

（是　　有时是　　是与非之间　　很少是　　不是）

（16）我遇到困难情况时，常常希望别人帮我拿主意。

（是　　有时是　　是与非之间　　很少是　　不是）

（17）我决定做一件事时，常常说干就干，决不拖延或让它落空。

（是　　有时是　　是与非之间　　很少是　　不是）

（18）在和别人争吵时，虽然明知不对，我却忍不住说一些过头话，甚至骂他几句。

（经常有　　有时有　　有时无　　很少有　　没有）

（19）我希望做一个坚强的、有毅力的人，因为我深信“有志者事竟成”。

（是　　有时是　　是与非之间　　很少是　　不是）

（20）我相信机遇，好多事实证明，机遇的作用有时大大超过人的努力。

（是　　有时是　　是与非之间　　很少是　　不是）

凡单序号题（1、3、5……），每题后面的五种回答，从第一到第五种依次记5、4、3、2、1分；凡双序号题（2、4、6……），每题后面的五种回答依次是1、2、3、4、5分。

评价标准是：若20题得分总分超过81分的（81～100），说明意志很坚强；61～80分意志较坚强；41～60分意志品质一般；21～40分意志较薄弱；0～20分意志很薄弱。

训练与思考

训练思考一：

以自己最近一次比较大的消费活动为例，分析购买商品时的心理活动过程，研究这种心理活动过程对市场营销人员工作的启示。

训练思考二：

案例讨论：

“同仁堂”绝妙的采购法

河北省安国县的庙会，是全国有名的药材集散市场。每年冬、春两季，各地药商药农云集于此。北京同仁堂的药材采购员在采购中使用了一连串的技巧，所购的药材比别的店家便宜许多。他们一到安国，并不急于透露自己需要采购什么，而是先注意收集有关信息。他们往往开始只是多少购进一点比较短缺的药材，以“释放”一些“信息”。例如：本来需要购进1000斤黄连，他们往往开始只是多少买进100斤上等货，而且故意付高价。“价高招商客”，外地的药商药农闻讯，便纷纷将黄连运到安国。这时同仁堂的采购员却不问津黄连，而是抓市场上其他滞销且又必须购买的药材大量买进。等其他生意做得差不多时，再突然返回来采购黄连。此时，他们已得到信息反馈：黄连由于大量拥进市场，形成滞销之势。各地来的药商，为了避免徒劳往返，多耗运输费用，或者怕卖不出去亏本，都愿意低价出售。经过这一涨一落，同仁堂就能以较便宜的价格收购市场上的药材，药商们吃了亏，影响到第二年药农的积极性，自然就会减少产量。这样一来，这些减产的药材第二年又会因大幅度减产而价格暴涨，而这时同仁堂的库存早已备足。

商品经济的三大规律之一——供求规律告诉我们，供求与价格之间是相互制约的关系。生产商市场的特点是厂商对原料的采购往往数量较大，购买次数较少。若利用供求与价格的关系，将能带来可观的利益。同仁堂药材采购员正是巧妙地利用了供求与价格的关系，他们到达采购市场后并不是急于购买，而是注意收集有关信息，先以高价少量收购比较短缺的药材，让价格信号供求关系产生调节作用，当供给在短期内大量增加，引起价格大幅度下降时，再大量购进；这样，他们所采购的药材比别的店家便宜很多。不仅如此，他们还能预见到今年的价格对来年的供求和价格产生的影响，即减产的药材第二年又会因大幅度减产而价格暴涨，而这时同仁堂的库存早已备足。由此一连串的反应，同仁堂占据了市场的主动，又何愁利润空间不大呢？

（资料来源：肖涧松，张志强. 消费心理学［M］. 北京：电子工业出版社，2010.）

思考题：

1. 同仁堂制药厂为什么能以较便宜的价格采购到药材？
2. 请用本项目所学的内容分析在采购过程中，同仁堂采购员与药商的心理过程。

项目三 顾客的个性心理特征

案例导入

联合利华为何落后于宝洁?

英国联合利华和美国宝洁都是世界知名的洗发水生产商，同是20世纪80年代后期进入中国市场，宝洁落户广州，联合利华扎寨上海。但在其后的发展中，联合利华日渐落后于宝洁，原因何在?

当初联合利华来到中国时，曾花费巨资向著名咨询管理公司请教，设计在中国大陆的发展战略。其得到如下建议：与当地已有一定市场份额的企业合作，然后用他们的销售渠道和销售人员去推广联合利华公司的商品。本着这一思路，联合利华公司先后吞并了大陆数家生产销售肥皂、洗衣粉、雪糕的厂家。在国内，联合利华建立了12家合资公司，各成体系，每家公司都拥有自己的生产线、分销系统及销售人员。一开始，就有人指出那种联合方式非常笨重，但联合利华公司的领导人顽固地确信，各行其道的子公司能够统一成整体，并且能赚大钱。事实残酷地击碎了梦想，后来的发展证明，不同部门之间常常想法各异，甚至彼此竞争。一家国外零售公司的财政主管解释说："在销售中，宝洁的各路队伍开出的是同一张发货单，彼此行动一致；联合利华开出的发货单各异，它的销售团队彼此竞争。"

中国市场既广阔又复杂，由于地域、文化、习俗的不同，需求也有所差别，因而要更好地满足市场需求，就必须研究开发不同种类的商品，但联合利华在这方面是逊色于宝洁的。表3-1是联合利华与宝洁公司商品的对照表：

表3-1　联合利华与宝洁公司商品对照表

商品	联合利华	宝洁
洗发护发用品	夏士莲、力士洗发水	飘柔、潘婷、海飞丝、沙宣洗发护发系列
清洁用品	力士香皂	舒肤佳香皂、玉兰油香皂、舒肤佳沐浴露、玉兰油沐浴乳
护肤用品、化妆品	旁氏润肤霜	玉兰油护肤系列、玉兰油活肤洁面乳
妇女保健用品		护舒宝卫生巾、丹碧丝卫生棉条
保健用品	中华牙膏	佳洁士牙膏、佳洁士牙刷

续表

商　　品	联合利华	宝　　洁
婴儿护理商品		帮宝适纸尿片
食品、饮料	和路雪冰淇淋	品客薯片
织物、家居护理商品	奥妙洗衣粉	碧浪、汰渍、熊猫、高富力洗衣粉

仅就洗发护发用品来说，宝洁公司的每一个品牌都满足了人们的不同需求。如海飞丝突出“头屑去无踪”，飘柔突出“飘逸柔顺”，潘婷突出“营养头发、更健康更亮泽”。这些有明确市场定位和独特市场形象的商品满足了不同需求的顾客，为宝洁公司吸引了大量顾客。相对而言，联合利华在这一点上做得就远远不够。

聘请著名电影女明星作为品牌代言人，是力士香皂的一个特点，在中国这个策略可以一直追溯到二十世纪的三四十年代的上海，当时力士品牌代言人是电影皇后——胡蝶，那个时代亚洲最具亲和力的女明星。在中国播放的广告中，钟楚红、张曼玉、李若彤、袁咏仪等明星都曾担纲出演力士的广告。力士一贯采用的是顶级女明星，而且每年几乎都会有新的面孔出现。

力士美发类高级品牌经理陈立乙小姐认为：“力士通过顾客熟悉的明星所展示的魅力来实现商品丰富的内容与价值。明星的魅力会直接对顾客有一定的影响，顾客将对品牌的内涵、特点有更深刻的理解与认识。”力士的广告策略是全球性的策略，国际巨星与力士的国际品牌形象相互辉映。然而对讲求实惠的中国人而言，宝洁公司的做法也许更有亲和力和感召力：在宝洁公司的广告宣传里，主角大多是青春靓丽的女生。在形象诉求上，宝洁给人们的印象是，它的顾客对象是广大的中产阶级乃至数以千万计的学生阶层。

综上可知，联合利华之所以落后于宝洁，个中原因在于：第一，联合利华下属的子公司各行其道，彼此竞争；宝洁的各路队伍在竞争中彼此合作，行动一致。第二，宝洁堪称是一品多牌策略的光辉典范，仅就洗发水来看，它的每一品牌都具有明确的市场定位和独特的市场形象，满足了人们的不同需求，从而赢得了可观的市场份额，相比之下联合利华则逊色许多。第三，力士的广告策略是全球性的策略，品牌代言人一贯是中外著名女明星，国际巨星与力士的国际品牌形象相互辉映。然而对讲求实惠的中国人而言，宝洁的做法也许更有亲和力和感召力，其广告主角大多是青春靓丽的女生。

相对于联合利华，宝洁公司则更注重顾客，为深入了解中国顾客，宝洁公司在中国建立了完善的市场调研系统，开展顾客追踪并尝试与顾客建立持久的沟通关系。宝洁公司在中国的市场研究部建立了庞大的数据库，把顾客意见及时分析、反馈给生产部门，以生产出更适合中国顾客使用的商品。

当然联合利华的商品也是深受中国顾客喜爱的，相信联合利华会不断总结经验教训，在中国市场大有作为的。

（资料来源：陈剑清．现代营销心理学［M］．北京：首都经贸大学出版社，2009．）

问题引出：作为销售人员，如何针对顾客进行个性化服务与产品的销售？

任务一　顾客气质与购买行为

学习目的

通过完成本任务，了解顾客有哪几种不同的气质类型，掌握不同的气质类型会产生什么样的购物行为，从而销售过程中针对顾客的气质类型能够采取积极有效的销售方法。

一、气质的含义

气质是一个人典型的稳定的心理特征，是指决定一个人心理活动的全部动力，并为个体所独有的心理特点，它主要是由先天因素决定的。气质主要表现出人的心理过程两方面的特点：一方面是心理过程的动力性，另一方面是心理过程的指向性。心理过程的动力性主要包括两个侧面：一是心理过程的速度和稳定性，如知觉的速度、思维的灵活程度、注意集中的长短；二是心理过程的强度，如情绪的强弱、意志努力程度。心理过程的指向性，则是指有人内倾，有人外倾。一个人属于哪种气质，可以根据以下六种特性判断：

（1）感受性。即个体对外界影响产生感觉的能力。

（2）耐受性。即人在经受外界事物的刺激作用后，在时间和强度上的耐受程度。

（3）敏捷性。即对外界影响（或刺激）的敏捷度。

（4）可塑性。即当外界环境或要求变化时，一个人在适应上的难易，采取行动的迟缓，态度上的果断或犹豫等。

（5）兴奋性。即指情绪上的兴奋性和表现情绪的强烈程度。

（6）外倾性和内倾性。外倾性是兴奋性强的体现，内倾性则是抑制过程占优势的反映。

气质使每个人的行为带有一定的色彩、风貌，表现出独特的风格。一个具有某种气质特征的顾客无论购买什么商品，也无论出于怎样的动机和在什么场合，都会表现出同样的行为特点。气质可以影响一个人进行活动的方式和效率。对于同一商品，不同气质类型的顾客会以完全不同的方式购买。外向型的顾客往往主动询问其他顾客的看法，并愿求助销售人员的帮助。内向型的顾客则相反，一般不主动与周围的人交谈，喜欢自己认真仔细地观察商品，不愿向销售人员或他人求助。

二、气质的类型

关于人的气质类型和学说，古今中外的流派较多，从古希腊的学者到今天的现代心理学家，都提出过气质理论并对其进行了分类。俄国心理学家巴甫洛夫（见图 3－1）从 20 世纪 20 年代末开始，在研究心理活动基础时，发现并证明了人的行为受神经系统决定和控制，通过对高级神经活动类型与规律的研究，提出了气质的高级神经活动类型说。巴甫洛夫认为，人的气质与人的高级神经活动类型密切相关。通过研究，他发现了人的高级神经活动过程的三个基本特征：①神经活动过程的强度，指大脑皮层的兴奋与抑制过程的强弱；②适应能力，指兴奋与抑制之间力量对比不平衡还是平衡；③灵活程度，指兴奋与抑制相互变换速度的快慢。神经活动强度、平衡性和灵活性不同的结合形成了四种基本类型，这四种类型就是传统上所说的胆汁质、多血质、粘液质、抑郁质四种气质类型的神经生理机制。

图 3－1　俄国心理学家巴甫洛夫

三、顾客气质类型与购买行为

不同的气质类型在购买行为方面表现不同。一个顾客的气质特点，虽然在每次购买行为中有所显露，但只有在多次购买行为中，才能全面而鲜明地表现出来。胆汁质气质类型顾客的购买行为表现是：表情喜形于色，言语易于冲动，情绪变化激烈，行为干脆利索，购物决策果断，属于兴奋型；多血质气质类型顾客的购买行为表现是：热情活泼好动，情绪易于转换，反应机智灵敏，实现沟通迅速，言行举止快捷，属于活泼型。粘液质气质类型顾客的购买行为表现是：情绪变化缓慢，安静稳重踏实，固执多疑怯懦，反应从容不迫，言行拘谨自制，属于安静型。抑郁质气质类型顾客的购买行为表现是：心绪消沉于内，反应迟钝犹豫，冷漠孤僻寡欢，多疑内省仔细，言行缓慢腼腆，属于抑郁型。

四、气质理论对销售活动的作用

我们在介绍和研究气质理论时，有以下三点应强调一下：

第一，以上所分析的四种气质理论只是一般的划分，事实上，现实生活中绝对属于某种气质类型的人并不多，大多数人是以某一种或某两种气质为主，兼有其他气质特征的混合型。

第二，人的气质类型不能作社会评价意义上的判断。

第三，气质不决定一个人的成才方向和成就高低。气质虽然使人的心理活动染上独特色彩，但它并不能决定一个人的智力发展水平。

那么，气质理论对销售活动有什么意义呢？

（一）根据顾客的气质特征，能更正确地理解顾客行为和活动的某些特点

例如，多血质的顾客，兴趣容易发生变化，接受新事物快，向这样的顾客推销新商品容易被接受购买。粘液质的顾客，固执保守，对这样的顾客应向其推销传统类商品，他们既容易接受，也愿意购买。

（二）掌握顾客气质类型的表现特征，在销售中因势利导

顾客的气质类型主要在四个方面有所表现：

1. 表现在顾客决定购买商品的速度方面

有些气质类型的人决定速度很快，而有些气质类型的人决定速度很慢。一般是多血质和胆汁质的顾客决定速度快一些，而粘液质和抑郁质的顾客决定购买的速度慢一些。

2. 表现在顾客与销售人员接触的主动性方面

多血质和胆汁质的顾客与销售人员的接触要主动一些，而粘液质和抑郁质的顾客与销售人员接触的时候要被动得多。

3. 表现在与销售人员相处的关系方面

多血质和胆汁质的顾客与销售人员主动接触，相处比较容易；而粘液质和抑郁质的顾客比较被动，因而相处的时候不太容易沟通。从情绪方面讲，多血质的顾客情绪不太稳定，容易做出冒犯销售员的行为，而抑郁质的顾客由于对事物十分敏感，容易觉得受到了销售人员的伤害。

4. 表现在对于商品的购物感受方面

粘液质的顾客在购物感受方面比较深刻，抑郁质的顾客在购物体验方面更加深刻，如果他们感觉商品确实很好，他们会铭记于心，如果对于商品不满意，他们做出的反应也会十分激烈，并且由于购物感受十分强烈，对于不满意的商品要求退货或退款的心理经常出现，购买之后，也容易出现后悔的心理。

由于不同气质类型的顾客在购买行为中的表现不同，因而要求销售人员在接待不同气质类型的顾客时就要区别对待，因势利导，采用不同的推销方法。

任务二 顾客性格与购买行为

学习目的

通过完成本任务，掌握顾客有哪些性格类型，了解顾客性格对销售活动的作用，从而培养学生在销售过程中以顾客性格为主导的意识，真正体现以顾客为上帝的工作理念。

一、性格的含义

性格是人们在对待客观事物的态度和社会行为方式中表现出来的稳定倾向。它是人的个

性中最主要的心理特征，一个人如果对某些客观事物的态度和反应在生活中成为经验得到巩固，就会成为其在特定场合中习惯表现的行为方式，并由此构成其性格特征。性格能够表现出一个人独特的稳定的个性特征，比气质更能反映出一个人的心理面貌。性格和气质互相渗透、互相作用，两者都以高级神经活动类型为生理学基础。它们的主要区别是：

（1）存在的客观基础条件不同。气质与神经系统密切联系，性格则较多地受到社会生活环境的影响；

（2）稳定性时间长度不同。气质的稳定性在相当长的时间内，甚至人的一生中都不会变化。性格也有相对稳定性，但可能由于生活中的突发事件、重大挫折而变化；

（3）互相影响的侧重面不同。气质对性格的情绪性和表现速度、对性格的形成和发展的速度、动态有一定的影响。性格则在一定程度上掩盖和改造气质，使它服从实践所要求的行为方式。

二、性格的特征和分类

（一）性格的特征

性格有着较复杂的结构，是个概括性的概念，具有多方面的特征。

1. 情绪特征

主要表现于情绪、情感活动的强度、稳定性、持久性上。例如，冲动还是冷静，稳定还是波动，乐观还是悲观，抑郁还是开朗等等。

2. 意志特征

主要表现于意志力的强弱和自控水平上。例如，坚强还是懦弱，明确还是盲目，独立还是依赖，镇定还是慌张，主动还是被动等等。

3. 理智特征

主要表现于对客观事物认识的方法和速度上。例如，感知事物是主动摄取还是消极灌输，分析问题是细致还是粗略，思维方面是阻滞还是顺畅，想象方面是空幻还是现实等等。

4. 态度特征

主要表现于对社会、集体、他人、个人活动的关系和态度上。例如，交际还是独处，同情还是冷酷，节约还是奢侈，谦虚还是傲慢等等。

（二）性格的分类

顾客的性格是千差万别的，按照不同的角度和标准，可以有不同的区分。

1. 从理智、情绪、意志三种心理机能何者占优势来划分

理智型顾客即用理智衡量一切和支配自己的言行，这种人在购买活动中善于权衡利弊得失；情绪型顾客即言行举止受情绪左右，这种人容易受各种诱因的影响而进行冲动性的购买；意志型顾客购买目标明确，购买决策果断，在购买过程中能够确立自觉、明确的购买目的，并且克服购买过程中的困难，排除各种干扰，完成购买行为。

2. 从顾客心理活动的倾向性来划分

外倾型顾客开朗、外露，善于交际，在购买中易受周围环境、其他顾客的态度以及销售人员态度的影响和感染；内倾型顾客沉静、内向，在购买中往往要经过反复权衡后才会做出购买决定。

3. 从个体活动独立性的程度来划分

独立型顾客有主见，能独立自主地作出判断和选择，不易受外界因素的影响。顺从型顾客缺乏独立性和主见，易受暗示影响，购买时往往犹豫不决。

4. 从社会生活方式来划分

理论型顾客求知欲强，其兴趣主要在于观察、分析、推理方面，好钻研，自制力强，对于情绪的控制能力较强；经济型顾客倾向于务实，从实际出发，注重财力、物力、人力和效率等因素，在购物行为中这一类顾客对于商品的价格、商品的真正质量是很关心的；艺术型顾客重视事物的形象美和心灵的和谐，善于审视美好的情景，善于享受各种美好的事物，把美的价值看成高于一切；社会型顾客以爱护他人、关心他人作为自己的职责，一般为人善良随和，宽宏大量，乐于交际；政治型顾客对于权力有极大的兴趣，十分自信，自我肯定，讲原则守秩序，也有的人十分自负，比较专横；宗教型顾客是指那些重视命运和超自然力量的人，一般有比较稳定甚至很坚定的信仰，退却现实，乐于沉思和自我否定。

三、性格理论对销售活动的作用

以上对性格的分类未必全面，而且它们之间并无好坏之分。同时，大多数顾客由于受多种因素影响，他们性格类型往往不是单一的，而是中间型或混合型的。销售人员研究顾客的性格特征及类型，目的是更好地做好销售和服务工作。因此，要通过观察、交谈或调查分析等手段，认识和把握顾客的性格特征，提高营销艺术水平。根据顾客的性格特征，销售人员在介绍商品时应注意把情感的唤起与理性的号召结合起来加以运用。因为无论何种类型的顾客，他们对商品的认识或多或少都带有理性及感情色彩。例如，名牌羽绒衣一直是人们购物的热点，用户除了在情感上接受其色彩绚丽、精致美观外，还从理性上认识到它的轻巧舒服、保暖性好、社会流行等。因此，心理沟通应当尽可能综合运用情感唤起和理性号召这两种形式。

任务三　顾客能力与购买行为

学习目的

通过完成本任务，了解顾客有哪些能力，掌握顾客的能力对购物行为会产生哪些影响，树立起以顾客的购物能力进行销售的意识。

一、能力的含义

能力是指人们顺利地完成某种活动所必须具备的、直接影响活动效率的个性心理特征。例如，在学习活动中，人们要具有观察能力、记忆能力、思维能力、想象能力、分析问题和解决问题的能力等等。

对能力的理解要注意两点：首先，能力是顺利完成某种活动的主观条件。例如，消费者只有具备良好的观察能力、记忆能力和思维能力等，才能保证购买活动的顺利进行。其次，能力总是与人的活动相联系的，并直接影响人的活动效率。人的能力总是存在于人的活动之中，并通过活动表现出来。或者说，也只有从活动的效率和效果看出其能力的大小和强弱。例如，消费者的购买能力如何，可以从他们购买商品的全部过程和购买结果中作出评价。

人的能力的形成和发展，与许多因素有关。现代生理学、心理学的研究表明，人的能力发展与遗传因素有关，许多科学家、音乐家、画家以及将军等，大多与他们亲属中的著名人物有着一定的遗传关系。但遗传因素仅是能力形成和发展的自然基础，只是提供了心理发展的可能性，要转化为现实性，还需要环境因素的配合。同样研究表明，环境对人的能力形成与发展起着重要的作用，因而，许多学者强调早期教育的重要性。营养也是影响能力发展的一个重要因素，营养不良会影响人的脑和神经系统的发育。同时，人的社会实践是能力发展的关键因素。人在履行改造客观世界的实践活动中，逐渐形成和发展了各种能力，不同职业的劳动制约着能力的发展方向和水平。例如，有经验的染色工人能分辨出40种以上的色调不同的黑色，这种能力与其长期从事该方面的实践活动有关。另外，人的心理因素即人的主观能动性，与人的能力发展也有密切的联系。许多研究表明，远大的理想、浓厚的兴趣、顽强的意志以及坚强的性格等等，可以极大地促进一个人能力的发展。

能力与知识、技能并不等同，它们既有区别，又有联系。知识是人类社会历史经验的总结和概括，当它被个体认识、理解、掌握时，就变成个体意识和个体知识系统，而有利于人们去完成某些活动。技能是一种通过训练而巩固了的自动化的活动方式，它在形成过程中发展了能力。所以，能力的发展离不开人对知识和技能的学习。能力是在掌握和运用知识、技能的过程中发展起来的。另一方面，能力又是掌握知识技能的必要前提。不具备感知能力的人，无法获得感性知识。缺乏抽象思维能力的人，难以获得理性认识。而且，能力的大小也会影响掌握知识的深度和技能水平的高低。然而，一个人知识的多少，不能完全表明他的能力的大小，能力和知识技能的发展并不是完全同步的。

二、能力的分类

（一）按照能力的倾向性划分

1. 一般能力

一般能力是指人们从事各种活动所必须具备的，并在其中表现出来的能力。一般能力的有机结合称为智力，主要包括观察力、注意力、记忆力、想象力、思维能力等五种基本能力。这五种能力在智力结构中相互联系、相互渗透，以抽象思维能力为核心有机地组合为一个整体。一般能力适用于广泛的活动范围。

2. 特殊能力

特殊能力是指人们完成某种专业活动所需要具备的专门能力，如语言表达能力、运算能力、逻辑判断能力、鉴赏能力、音乐能力、绘画能力等。特殊能力的有机结合称为专业才能，是人们从事某种专业活动所必备的能力，一般只在特殊活动领域内发生作用。

一般能力与特殊能力是密切联系、相辅相成的。一般能力寓于特殊能力之中，通过特殊能力表现出来。特殊能力的发展都离不开一般能力，是一般能力的具体化和特殊化表现。因此，一般能力愈是发展，就愈为特殊能力的发展创造有利条件；而特殊能力的发展也会促进一般能力的发展。在人们的每一项具体活动中，一般能力和特殊能力总是共同起作用的，很难将它们截然分开。

（二）按照能力的功能划分

1. 认知能力

认知能力是指人们在学习、研究、工作、生活中，对客观事物观察、分析、概括、理解和掌握的能力，例如观察能力、分析能力、理解能力等。它是人们成功地完成活动过程最重要的心理条件。

2. 操作能力

操作能力又称动手能力，是指操作、制作和运用的能力。例如劳动能力、计算机操作能力、驾车能力、体育运动能力等。它是人们从事工作和生活活动中的重要条件。

3. 社会交往能力

社会交往能力简称社交能力，是指人们在社会交往活动中所表现出来的能力。例如组织能力、管理能力、公关能力、适应能力、言语表达能力等。它是人们在社会生活中不可缺少的重要能力。

（三）按照能力的创造性程度划分

1. 再造能力

再造能力又称模仿能力，是指仿效他人的言行举止而引起的与之相类似的行为活动的能力，也就是善于按照原有模式进行活动和解决问题的能力。

2. 创造能力

创造能力又称创新能力，是指人们产生新思想、发现和创造新事物的能力。它是人们超越原有模式进行思考和解决问题的能力。创造能力具有独特性、变通性、创新性和流畅性等特点，是成功地进行和完成某种创造性活动所必需的条件。

再造能力与创造能力有着密切联系，并相互促进。再造能力强的人善于分析和总结原有活动模式的特点和存在问题，在此基础上产生出新的活动模式，从而提高了创造能力；有创造能力的人善于超越常规、独辟蹊径，可促进再造能力的进一步发挥。因此，再造能力是形成和发展创造能力的基础，而创造能力是再造能力的积累和发展的结果。

三、能力的差异

人的能力差异是客观存在的。这是由于人们接受的先天因素和后天因素的影响不同而形成的，其中最主要的是环境、教育、社会实践活动的影响。能力的差异性，反映了人的个性特征的多样性，这有利于人类实践活动的多样化，也有利于发挥各种人才的作用，推动社会的发展和进步。人的能力差异主要表现在以下三个方面。

（一）能力类型的差异

能力类型的差异是指人的能力在类别上以及在同类中的不同能力之间的差别。例如，有的人的一般能力比较强，而某专业方面的特殊能力较弱；有的人的认知能力较强，而操作能力较弱；也有的人专业能力很强，而社交能力较弱。就是在同类的认知能力中，有的人观察能力、知觉能力较强，而记忆能力或想象能力较弱；在同类的社会交往能力中，有的人精于管理，而有的人善于公关等等。人的能力类型的差异虽然是客观存在的，但这并不表明一种类型的能力比另一种类型的能力优越，也不表明这种能力比那种能力优良，因为在任何能力类型的基础上，各种能力都可以得到相应的发展。每个人都可以根据自身的特点，发展与之相适应的各种能力，以适应各种社会实践活动的需要。例如，有的人对技术应用方面有浓厚的兴趣，就可以发展和提高技术应用方面的能力，成为技术应用型人才；有的人对理论研究有特别的爱好，就可以发展理论研究能力，成为理论研究型人才。正因为如此，我们的社会才可能出现大量的思想家、政治家、社会活动家、科学家、文学家、音乐家、绘画家、军事家、工程师、技师、民间艺人以及各种能工巧匠等人才。

（二）能力发展水平的差异

能力发展水平的差异是指不同的人之间在同种能力的发展水平上存在高低的差别。如果在相同条件下，一个人从事某项活动的顺利程度和取得的成绩高于别人，在一定程度上表明他的能力比其他人强。例如，在营业员的商品包扎比赛中，名列前茅的能力水平就高于其他赛手。

（三）能力表现早晚的差异

能力表现早晚的差异是指不同人之间在同种能力的发展上，表现出时间早晚的差别。对于某种能力，有的人表现得早一些，而有的人却表现得比较迟。有的人是“人才早熟”，有的人是“大器晚成”。早晚的差异原因是多方面的，除了自身条件和教育以外，参与活动的机遇和社会实践的早晚、多少都有很大关系。只要有坚韧的意志和毅力，在明确的人生理想和目标的引导下，经过勤奋刻苦努力，人的各种能力会在社会实践活动中不断得到提高，差异是可以逐渐缩小的。

四、顾客能力与购买行为

购买活动是一项范围广泛、内容复杂的社会实践活动。人们习惯上把顾客在购买过程中能力的反映称之为购买能力。不同顾客的购买能力是有差异的，并影响着顾客自身的购买行为。顾客的购买能力主要表现在对商品的认知能力、评价能力和选购商品时的决策能力等方面。

（一）对商品的感知辨别能力

感知辨别能力是指顾客识别、了解和认识商品的能力。它是顾客深入认识商品的前提，也是形成对商品第一印象的条件。因此，可以说感知辨别能力是顾客购买行为的先导。

由于顾客在生理机能、心理机能和生活环境方面的不同，以及在商品知识和购买经验上的差异，使他们对商品的感知辨别能力存在较大的差别。同一件商品，有的顾客就其外形和内部结构能够迅速、准确地感知，并形成相应的看法，反映出较强的观察事物的能力；有的顾客则往往需要较长的时间才能形成对商品的认识，或只能从外表上了解大概，不能迅速抓住事物的主要特征。例如，普通顾客购买电冰箱，只借助一般的商品知识介绍和购买经验，从电冰箱的外观造型、颜色、大小来认识该电冰箱是否理想，而感知辨别能力强的顾客，不仅要观察电冰箱的外部特征，而且要通过观察电冰箱的内部结构及其运行情况来认识该电冰箱品质的好坏。

（二）对商品的分析评价能力

分析评价能力是指顾客依据一定的标准，分析判断商品性能、质量，从而确定商品价值大小的能力。顾客的分析评价能力的高低，主要取决于其思维能力和思维方式，并受个人知识、经验、审美观的影响，直接影响其购买行为。

分析评价能力高的顾客购买商品时，能积极主动地收集有关信息，能清楚了解商品的优缺点，对于商品广告有比较全面而正确的认识，对于企业采取的一些正常的和不正常的促销手段有相当的判断力。有的顾客对商品知识的了解相当全面，甚至是某方面的行家里手，具有很高的鉴赏能力和审美能力。鉴赏能力是一种较高层次的分析评价能力，审美能力是用美的价值标准来评价商品的能力。审美和鉴赏能力高的顾客善于从美学角度出发，发现商品美的价值，提高自己的审美情趣和美化自己的生活和环境。

顾客分析评价能力的高低对一些新产品的销售有着很大的影响。分析评价能力高的顾客能依据一定的标准和收集到的各种信息，及时地分析判断，准确地作出评价，而分析评价能力低的人往往要等大多数人都使用了后才购买。

（三）购买决策能力

购买决策能力是指顾客及时、果断、正确地做出购买决定，购买到满意商品的能力。这是顾客购买行为中最主要的能力，直接决定顾客的购买行为能否最后实现。购买决策能力的高低，直接受顾客自信心、情境因素的影响，在不同顾客身上具有很大的差异。有的顾客能根据自己对商品的判断，及时作出决定，采取购买行动，而有的顾客在购买行动中常常表现出犹豫不决、优柔寡断、受别人看法的左右，不能根据实际情况果断采取行动，常常坐失良机，后悔不已。

顾客在购买过程中除了需具备上述一般的购买能力之外，有时还需要具有一些特殊的能力，如视听能力、手肤感受能力、色彩辨别能力、商品检验能力、言语沟通能力以及还价能力等等，以便在选购某些特殊商品或在特殊的购货场所能顺利地实现自己的购买行为。

【学习资源链接】

1. 精品视频讲座推荐：《营销中的心理战术》。讲师：景玉平，北京言德备管理咨询有限公司董事长，北京大学心理学博士、攻心战略创始人，国内著名的海尔问题研究专家。

2. 气质测试。

下面60道题，可以帮助你大致确定自己的气质类型，请根据自己的情况在“很符合、比较符合、介于符合与不符合之间、比较不符、完全不符合”五个答案中选择一个适合自己的答案。很符合2分，比较符合1分，介于符合与不符合之间0分，比较不符合 -1 分，完全不符合 -2 分。

（1）做事力求稳妥，一般不做无把握的事。

（2）遇到可气的事就怒不可遏，想把心里话全说出来才痛快。

（3）宁可一个人干事，不愿很多人在一起。

（4）到一个新环境很快就能适应。

（5）厌恶那些强烈的刺激，如尖叫、噪音、危险镜头。

（6）和人争吵时总是先发制人，喜欢挑衅。

（7）喜欢安静的环境。

（8）善于和人交往。

（9）羡慕那种善于克制自己感情的人。

（10）生活有规律，很少违反作息制度。

（11）在多数情况下情绪是乐观的。

（12）碰到陌生人觉得很拘束。
（13）遇到令人气愤的事，能很好地克制自我。
（14）做事总是有旺盛的精力。
（15）遇到问题总是举棋不定，优柔寡断。
（16）在人群中从不觉得过分拘束。
（17）情绪高昂时，觉得干什么都有趣；情绪低落时，又觉得什么都没意思。
（18）当注意力集中于一事物时，别的事很难使我分心。
（19）理解问题总比别人快。
（20）碰到危险情境，常有一种极度恐怖感。
（21）对学习、工作、事业怀有很高的热情。
（22）能够长时间做枯燥、单调的工作。
（23）符合兴趣的事情，干起来劲头十足，否则就不想干。
（24）一点小事就能引起情绪波动。
（25）讨厌做那种需要耐心、细致的工作。
（26）与人交往不卑不亢。
（27）喜欢参加热烈的活动。
（28）爱看感情细腻、描写人物内心活动的文学作品。
（29）工作学习时间长了，常感到厌倦。
（30）不喜欢长时间谈论一个问题，愿意实际动手干。
（31）宁愿侃侃而谈，不愿窃窃私语。
（32）别人总是说我闷闷不乐。
（33）理解问题常比别人慢些。
（34）疲倦时只要短暂的休息就能精神抖擞，重新投入工作。
（35）心里有话宁愿自己想，不愿说出来。
（36）认准一个目标就希望尽快实现，不达目的誓不罢休。
（37）学习、工作一段时间后，常比别人更疲倦。
（38）做事有些莽撞，常常不考虑后果。
（39）老师讲授新知识时，总希望他讲得慢些，多重复几遍。
（40）能够很快地忘记那些不愉快的事情。
（41）做作业或完成一件工作总比别人花的时间多。
（42）喜欢运动量大的剧烈体育运动或参加各种文艺活动。
（43）不能很快地把注意力从一件事转移到另一件事上去。
（44）接受一个任务后，就希望能把它迅速解决。
（45）认为墨守成规比冒风险强些。
（46）能够同时注意几件事物。
（47）当我烦闷的时候，别人很难使我高兴起来。
（48）爱看情节起伏跌宕、激动人心的小说。
（49）对工作抱认真严谨、始终一贯的态度。
（50）和周围人的关系总相处不好。

（51）喜欢复习学过的知识，重复做能熟练做的工作。

（52）希望做变化大、花样多的工作。

（53）小时候会背的诗歌，我似乎比别人记得清楚。

（54）别人说我“出语伤人”，可我并不觉得这样。

（55）在体育活动中，常因反应慢而落后。

（56）反应敏捷、头脑机智。

（57）喜欢有条理而不甚麻烦的工作。

（58）兴奋的事情常使我失眠。

（59）老师讲新概念，常常听不懂，但是弄懂了以后很难忘记。

（60）假如工作枯燥无味，马上就会情绪低落。

记分：

胆汁质型得分：为 2、6、9、14、17、21、27、31、36、38、42、48、50、54、58 的得分之和。

多血质型得分：为 4、8、11、16、19、23、25、29、34、40、44、46、52、56、60 的得分之和。

粘液质型得分：为 1、7、10、13、18、22、26、30、33、39、43、45、49、55、57 的得分之和。

抑郁质型得分：为 3、5、12、15、20、24、28、32、35、37、41、47、51、53、59 的得分之和。

确定气质类型的标准：

（1）如果某类气质得分明显高出其他三种，均高出 4 分以上，则可定为该类气质。如果该类气质得分超过 20 分，则为典型；如果该类得分在 10～20 分，则为一般型。

（2）两种气质类型得分接近，其差异低于 3 分，而且又明显高于其他两种，高出 4 分以上，则可定为这两种气质的混合型。三种气质得分均高于第四种，而且接近，则为三种气质的混合型，如多血—胆汁—粘液质混合型或粘液—多血—抑郁质混合型。

训练与思考

训练思考一：

将班级以 4～5 人分成小组。

1. 各组内同学，分别根据自己的生活经验谈一谈不同气质和性格的顾客其购物时的行为表现；谈一谈顾客的能力和购物的行为表象。

2. 各组内同学对自己的气质类型和性格进行剖析，其他同学予以补充完善。

训练思考二：

案例讨论：

人的气质类型

苏联的心理学家以一个人去电影院看电影迟到为例，对人的几种典型的气质做了说明。

假如电影已经放映了，门卫又不让迟到的人进去，不同气质类型的人会有不同的表现。

第一种人匆匆赶来之后，对门卫十分热情，又是问好又是感谢，急中生智会想出许多令人同情的理由，如果门卫坚持不让他进门，他也会笑哈哈地离开。

第二种人赶来之后，对于自己的迟到带着怒气，想要进去看电影的心情十分迫切，向门卫解释迟到的原因时，让人感到有些生硬，如果门卫坚持不让他进门，也会带着怒气而去。

第三种人来了之后，犹犹豫豫地想进去又怕门卫不让，微笑而又平静地向门卫解释迟到的原因，好像不在乎这电影早看一会儿或迟看一会儿，门卫一定不让他进去的话，也很平静地走开。

第四种人来到的时候，首先可能看一看迟到的人能不能进去，如果看到别人能够进去，也跟进去，如果门卫不让他进，也不愿意解释迟到的原因，默默地走开，最多只是责怪自己为什么不早一点来。

（资料来源：陈思. 营销心理学［M］. 广州：暨南大学出版社，2005.）

思考题：

上述四种人分别代表了哪几种典型的气质类型？又分别可能是哪几种性格？

项目四

顾客购买心理

案例导入

从豆浆到维他奶

一碗豆浆、两根炸油条，是三顿美餐中的第一餐，这是长期以来许多中国人形成的饮食习惯。豆浆，以大豆为原料，是豆腐作坊的副食品，在中国已有两千多年的历史。它的形象与可乐、牛奶相比，浑身上下冒着土气。以前，喝它的人也多是老百姓。

但是现在，豆浆在美国、加拿大、澳大利亚等国的超级市场上都能见到，与可乐、七喜、牛奶等国际饮品并列排放，且价高位重，有形有派。当然，它改了名，叫维他奶。

豆浆改名维他奶，是香港一家有50年历史的豆品公司为了将街坊饮品变成一种国际饮品，顺应不断变化的价值和现代人的生活形态，不断改善其产易形象而特意选择的。“维他”来自拉丁文Vita，英文Vitamin，其意为生命、营养、活力等，而舍“浆”取“奶”，来自英语soybeanmilk（豆奶，即豆浆）的概念。50年前，香港人的生活不富裕，营养不良，各种疾病很普遍。当时生产维他奶的用意，就是要为营养不良的人们提供一种既便宜又有营养价值的牛奶代用品——一种穷人的牛奶。在以后的20年中，一直到20世纪70年代初期，维他奶都是以普通大众的营养饮品这个面貌出现的，是一个廉价饮品的形象。

可是到了70年代，香港人的生活水平大大提高，营养对一般人来说并不缺乏，人们反而担心营养过多的问题。如果此时还标榜“穷人的牛奶”，那么喝了不就掉价了码？难怪豆品公司的职员发现，在马路边汽水摊前，喝汽水特别是外国汽水的人喝起来“大模大样”，显得十分“有派”，而喝维他奶的人，就大多站在一旁遮遮掩掩，唯恐人家看到似的。因而，豆品公司的业务陷入低潮。

20世纪70年代中期，豆品公司试图把维他奶树立为年轻人消费品的形象，使它能像其他汽水一样，与年轻人多姿多彩的生活息息相关。这时期的广告摒除了“解渴、营养、充饥”或“令你更高、更强、更健美”等字眼，而以“岂止像汽水那么简单”为代表。1983年，又推出了一个电视广告，背景为现代化城市，一群年轻人拿着维他奶随着明快的音乐跳舞，可以说，这时期维他奶是一种“消闲饮品”的形象。

然而，到了80年代后期，香港的年轻人对维他奶怎么喝也喝不出“派”来了，于是，从1988年开始的广告便重点突出它亲切、温情的一面。对于很多香港人来说，维他奶是个人成长过程的一个组成部分，大多数人对维他奶有一种特殊的亲切感和认同感，它是香港本土文化的一个组成部分，是香港饮食文化的代表作，维他奶对香港人如同可口可乐对美国人一样。由此，维他奶又开始树立一个“经典饮品”的形象。

在同一时期，维他奶开始进入国际市场。这一时期，太多的脂肪成了美国等发达国家公民的一大问题。在美国，维他奶标榜高档“天然饮品”。所谓天然饮品，就是没有加入人工的成分，如色素和添加剂等，可以使顾客避免吸收太多的脂肪，特别是动物脂肪。标榜天然饮品，当然受美国人的欢迎。于是便出现了这样历史性的趣事：维他奶创始之初，标榜穷人的牛奶，强调它与牛奶的相似之处，并且价格比牛奶要低；今天在美国市场，维他奶强调的是与牛奶不同的地方（维他奶具有牛奶所有的养分，而没有牛奶那么多的动物脂肪），其价格也比牛奶高。

（资料来源：戴卫东，刘鸽. 消费心理学［M］. 北京：北京大学出版社，2011.）

问题引出：从豆浆变成维他奶，直至国际饮品的过程，迎合了顾客的哪些心理需要？可以给人们哪些启示？

任务一　顾客需要心理

学习目的

通过完成本任务，了解顾客有哪些类型的需要，掌握顾客不同的需要会分别产生什么样的购买行为，树立起深入分析顾客的需要以及根据顾客的需要进行销售的意识。

一、顾客需要的含义

（一）需要的概念

要了解需要的概念，就有必要弄清楚需要与需求、欲望的异同。心理学家一般认为，需要是指由人自身生理条件或者社会因素所导致的那种欠缺的或未满足的主观感受状态。这种未满足的主观感受状态是一种不舒服的紧张状态，它会促使人们采取一定的措施去缓解。比如，由于长时间未进食而感觉到肚子饿，人们就只有吃东西才能缓解肠胃内部的不舒服状态。人的需要是多种多样的，既有物质方面的，又有精神方面的。但是，必须指出的是，不论是什么性质、什么类型的需要都不是市场营销工作所能创造和改变的，它们总是具有一定的“天然性”和“固定性”。

那么，市场营销活动影响或者激发出来的到底是什么呢？准确地说，市场营销活动激发和影响的是人们的消费欲望。所谓欲望，是指希望得到能够满足某种基本需要的具体商品的愿望。这种欲望或者愿望才是营销活动的对象。同一种基本需要可以产生不同的消费欲望，当然也可以通过不同的商品来满足。比如，可以用土豆充饥，也可以用汉堡包来填饱肚子。换句话说，为数不多的基本需要可以产生多种多样的欲望。所谓需求，是指有能力购买并且愿意购买某种商品的欲望。综上所述，需要、需求和欲望三者之间是有很大区别的，市场营销活动不能创造或者影响人的需要，它只能影响或者创造人的消费欲望和消费需求。

我们可以从生活中体会出，顾客的一切消费行为都是由一定的需要、欲望或者需求导致的，换句话说，顾客的所有消费行为都是为了满足或者缓解自己的某种特定的需要。因此，市场营销的任务就是刺激消费需求，从而帮助顾客满足自己的需要。

（二）需要的特征

现实生活中，顾客的需要千变万化、纷繁复杂，并随着市场经济的发展而不断充实。尽管如此，顾客的需要仍具有某些共同的趋向性和规律性。这些共同性体现于顾客需要的基本特征之中。

1. 多样性

这是顾客需要的最基本特征。它表现为不同顾客的需要各不相同、千差万别。由于各个顾客的收入水平、文化程度、职业、性格、年龄、民族和生活习惯不同，自然会有多种多样的爱好和兴趣，人们不同的需求差异，就表现为消费需求的多样性。不仅如此，就同一顾客而言，需要也是多方面的。顾客不仅需要吃、穿、用、住，还需要娱乐消遣，如欣赏音乐、美术、体育比赛等，这些都体现了消费需求的多样性。

2. 发展性

顾客的需要不是一成不变的，随着社会经济发展和人民生活水平的不断提高，人们对商品和服务的需求不论是在数量方面还是在质量方面或品种方面，都在不断发展。

3. 层次性

顾客的消费需要是有层次的，一般地说，总是由低层次向高层次逐渐延伸和发展的。当低层次的、最基本的生活需要，即生存的需要被满足以后，就会产生高层次的社会需要和精神需要，这就是消费需求的层次性。

4. 伸缩性

顾客的消费需要受外因和内因的影响，具有一定的伸缩性。内因的影响包括顾客本身需求欲望的特征、程度和货币支付能力等等；外因影响主要是商品的供应、价格、广告宣传、销售服务和他人的实践经验等等。两个方面因素都可能对消费需要产生促进或抑制作用。

5. 周期性

顾客的消费是一个无止境的活动过程，人的一生是一个不间断的消费过程。一些消费需要在获得满足后，于一定时间内不再产生，但随着时间的推移还会重新出现，并具有周期性。

6. 互补性和互替性

顾客的需要对某些商品具有互补性的特点。例如，购买钢笔时可能会附带购买墨水，购买自行车时可能会附带购买打气筒、修理工具、车锁、坐垫套及上光蜡等等。因此，经营互有联系或互补的商品，不仅会给顾客带来方便，还能扩大商品的销售额。此外，许多商品具有可以互相替代的特点。在市场上，经营者常遇到这种情况：某种商品的销售量减少而另一种在消费上可以替代的商品的销售量增加。例如，丝绸和呢绒销售量增长，棉布的销售量就可能相对减少。

7. 可诱导性

顾客的需要是可以加以诱导、引导和调节的，即可以通过环境的改变或外部诱因的刺激、引导，诱发顾客需要发生变化和转移。

二、顾客需要的分类

人类的消费需要是多方面的，十分复杂，可以从不同角度对消费需要进行分类。

（一）按照需要的起源不同，可以分为自然的需要、社会的需要

自然的需要又称生理需要，是指顾客为维持和延续生命，对于衣、食、住、睡眠、安全等基本生存条件的需要。社会的需要又称心理需要，是指顾客在社会环境的影响下所形成的带有人类社会特点的某些需要，如社会交往的需要、对荣誉的需要、自我尊重的需要、表现自我的需要等。

（二）按照需要的对象不同，可以分为物质的需要、精神的需要

物质的需要是指顾客对以物质形态存在的、具体有形的商品的需要。这种需要反映了顾客在生物属性上的欲求。精神的需要是指顾客对于观念的对象或精神商品的需要。这种需要反映了顾客在社会属性上的欲求。

按照需要的形式不同，可以分为生存的需要、享受的需要和发展的需要。生存的需要，包括对基本的物质生活资料、休息、健康、安全的需要。满足这类需要的目的，是使顾客的生命得以维持和延续。享受的需要表现为要求吃好、穿美、住得舒适、用得奢华，有丰富的娱乐生活。这类需要的满足，可以使顾客在生理和心理上获得最大限度的享受。发展的需要体现为要求学习文化知识、增进智力和体力、提高个人修养、掌握专门技能，在某一领域取得突出成就等。这类需要的满足，可以使顾客的潜能得到充分释放，人格得到高度发展。

（三）按照需要的层次不同，可以分为生理的需要、安全的需要、爱和归属的需要、尊重的需要、自我实现的需要

图4－1　美国心理学家马斯洛

美国心理学家马斯洛（见图4－1）于1943年提出了“需要层次理论”，把人类多种多样的需要划分为上述五种基本类型。其中，生理的需要是个体为维持生存和发展对基本生活资料的需要，也是各类需要中必须首先满足的最基本的需要。唯有生理需要获得满足后，人们才有可能再产生新的其他方面的需要。

(四) 按照需要的商品性能不同，可以分为对商品使用价值、审美功能、时代特征、社会象征和良好服务的需要

对商品使用价值的需要是顾客需要的基本内容。顾客对商品的需要，首先表现为要求商品具有特定的使用价值。对商品审美功能的需要，体现了人类追求、向往美好事物的天性。对商品体现时代特征的需要，反映了顾客需要的发展属性。对商品社会象征性的需要，是顾客希望通过购买和拥有某种商品来显示富有或身份，提高自身的社会地位或知名度。对提供良好服务的需要，反映了顾客不仅购买商品，同时还购买服务的现代需求观念，是现代顾客主体意识和权益保护意识的体现。

三、顾客需要的基本形态

在现实中，多种多样的消费需要并非都处于显现的状态，而是存在于各种不同的形态中。从消费需要与市场购买行为的关系角度分析，顾客的需要具有以下基本存在形态：

1. 现实需要

现实需要是指顾客已经有对某种商品的实际需要，且具有足够的货币支付能力，而市场上也具有该种商品，因而顾客的需要随时可以转化为现实的购买行动。

2. 潜在需要

潜在需要，是指目前尚未显现或明确提出，但在未来可能形成的需要。潜在需要通常由于某种消费条件不具备所致，如市场上缺乏能满足需要的商品；顾客的货币支付能力不足；缺乏充分的商品信息；消费意识不明确；需求强度低弱等。然而，上述条件一旦具备，潜在需要可以立即转化为现实需要。

3. 退却需要

退却需要是指顾客对某种商品的需要逐步减少，并趋向进一步衰退之中。导致需要衰退的原因，通常是由时尚变化，顾客兴趣转移；新商品上市，对老商品形成替代；顾客对经济形势、价格变动、投资收益的心理预期等引起。

4. 不规则需要

不规则需要又称不均衡或波动性需要，是指顾客对某类商品的需要在数量和时间上呈不均衡波动状态，如许多季节性商品、节日礼品以及对旅游、交通运输的需求，就具有明显的不规则性。

5. 充分需要

充分需要又称饱和需要，是指顾客对某种商品的需求总量及时间与市场商品供应量及时间基本一致，供求之间大体趋向平行。这是一种理想状态。

6. 过度需要

过度需要又称超饱和需要，是指顾客的需要超过了市场商品供应量，呈现供不应求的状况。这类需要通常由外部刺激和社会心理因素引起，如多数人的抢购行为；对未来经济形势不乐观的心理预期等。

7. 否定需要

否定需要是指顾客对某类商品持否定、拒绝的态度，因而抑制其需要。之所以如此，可能是商品本身不适合其需要，也可能由于顾客缺乏对商品性能的正确认识，或者因旧的消费观念束缚、错误信息误导所致。

8. 无益需要

无益需要是指顾客对某些危害社会利益或有损于自身利益的商品或劳务的需要。例如，对香烟、烈酒、毒品、赌具、色情书刊或服务的需要，无论于顾客个人或社会都是有害无益的。

9. 无需要

无需要又称零需要，是指顾客对某类商品缺乏兴趣或漠不关心，无所需求。无需要通常是由于商品不具备顾客所需要的效用，或顾客对商品效用缺乏认识，未与自身利益联系起来。

从上述关于需要形态的分析中可以得到重要启示，即并不是任何需要都能够直接激发动机，进而形成消费行为。现实生活中，有的需要如潜在需要、零需要、否定需要、退却需要等，必须给予明确的诱因和强烈的刺激，加以诱导、引发，才能驱动消费行为。此外，并不是任何需要都能够导致正确、有益的消费行为。有些需要如过度需要、无益需要等，就不宜进一步诱发和满足，而必须加以抑制或削弱。

任务二　顾客购买动机心理

学习目的

通过完成本任务，理解顾客购买动机的内涵，掌握顾客不同的购买动机会产生什么样的购买行为，树立起分析顾客的动机、引领顾客进行购物的意识。

一、顾客购买动机的含义

（一）动机的概念

所谓动机，是指个体所具有的推动其实际活动以满足其欲望和需求的内驱力。这种内驱力是由未满足的需要所造成的紧张状态产生的，而且是人的所有消费行为产生的根本动力和深层原因。

（二）顾客购买动机的形成

顾客购买动机主要在内在需求和外部刺激两类因素的作用下形成。

1. 需要

需要是动机形成的内推因素。人们购买方便面，不是因为它的包装和宣传起关键性作用，最根本的深层动因是饥饿。饥饿感使人们寻求食品，在其他因素的作用下，继而选择方便面。需要是形成动机的最根本原因。

2. 刺激

外部的各种因素是形成动机的诱因。它们刺激和拉动“内需”，促进其向动机转化。这些外部刺激是多方位的，可能是广告，也可能是产品的形与色，还可能是销售人员的劝说。

需要与诱因相结合，形成了目标，规定了动机作用的方向。如何寻求外部刺激元素与内部需要的结合点，是企业一项重要而艰巨的任务。

（三）顾客购买动机的特征

1. 复杂性

形成顾客购买动机的因素不仅种类繁多，而且相互交叉，导致了购买动机的复杂性。其复杂性表现在以下两个方面：首先是因素的多元化，即动机往往由多种因素构成，很少有唯一动机；其次，动机结构的复杂性，诸多动机的排列不均等，所起的作用也是不同的，有的占据主导地位，而另一些则处于次要地位。销售人员在分析其动机时，应重视理清线索，抓住重点。

2. 转化性

在复杂的动机结构中，任何一种动机元素以及它们之间的排列组合都将随着环境的变化而变化。主导性的元素可能变为从属性元素，而从属性元素也有可能变化为主导性元素；结构内的元素有可能被淘汰出局，而结构外的元素也有可能长驱直入，甚至占据主导地位。也就是说，动机是可以转化的。动机的这个特点给了销售人员很大的努力空间，完全可以利用营销策略实现对销售动机的引导。

3. 公开与内隐的并存性

在复杂的购买动机结构中，一些动机是显性的，即顾客意识到并且承认的动机；而另一部分则可能是隐性的，即顾客未意识到或不愿承认的动机。隐性动机虽藏而不露，但是它同样在顾客的购买行为中要发挥作用，销售人员必须既善于观察消费者的显性动机，又能洞察与分析顾客的隐性动机，提高销售的成功率。

4. 冲突性

复杂的动机结构中，动机的作用方向往往不能求得一致，有些甚至方向相反，形成矛盾与冲突。例如：一辆新款的宝马车会令爱车人倾慕不已，而高昂的价格又会使其望而却步，求名与求廉的动机形成了激烈冲突。相悖的动机使顾客左右为难，销售人员应善于发现其主导动机趋向，采用恰当的方式化解矛盾，协助顾客作出购买决策。

5. 指向性

购买动机的最终作用，就是为购买行为指引、规定一个方向，并引导顾客沿着这个方向完成其购买过程。

二、顾客购买动机的类型

顾客的购买动机与顾客的需要一样，也是复杂多样的，可以从不同的角度，用不同的方式对其进行分类。一般习惯从动机驱动力类型的角度对顾客购买动机进行分类。

（一）生理性购买动机

生理性购买动机是指源于人们维持与延续生命的生理性需要的购买动机。

一般具有原发性和同质性的特征。所谓原发性是指，它源于人们生命本体的自发冲动，一般不受心理及其外部条件的调控。例如，由于饥饿而产生的购买动机一般不受其他因素的制约。所谓同质性是指这类购买动机在顾客中没有质的差异。饥、渴、寒、暖、行、止，对于不同国籍、不同成长环境的人们来讲没有质的差别。

基于上述特点，生理性动机一般没有再作进一步细化分类的必要。

（二）心理性购买动机

随着人类社会的发展，现代社会的顾客出于单纯性生理性购买动机的行为已经少见，通常是两类动机交织在一起，其中一类起主导作用。对在质量、效能、外观等方面基本相似的商品，顾客总要从中选择能获得心理上最大满足的一种。常见的顾客心理性购买动机有以下几种：

（1）求实购买动机是以注重商品和劳务的实际使用价值为主要目的的购买动机。

（2）求新购买动机是以注重商品和非商品的新颖、奇特、时尚为主要目的的购买动机。

（3）求美购买动机是以注重商品的欣赏价值和艺术价值为主要目的的购买动机。

（4）求廉购买动机是以注重商品价格低廉，希望付出较少的货币而获得较多物质利益为主要特征的购买动机。

（5）求名购买动机是以追求名牌商品或仰慕某种传统商品的名望为主要特征的购买动机。

（6）储备购买动机是以占有一定量的紧俏商品为主要目的的购买动机。

（7）自我表现购买动机是以显示地位、身份和财富为主要目的的购买动机。

（8）好胜心购买动机是以争强斗胜或为了与他人攀比并胜过他人为目的的购买动机。这类顾客购买商品往往不是出于迫切需要，而是出于不甘落后、胜过他人的心理。

（9）好癖性购买动机是以满足个人特殊爱好为目的的购买动机。有些人特别偏爱某一类型的商品，如有些人喜欢养花、养鱼，有些人喜欢摄影、集邮以及收集一些古玩、字画等。因此，他们会经常购买与其嗜好、兴趣有关的商品。

（10）惠顾购买动机是以表示信任而购买商品为主要特征的购买动机。顾客从经验或印象出发，对某种商品、某个厂家、某家商店、某个售货员等产生特殊的好感，信任备至，在购买中非此不买。

以上列举的仅是现实生活中常见的一些很有限的顾客购买动机。需要指出的是，顾客仅由一种动机而采取行动的情况在现实生活中为数不多，常常是多种动机共同作用的结果。因此，不能孤立地研究和看待上述各种动机。

三、顾客购买动机的作用

心理学认为，动机在激励人的活动方面具有下列作用：

（一）始发作用

动机是人们行为的根本动力，具有引发个体活动的作用。顾客的购买行为就是受其购买动机的驱使而进行的。

（二）导向（或选择）作用

动机不仅能引起行为，而且还能使行为指向一定的方向。个体顾客可以同时有多种动机，但这些动机中，有些目标一致，有些相互冲突。如果不能同时满足，那么某种最强烈的动机使行为在一定范围内，朝着特定的方向，选择性地决定目标，即首先满足人们最强烈、最迫切的需要。

（三）维持作用

动机的实现往往要有一定的过程。在这个过程中，动机可以贯穿于某一具体行动的始终，不断激励人们，直至动机实现。

（四）强化作用

即由某种动机引发的行动结果对该行为的再生具有加强或减弱的作用。满足动机的结果能够保持和巩固行为，叫作“正强化”；反之，减弱和消退行为，叫作“负强化”。

（五）中止作用

当某种动机得到满意的结果，如顾客在某方面的需求获得满足之后，便会中止有关的具体行动。

任务三　顾客购买决策和购买行为心理

学习目的

通过完成本任务，了解顾客的购买决策是如何做出的，以及购物过程中有哪些购买行为类型，根据顾客不同的购物行为类型，在销售过程中能够采取积极有效的销售方法。

一、顾客购买决策的过程

决策，从汉语词义来讲，是指从思维到做出决定的过程，或者说是决定或决断。从一定意义上讲，购买行为的全过程实质上是顾客不断进行决策的过程。消费行为的实质，就是通过购买活动及购买结果满足某种未满足的需求，而为实现满足特定需求这一目标指向，顾客作为行为主体，在购买过程中必须进行评价、选择、判断、决定等一系列活动。如在购买之前，要确定需要什么商品，是买还是不买，买什么牌子的，买多少，到哪里去买等等；在购买过程中要选择品牌，衡量价格水平，确定购买型号；在购买之后还要对所得与所花费用进行比较，评价其效用的大小，是否值得，为下次购买提供决策依据。上述这样一系列的购买目的的确立、手段的选择和动机取舍的过程，就是顾客的决策过程。决策活动在顾客的购买行为中占据重要地位。首先，决策的进行与否决定购买行为的发生与否。当顾客经过认定需要，选择商品，做出购买的具体决定时，一次购买行为才实际发生。其次，决策的内容规定着购买行为的发生方式。经决策确定的购买商品，购买地点、数量，决定着顾客何时、何地、以何种方式进行购买。再次，决策的质量决定着购买行为的效用大小。正确的决策可以使顾客以较少的费用、时间买到质价相符、称心如意的商品，最大限度地满足特定消费需要。反之，错误的决策，会使得顾客的所费超过所得，需要无法满足，甚至导致不同程度的心理挫折，进而影响以后的购买行为。

（一）顾客购买决策的特点

顾客决策与其他决策活动相比具有以下特殊性：

1. 决策主体的单一性

由于购买商品是顾客主观需要、意愿的外在体现，直接表现为顾客个别的独立活动。因此，一般是由顾客个人单独进行决策活动，或与直接购买者关系密切的群体，如家庭、亲友共同进行。

2. 影响决策因素的复杂性

顾客的决策虽然表现为个人的、相对简单的活动，但受到多方面因素的影响和制约。如顾客个人的性格、气质、兴趣、生活习惯与收入水平，顾客所处的空间环境、社会文化环境和经济环境等。各种刺激因素，包括商品本身属性、价格情况、企业的信誉和服务水平以及各种促销形式等，都会对顾客的决策内容、方式及结果产生影响。

3. 决策内容的情景性

由于影响决策的各种因素不是一成不变的，而是随着时间、环境、地点的变化不断发生变化，因此，顾客的决策具有明显的情景性，其具体内容方式因影响因素的不同而异。

（二）顾客购买决策的内容

人是有思想的动物，所有人类的行为都是大脑对刺激物的反应。对内外环境刺激变化的反应，促成了顾客的购买及其行为。对购买决策的分析也要从环境对思维的刺激入手，要分析购买的主体——顾客、购买的客体——商品和购买环境等几个方面。其具体内容包括：

（1）购买原因决策。购买原因决策也就是为什么要购买的决策问题。

（2）购买目标决策。购买目标决策也就是为什么买这种商品而不买那种商品的决策问题。

（3）购买方式决策。购买方式决策即决定怎么购买的问题。顾客在购买商品时，要事先决定采用什么方式，是自己去买还是托人代买，是直接去买还是间接邮购、函购，是现金购买还是使用信用卡，是全部当时付款还是分期或延期付款等等。

（4）购买地点决策。购买地点决策是解决顾客去哪儿购买的问题。顾客到哪儿去买与惠顾动机有关。

（5）购买时间决策。购买时间决策是指在什么时候去购买商品。购买时间的决策，一般同工作性质和生活习惯有关系。此外，商品本身的季节性、时令性也影响购买时间。

（6）购买频率决策。购买频率决策就是顾客决定多长时间购买一次。这方面的决策与商品的寿命、使用周期以及家庭状况有直接的联系。

总之，一般人的购买行为，都要对上述几方面进行决策，而后才能将思维与行动相结合。

（三）顾客购买决策过程

顾客购买商品的决策活动有一个发生、发展和完成的过程。经过长期的对顾客行为的研究，学者们得出一个购买过程模式，这个模式最适合于对比较复杂的购买决策过程的分析。它把顾客的购买决策过程分为五个阶段：需要的认知——→寻找信息——→比较评价——→做出决策——→购后评价。

1. 需要的认知

根据心理学研究，当人们缺乏某种东西时，心理上会产生某种紧张和不安的感觉，当这种感觉被人所意识到后，便产生解除这种紧张与不安的心理愿望，这便形成了一定的需求。由“缺乏感”转为“需求感”构成了顾客产生购买动机的原始基础。这种需求可以由内部刺激引起，如饥饿、寒冷等；也可由外部刺激引起，如看到别人吃东西引起食欲；或因从杂志上、电视上看到时装广告而产生要购买时装的欲望，这些就是需要的认知。

2. 寻找信息

为了满足需要，就要寻找信息，产生了需要，并不一定能转化为购买动机和进而实现购买，只有当某种需要的欲望和相应的能满足这种需要的客观事物（外界刺激）结合在一起时，动机才能产生。可见，在需要和动机之间，有一个把它们联系到一起的媒介，这个媒介就是有关商品的各种信息。

3. 比较评价

各种方案的利弊不一，为此，需要加以比较评价。选择评价的标准会因顾客价值观念不同而异，对同一方案，不同的顾客会做出完全不同的评价，其取舍的结果也迥然相异，比较评价所用时间也有长有短。一般对于紧俏、名牌、低档商品、日常生活用品等，顾客在选择时所花时间较短，而对高档耐用、价格昂贵的消费品，选择的时间则较长。

4. 做出决策

在对各种方案进行充分比较评价后，便可确定最满意的方案，即做出购买决策和实现购买，这是购买行为的中心环节。顾客对商品信息进行比较评价后，已形成购买意图，然而从购买意图到购买决策的过程，还要受两种因素的影响。

第一个因素是其他人的态度。例如，某女青年已准备购买一件高档时装，但她的朋友或家里人持否定的态度，告诉她那件时装不值得买，这就会影响其购买意图。否定态度越强烈，或持否定态度者与购买者关系越密切，则改变购买意图的可能性越大。第二个因素是意外的环境因素。购买意图是在预期家庭收入、预期价格和预期收益的基础上形成的，如果发生了意外的情况——失业、意外、急需、涨价或亲友带来该商品令人失望的信息，则很可能改变购买意图。

5. 购后评价

在顾客购买并使用了某商品后，会有某种程度上的满意和不满意，这将直接影响顾客做出是否继续或反复购买的决策。顾客购买商品的目的是为了消费，而消费是发生在购买以后的。这就是说，前面所从事的一切购买活动都是手段，而最后的消费才是目的。而从商品或服务的消费中得到利益和满足才是真正达到了目的。因此，购后阶段对顾客是很重要的。顾客的购后评价主要表现在两个方面：一是购买的满意程度；二是购后行为。

由上述决策阶段可看出，顾客决策是一个完整的过程，这一过程始于购买之前，结束于购买之后。因此，只有从过程的角度加以分析，才能对顾客决策做出完整准确的理解。

二、顾客购买行为分析

（一）顾客购买行为的含义

所谓行为，是指人们在外部刺激的影响下，经由内部经验的折射而产生的具有目的性的活动。它受人的内部特性和外部环境的影响，是个体与环境相互作用的结果。如果人的行为发生在顾客的购买活动中，就自然产生了顾客的购买行为。所谓购买行为，是指顾客为满足某种需要而发生的购买商品的一切活动。任何个人，为维持个体及家庭的生存，都必须不断地消费他们所需要的商品和劳务，以满足其心理和生理方面的需要。因此，顾客购买行为是人类社会中最具普遍性的一种行为方式，它广泛存在于社会生活的各个方面，成为人类行为系统中不可分割的重要组成部分。

（二）顾客购买行为的特点

1. 顾客购买行为与心理现象的相关性

顾客购买行为是顾客心理的外在表现，顾客心理现象是顾客行为的制约因素和动力，两者互相影响和互相作用。顾客的心理现象包括心理活动过程和个性心理特征两个方面，它们既制约着顾客的经济活动，也促进了顾客的购买行为。

2. 个体消费行为受社会群体消费影响的制约性

人是一切社会关系的总和，任何个人从本质上讲，必然是社会的人，他总是隶属于某一个阶层、团体、家庭和民族，不同集体的成员，其消费行为必然会受到所属群体的制约和影响。

3. 顾客购买行为活动中的自主性

顾客在购买行为中，一般都呈现出自主性。他们整个心理活动的过程和实现购买行为都是自主完成的，尽管外界因素在很大程度上影响到顾客的行为，但顾客购买行为的实施，最终取决于顾客个人的主观支配。

4. 顾客购买行为的可变性

顾客在实现购买目标的过程中，由于外界条件的发展、变化，以及顾客个人内部因素的变化，包括知识、经验的积累和作用，会使顾客的行为方式发生变化。

（三）顾客购买行为的类型

在购买活动中，顾客的购买行为千差万别。按照不同的标准对顾客进行分类，探索顾客购买行为的差异性，总结其变化规律，有助于我们更好地分析研究顾客的心理活动过程，为全面认识顾客行为奠定基础。

1. 按照顾客购买目标的选定程度区分

（1）全确定型。此类顾客，在进入销售现场，发生购买行为之前，已有明确的购买目的，对所要购买商品的种类、品牌、价格、性能、规格、式样等都有明确的要求。

（2）半确定型。这类顾客在进入销售现场前，已有一个大致的购买目标，但目标还不很具体、清晰，要经过选择比较才能决定。例如，某女青年计划买一件羊毛衫，选择哪种款式、牌子、颜色、价格、档次等方面的要求尚未完全明确。为此，女青年在购买过程中，需要对各种牌号、款式、色彩、价格的羊毛衫进行了解、比较，并希望得到别人的参谋、帮助，最后根据自己的爱好、需要确定一个明确的目标。

（3）不确定型。这类顾客在进入销售现场，发生购买行为前，没有任何明确的购买目标，进入商店主要是参观、游览，一般是漫无目的地观看商品，或随便了解一些市场商品销售情况，碰到感兴趣与合适的商品也会购买。他们是否购买与商店内外部环境条件及顾客心理状态有关。

2. 按顾客表现的不同特征区分

（1）习惯型。这类顾客的购买行为特点是喜欢根据过去的购买经验、使用习惯来购买商品。他们在长期的购买活动中，往往会对某种商品或某家企业产生一种特殊的感情，非常信任、熟悉，以致形成某种定势。在这种偏好和信任的基础上，顾客决策果断，成交速度快，不受时尚风气的影响，购买行为表现出很强的目的性。

（2）理智型。这类顾客的特点是，在购买活动中善于观察、分析比较，根据自己的经验和对商品的知识，广泛收集所需要商品的信息，经过周密的分析和思考，才能做出购买决定。因此，此类顾客，在整个购买过程中保持高度的自主，并始终由理智来支配行动。

（3）感情型。此类顾客的购买行为特点是带有浓厚的感情色彩。表现在选购商品时，感情体验深刻，想象力和联想力特别丰富，审美感觉也比较灵敏。例如：有些顾客看到某件时装就会联想到自己穿上就会变得年轻漂亮；由“双喜牌”、“幸福牌”的商标就会联想到吉祥如意和自己的幸福等。

（4）冲动型。此类顾客的特点是情绪易于冲动，心境变换剧烈，对外界的刺激反应敏感，在购买过程中表现为冲动式购买。他们对商品的选择以直观感觉为主，易受广告宣传或商品造型、色调等外观的影响，并喜欢追求新商品和新时尚商品，对价格是否合算、商品是否真正适用不大考虑，常凭个人兴趣购买，交易迅速，买后往往感到并非是自己最满意或最需要的，因而产生懊悔之情。

（5）经济型。这类顾客对商品的价格非常敏感，往往以价格的高低作为选购标准。这类顾客又可以分为两种类型：一种是对廉价商品感兴趣的顾客；一种则是喜欢选购价格高的商品，认为价格高的商品必然质量好。因此，经济型又称选价型。

（6）从众型。此类顾客的特点是易受众人同一购买趋向的影响，对所要购买的商品不作分析、比较，只要众人购买，便认为一定不错。因此，在市场上经常发生这样的情况，只要有较多的人购买某种商品，就会有人跟随购买，尽管所购商品并非是自己急需的商品。

（7）不定型。此类顾客的特点是购买心理活动不稳定，缺乏购买经验，他们是不常购买或奉命购买商品的人，他们在购买过程中，缺乏主见，对自己需要的商品没有固定偏爱，往往长时间处于犹豫不决的状态。这类顾客渴望遇到态度温和的销售人员，乐于听取他们的介绍。

3. 按顾客在购买现场的情感反应区分

（1）沉静型。此类顾客在购买活动中，很少受外界因素的影响，感情不外露，举动不明显，沉默寡言，态度持重，交际适度，但不随和，不愿与销售人员谈与商品无关的话题。他们往往属于神经过程平静而灵活性低、反应比较缓慢而沉着类型的人。

（2）谦顺型。此类顾客在选购商品时，愿意听取销售人员的介绍和意见，做出购买决定较快，他们很少重复检查商品质量，但对销售人员的态度很敏感。这些顾客往往属于神经过程比较薄弱，难以忍受神经紧张，内心体验较深刻的一类人。

（3）活泼型（健谈型）。此类顾客在选购商品时，能很快与销售人员接近，愿意与他们或其他顾客交换意见，话题多、兴趣广、爱开玩笑，有时甚至谈些与选购商品无关的话题。他们往往属于神经过程平衡而灵活性高，环境适应能力强，兴趣爱好易于变化的一类人。

（4）反抗型。此类顾客在购买过程中，往往不能听取别人的意见，对销售人员的介绍持有戒心，异常警觉，持不信任态度。甚至于销售人员越是推荐、介绍其商品，他越不买。他们多属于性情孤僻、独立、主观意志较强的一类人。

（5）傲慢型（激动型）。此类顾客在选购商品时，表现出傲慢的态度，神气十足，甚至会用命令的口吻提出要求，且情绪易于激动，稍不合意就会与销售人员发生争吵，不能自制。他们多属于神经过程强烈，而抑制能力差，情绪易于冲动的一类人。

以上所述并非是顾客购买行为的全部类型。在现实生活中，顾客购买行为远非几种简单的类型所能归纳，而是相当复杂的。因此，确定分析顾客的购买行为，必须结合现实购买环境，结合顾客的言行特点以及他们对商品的心理反应等方面进行具体的分析。

【学习资源链接】

1. 精品视频讲座推荐：《高效卖场的顾客应对技巧》。讲师：祝文欣，中国连锁经营协会服装行业顾问，北京师范大学客座教授，四川大学工商管理硕士（MBA）。

2. 延伸阅读。

麦克高尔的需要分类法

麦克高尔（McGuire）的需要动机学说能够克服马斯洛学说中的一些不足，并且与市场营销活动能够更为直接地结合起来。他把人的需要与动机分为12类，其基本含义如下：

（1）和谐的需要。这是人最基本的需要之一，人们希望自己的各个方面或各个细节之间保持和谐一致，比如人的态度、行为、观点、自我形象、对他人的看法等之间，需要相互和谐一致。

（2）归因的需要。人们总是需要知道是什么原因、什么人导致了面前这些事物的发生。这就是归因的需要。有一种学派叫“归因理论”，专门研究人们如何解释事物发生的原因。在市场营销中，厂商或销售人员向顾客传播各种信息，按照归因理论，顾客并不会将消费商品得到的利益全部归到商品身上，还可能归因于其他原因。

（3）归类的需要。人们趋向于按照一定的方式将事物归类，这种归类的需要可以大大降低认知信息的付出。比如人们会以10000元作为归类标准，分出“万元以上”商品或“万元以下”商品，9000多元、8999元等都归为万元以下，10008元、16009元等都归为万元以上。这种心理需要常常被用于心理定价策略。

（4）线索的需要。人们会根据一些线索或符号来推论自己的感觉与知识。着装是人们建立自我形象的线索，顾客个人有这种需要，一些企业也以服装形象来代表企业的风格。

（5）独立的需要。因为自我价值体系的存在，派生出对独立的需要或自我控制的需要。营销者经常利用这种需要设计营销标语，比如“just do it”（NIKE广告语）。

（6）好奇的需要。人们经常因为好奇的需要而寻找生活中的变化，这是顾客更换消费品牌或冲动性购买的原因。在一种稳定的生活环境中生活时间太长，人们会觉得一定程度的乏味，好奇的需要会促使人们寻求生活中的变化并获得新的满意。比如旅游市场，营销者根据这种需要将市场细分为“探险型”与“轻松型”两类。

（7）自我表达的需要。向他人表达自我的需要，人们都需要让他人知道自己的情况、会做出什么行为等。在服装、小汽车等产品的购买中，产品本身具有符号特征，能代表购买者的身份或个性。

（8）自我防卫的需要。人们有保护、防卫自我或自我形象的需要，当外部因素影响、威胁自我及自我形象的时候，人们会采取相应的行为或态度。在消费方面，人们通过购买著名品牌以防止自己的角色被他人误解。

（9）自我标榜的需要。通过自己的行为获得他人尊重也是一种需要。这种人一旦购买了不满意的产品，更倾向于向他人抱怨以维持自我。

（10）自我强化的需要。曾经做出的行为获得了奖赏或回报，这些奖赏或回报会强化人们的行为，这是自我强化的需要。家具厂商经常以这种方式激发顾客的需要，比如“走入房间，你就会立刻陶醉在朋友们的兴奋与赞许之中"，通过朋友们的赞美来强化购买家具这种消费行为的价值。

(11) 归属的需要。人们需要友好、互助的人际关系，能够被他人接受，也能分享他人的情感。实际上消费群体的分类方法也参考了这种心理上的需要，有些顾客对品牌的选择，其原因在于与该群体保持品牌消费的一致性以维持这种归属感。

(12) 模仿的需要。模仿他人的行为是顾客的一种需要，儿童正是依靠这种需要，从榜样那里学习消费方式而成长为真正的顾客。

麦克高尔的需要分类与市场细分中的概念结合紧密，应用起来具有较大的实际意义。比如市场细分中，我们把消费群体分为"领导型顾客"、"追随型顾客"和"保守型顾客"，其依据是顾客对于榜样具有不同层次的需要。按照自我表达的需要，我们把消费群体分为"极力表达型"、"中度表达型"和"隐蔽型"等。

训练与思考

训练思考一：

1. 利用业余时间组织学生以小组为单位到当地有代表性的商场或专卖店，任意选择两到三个购物区，观察顾客购买活动，并与营业员进行交流，进一步了解顾客不同的购物动机。

2. 考察结束后，在班级里以小组为单位，谈谈考察的体会。

训练思考二：

案例讨论：

小商品也能赚大钱

——从人口普查资料中找到了做生意的思路

尼西奇公司在过去是一个生产雨衣、游泳帽、防雨篷等橡胶制品小商品的综合性企业。当时由于经济不稳，订货不足，曾面临濒于倒闭的危险。作为尼西奇公司董事长的多川博，清楚地认识到如果不生产一种需要量大的商品，公司就站不住脚。他从日本政府的人口普查资料获悉，日本每年大约出生250万个婴儿。这个数字给了他一个不小的启示：如果每个婴儿每年只用两块尿布，那么就需要500万条，除此以外，潜在市场需要也很大。他从这一数字中找到了做生意的思路，决定企业转产，专门生产经营尿布。而生产尿垫，在当时，是大企业不屑干、小企业不愿干的买卖。商品不在大小，只要市场有需要，小商品同样能成为大宗货，做成大生意。正是基于这样的考虑，尼西奇公司做出了专门生产尿垫的经营决策，并集中力量创名牌商品。经过几十年的努力，终于使尼西奇公司尿垫在日本与丰田汽车、东芝彩电、夏普音响一样有名。

目前，日本婴儿所使用的尿垫，每三条中就有两条是他们生产的。不仅如此，尼西奇公司生产的尿垫还远销西欧、非洲、美洲70多个国家和地区。近几年来，销售额每年持续递增20%，年销售额高达70亿美元，尼西奇公司从而成为世界上最大的尿布生产厂商。公司也连年被日本政府命名为"出口有功企业"，并被誉为"尿布大王"。

作为一个拥有一定实力的综合性企业，生产尿布是件轻车熟路的事情，尼西奇公司给予我们的启示在于：它从日本政府发布的人口普查资料中找到了做生意的思路，这是难能可贵的事情。联系到我们一些公司的经理、企业的厂长，敏感性不强，有些生意赚头很大，却视而不见，甚至有些麻木不仁。俗话说："处处留心皆学问。"此话印证了尼西奇公司成功的经营之道。

（资料来源：童明. 营销心理学［M］. 合肥：中国科技大学出版社，2009.）

思考题：

1. 尼西奇公司的成功说明了什么？小商品如何能赚大钱？
2. 如何分析本案例中的顾客行为？

项目五

影响顾客购买行为的因素

案例导入

麦当劳经营陷入低谷

快餐业的境况正在日益恶化，使得麦当劳总部2001年和2002年两年业绩连续下滑，而更糟糕的是，它又遇到9·11以来的全球经济放缓以及安然事件后美国股市的低迷。这种雪上加霜的态势，让投资者对公司2003年的业绩不敢抱有太多的信心。

除了受经济和市场因素方面的影响外，麦当劳还面临着更为复杂的问题。之所以复杂，是因为它们涉及社会道德、法律、宗教、民族文化、生态环境、人权以及国际政治等等。值得注意的是，这些问题远远不是经营管理方法能够解决的。

一、顾客健康问题

2002年10月，一条新闻让世人惊讶：法国麦当劳在一个杂志广告中称："孩子们在麦当劳就餐一星期最好不要超过一次。"也就是说，它在提醒顾客要少买自己的商品！消息一出，麦当劳美国总部震怒，发言人立即说明公司并不赞同这一主张。然而，法国麦当劳的说法却得到营养学家和律师的支持。有营养学家表示，汉堡包、薯条、可乐之类的快餐只是方便食品，而不是营养食品。这些食品的共同特点是价钱便宜、热量高，“一吃就饱，一饱就胖”，影响人的健康。

实际上，在此之前，已发生过多起肥胖症患者状告麦当劳的事件了。一位律师表示：“孩子们缺乏判断力，根本抵挡不住商家策划出来的各种宣传的诱惑。当他们被麦当劳精心设计的玩具以及热闹的场面所吸引，以致逐渐习惯，甚至把吃快餐视为一种生活方式的时候，他们以后根本无法为自己当初的选择而负责。”分析人士称，律师有可能把这种案件发展成集体诉讼，从而为更多的因吃麦当劳而导致健康问题的青少年们争得利益。对于麦当劳而言，这显然不是好消息，因为如果它成为现实，那么麦当劳将面临巨额赔偿，这很容易让人联想到美国烟草行业的巨额赔偿案。

虽然麦当劳总部对各种指责不以为然，但是它的一项新政策显示健康问题已经引起麦当劳的注意了。9月，麦当劳公司宣布今后将改用新的食用油炸薯条，使其中容易造成动脉血管堵塞的反式脂肪酸下降约50%。这虽是一件好事，但也贻人口实。一位控方律师说，麦当劳更换食用油的理由是其中含有危害健康的反式脂肪酸，那么，以前为什么不把这个信息让顾客知道呢？还有多少这样的信息他们没有披露呢？

二、民族与宗教问题

麦当劳是全球最大的跨国快餐连锁企业，它在全球拥有30000多家连锁店，分布在六大洲121个国家，因此，在收获各地区的利润时，麦当劳也承担着很多风险，比如不同地区、不同民族在文化上的对抗。

2001年5月，约500名示威者分别在印度首都新德里、最大的商业城市孟买的几家麦当劳餐厅前举行抗议活动。示威者包围了麦当劳设在新德里的总部，向麦当劳餐厅投掷牛粪块，并洗劫了孟买一家麦当劳连锁店。他们还要求瓦杰帕伊总理下令关闭印度国内所有的麦当劳连锁店。这件事的起因是麦当劳制作炸薯条的食用油中含有牛肉调味成分，而大多数印度教徒都把牛看成圣物。一个月后，美国麦当劳公司宣布将向印度教徒、素食主义者和其他一些相关组织赔偿1000万美元。这次事件不仅造成麦当劳经济上的损失，更严重影响了公司的声誉。

麦当劳代表着美国文化，这已被世人公认，因此，在一些人的眼中，麦当劳连锁店就具有了美国国旗的象征意义。这在伊斯兰国家显得尤为突出。由于巴以冲突一直得不到解决，美国在中东地区又实行强硬政策，大多数穆斯林有着强烈的反美情绪，而在美国计划再次攻打伊拉克期间，这种情绪更是达到高潮，他们掀起了强大的抵制美国货的活动，麦当劳则成为抵制的主要对象之一。

可见，如何尊重其他国家和民族的文化，真正实现“当地化”发展，并摆脱美国形象的一些负面影响，这对麦当劳来说已经是一个重要问题了。

三、“反快餐”，“反麦当劳”

随着经济水平的提高，人们发现，人性关怀、生态环境以及各地区的传统文化等这些曾被人类所忽视的东西，如今对我们越来越重要。尤其是在发达国家，一些有识之士开始反思大工业时代所遗留下来的生产方式和生活方式。以麦当劳为代表的快餐文化，当然成为反思的对象之一。

《大西洋月刊》的著名财经记者艾里克·施洛瑟经过深入调查，写成《快餐国家：发迹史、黑幕和暴富之路》一书，书中指出了快餐业所带来的一系列问题，如：导致社会同一化、加速了对自然景观的破坏、扩大了贫富差别、刺激了肥胖症的流行等。该书一经出版即在欧美引起巨大震动，连登美国《纽约时报》的“最畅销书”榜。该书的出版以及引起的相关讨论和思潮，显然给麦当劳带来不可估量的损失。

与施洛瑟不同，另一些人则通过行动开始反对麦当劳及其所代表的文化。“快节奏生活正以生产效率的名义扭曲我们的生命和环境。我们要从‘慢慢吃’开始，反抗快节奏的生活。”这是国际慢餐运动组织发表的《慢餐宣言》中的一句话。1989 年，来自世界 20 个国家的代表在巴黎共同签署了这个宣言。该组织希望人们扔掉那个包装纸上印满“M”标志的汉堡包，保护自己“享受的权利”。他们以一只蜗牛图案作为标志，希望人们坚持用蜗牛的速度去享受美食。

另一个趋势更应引起麦当劳足够的重视。由于麦当劳身上具有美国、快餐、工业化、全球化、资本主义等多种符号，导致它成为不同组织斗争的共同对象，比如慢餐运动、素食主义、保护动物组织、反全球化组织以及环保人士等。

2002 年 10 月 16 日，抗议人士在全世界多个地区的一些麦当劳餐厅门前展开统一活动。他们有的拉开写有“垃圾食品”字样的横幅，有的给路人发放抗议麦当劳的传单，有的免费发放蔬菜食品，还有的做出比较极端的抗议行为。当天，还有针对麦当劳的游行、会议和演讲等活动。活动人士称，这一天是“世界反麦当劳日”，每年都会有类似的活动在世界范围内出现。

麦当劳的问题至今仍在继续。麦当劳的问题，是许多跨国公司共同的问题，当然，也即将成为中国企业面临的问题。对于立志跨出国门的中国企业而言，除了雄心壮志、管理方法、市场韬略以外，更需要有一种人性化的思维和态度，以此去对待自己的员工、顾客以及社会公众。

（资料来源：冯丽华. 营销心理学［M］. 北京：电子工业出版社，2009.）

问题引出：哪些因素影响了顾客对于麦当劳产品的购买？

任务一　影响顾客购买行为的社会因素

学习目的

通过完成本任务，了解社会因素对顾客的购买行为有哪些影响，树立起以分析顾客的社会因素为要求的销售意识。

影响顾客心理和行为的社会因素很多，但主要有群体因素、家庭因素、文化因素和经济因素等。

一、社会群体因素对顾客行为的影响

（一）群体的概念、类型

1. 群体的概念

群体是指由若干个具有共同目标、共同利益并在一起活动的人所组成的集合体。群体一般具有以下特征：有一定数量的人，从事共同的活动，其活动有一定的社会目的，群体成员应遵从一定的行为规范，具有相近的价值观念、兴趣和需要。

2. 群体的分类

（1）根据群体对个体顾客行为影响作用的大小可分为主导群体和辅助群体。主导群体与个体顾客的社会生活有着极其密切的关系，是构成其社会生活的本质基础，如同事、密友、邻里等。单位里的同事购买了什么商品以及对商品的好的评价往往会诱发个体顾客的某种购买欲望。亲朋好友的意见常对顾客的购买决策有左右的作用。辅助群体是指由顾客个体的兴趣、信念、追求或特殊需要相同或相似而引起集合的群体。辅助群体成员之间存在着交往，但交往频率往往相对较低，信息交流面较窄。辅助群体影响作用时常在顾客的行为中表现出来。如针对社会消费趋势的看法，群体成员间消费取向的相互模仿以及对消费品的相互推荐，等等。

（2）根据顾客实际隶属关系可分为所属群体和参照群体。所属群体是顾客正生活在其中的群体，它直接影响顾客的消费行为，甚至可以逐步改变顾客的消费习惯。参照群体是顾客个体目前尚未加入而希望加入的群体。它对顾客的消费行为有很强的引导和示范作用，常常促使顾客通过比较、追求、模仿而改变自己的消费习惯。

（3）根据个体对某一群体的自我意识程度可分为自觉群体和回避群体。自觉群体是顾客根据自身的各种条件主观上把自己归属于某个群体。这种群体成员之间可以根本不存在任何直接的交往关系，如中年知识分子群体、家庭妇女群体等。尽管如此，个体却能自觉地用这一群体的消费行为特征来约束自己的消费行为，追求这一群体的消费风尚。回避群体是顾客自以为与自己不相符，尽量避免归属的群体。这种群体对个体消费行为的影响表现在：消费个体极力避免与该群体的消费行为雷同，采取与该群体成员相异的消费行为。企业在选择目标市场和进行市场定位时应特别注意这一点，如有不慎，就会造成一些顾客的抵制心理。

（4）根据个体顾客加入群体的时间长短可分为长期群体和临时群体。长期群体是个体在一段相对较长时间参与的群体。该群体成员之间有比较长且稳定的交往关系，对个体消费行为影响较大，有时能在群体中形成一定的消费习惯、相近的商品评价标准和价值观念。临时群体则是顾客暂时处于其中的群体。这种群体对个体影响是暂时且不稳定的，在特殊的情况下会对个体的购买欲望有很大的激发作用。如在某一商品的购买现场，临时群体中一些成员的抢购常会激发其他成员的购买欲望。

（二）群体对顾客行为的影响

群体对顾客行为的影响是通过各种信息的交往来实现的。如果依据信息交往的直接性与群体对顾客行为的关系，主要有所属群体影响和参照群体影响。

1. 所属群体的影响

每个顾客所隶属的群体就是他的所属群体。群体成员长期相处在一起，相互交往，频繁接触，耳濡目染，常常会使群体内的各成员具有相似的消费观念和行为习惯。所属群体往往与社会团体联系在一起，因而，所属群体的影响又可分为群体的规范化影响和非规范化影响。

（1）群体的规范化影响是指社会群体借助行政手段，要求所属成员务必遵守有关规定，从而形成对个体消费行为的影响。群体的规范化影响具有一定的强制性，如商店规定营业人员必须统一着装，采用规范化的文明用语等。群体规范化影响的另一方式是，通过提倡鼓励某种趋向来影响群体成员的消费习惯。如日本的索尼公司为了使其在美国的分公司能尽快得到美国社会的认可，就大力提倡在美国的日本职工深入美国社会中去采取美国人的生活方式和消费习惯。

（2）群体的非规范化影响。任何个体顾客都是生活在一定的群体之中，其群体的非规范化影响往往使顾客产生相应的行为。①从众行为。众多的人在一起生活、工作、学习，时刻在相互交往，传递各种意见、看法、观点。当个体顾客感到群体内多数成员的消费行为趋向一致时，也会采取这类消费行为。这种现象，心理学称为从众行为。从众行为是个体在群体的影响下，改变个人意见而与大多数人取得一致的认识和行为。在社会生活中，从众行为相当普遍。如一个单位分上新房的大多数职工都对新房进行重新装修，就可能促使那些原本不准备装修的人改变初衷，也把新房装修一番。一个没有准备购买电视机的家庭，会因邻里都买了电视机而决定也购置一台。从众行为的社会普遍性，会在我们的生活中形成某一时期的消费时尚和社会流行色彩。②抗拒心理。当顾客认为，大多数人员的一致性行为是因为某种强制性原因或非正当的诱因造成时，往往会产生一种心理抵制，除非万不得已，否则会拒绝采取购买行为。这种现象在心理学上属于心理抗拒。抗拒心理是个体对群体的影响采取不遵从，甚至逆反的心理趋向。在多数情况下，顾客表现出从众心理，但当个体感觉到群体的影响对他有明显的诱导企图时，会产生一种逆反心理，而拒绝采取群体的消费行为。

2. 参照群体的影响

参照群体对顾客具有很大的召唤力。顾客对该群体充满向往，自觉地把该群体的价值取向、行为规范、消费习惯视为自己作出价值判断，形成对商品的某种态度以及采取某种行为的衡量标准。例如，一个想跻身于知识分子群体的顾客，就会有意识地使自己谈吐文雅，着装大方。近年来我国市场经济发展迅速，希望当老板是一部分顾客的愿望，因而市面上就流行起老板桌、老板椅。从销售心理学的角度看，这就是参照群体的影响结果。

3. 群体影响在企业销售活动中的应用

社会心理学的研究认为，群体对个体的影响主要是通过“暗示”、模仿和相互间的影响来实现的。暗示是群体对个体施加影响的重要途径，企业销售活动中的暗示是有效的促销手段。通过巧妙的暗示对顾客心理和行为施加影响，使其产生顺从性的反应，接受暗示者所期望的购买行为。企业销售暗示的形式多种多样，可以由销售人员的语言、态度、姿态来进行，也可以通过广告、舆论宣传提供暗示。销售现场更是提供暗示的绝妙场所，如请名人做广告，把新产品与名牌产品摆放在一起，在售货现场造就一种“争抢”的气氛，牙膏柜的营业人员保留一口洁白如玉的牙齿等，都是行为暗示。应当注意的是，暗示的方式愈含蓄效果愈好。间接地暗示比直接暗示效果好，如由销售人员直接介绍商品优点就远不如由使用过的顾客来说明效果好。当然暗示也必须正确运用，因为不合适的暗示会产生事与愿违的结果。暗示过于直接或表现出明显的诱导性时，顾客就会产生抗拒心理，形成你想我买我偏不买的心理抵制。

人们在行为过程中，为了完善自己，使行为更合理，都在自觉和不自觉之中相互模仿。有的人出自心理向往和追求而模仿榜样的消费行为。如球迷们喜欢模仿其崇拜的体育明星的衣装打扮，美国耐克公司曾请著名篮球名星迈克尔·乔丹为耐克牌运动鞋作广告，终使耐克鞋畅销全世界。香港电视连续剧《上海滩》播映后，许文强的礼帽便风行一时。

当模仿由个体行为发展成社会性行为时，就是流行，形成一种社会消费时尚，其表现是众多的顾客都接受和使用同一种商品或同一款式、同一个品牌的商品。顾客通过对某一商品的使用，寄托自己的某种追求和对榜样的向往，从而获得一种心理满足。这种消费流行在服装、化妆用品、室内陈设等商品上显得尤为突出。

二、家庭群体因素对顾客心理的影响

家庭是建立在婚姻和血缘关系基础上的亲密合作、共同生活的小型群体。它既是整个社会生活的基本消费单位，又与个体消费行为相互影响、结合成统一体。家庭对顾客心理与行为的影响是显而易见的。人的消费心理、消费行为、消费方式、消费习惯等首先从家庭中学来。父母的消费习惯会影响其子女，父母对子女的教育方式也会影响他们的消费心理。同时，家庭又是社会的基本经济收支单位，是消费品的基本消费单位。家庭的社会地位、经济收入状况、人员结构等不仅决定了家庭的购买能力，也决定了家庭成员的需求层次、需求结构和消费习惯。消费品市场几乎全是以家庭为单位进行购买活动的。

（一）家庭类型结构与顾客行为

1. 家庭类型结构是指家庭组成人员情况

我国现代家庭结构一般分为：单身家庭，即只有一个家庭成员所组成的家庭；核心家庭，即由异性的两个成年人组成，生活在法律准许的男女婚姻关系中，拥有自己未婚子女的家庭；直系家庭，即包括一对夫妻加上一个已婚子女及其配偶，或者再加上第三代、第四代人所组成的大家庭；联合家庭，即指两个或两个以上的核心家庭合并而组成的大家庭。

2. 家庭类型结构对顾客心理的影响

在社会主义市场经济条件下，家庭仍然执行着生活消费的职能。也就是说家庭根据收入状况，按照成员的物质文化生活需要及其发展变化，尽可能完善地组织全体成员的物质文化生活。由于家庭类型结构不同，其消费职能履行的具体形式、程度、特点及消费心理有一定差别。

单身家庭的顾客单独生活，对于大宗商品，如成套家具购买欲望较低，对于生活必需品，一次性购买数量也较少，对商品的购买和使用，都希望简单、省时、方便，但其自尊意识和求胜心理较强，对消费商品的档次要求较高，并力求达到甚至超过核心家庭的消费水平。当然，不同情况的单身家庭，其消费行为也不同。如老年单身鳏夫或寡妇，在生活消费上一般倾向于节俭和保守；而独居在外、临近婚期的未婚男女青年实质上是处于核心家庭前期的一个临时性组织，因而消费心理又会有所不同。

核心家庭是我国乃至世界许多国家近期家庭的发展模式：夫妻共同工作，年轻力壮，精力充沛，经济收入比较稳定，且子女小，家庭矛盾少，有一种稳定的优越感，因而在消费心理上求新、求异、求名、求美占主导地位。我国实行计划生育和优生优育政策，独生子女在家庭中的地位提高，比多子女家庭中的孩子受到更多照顾。父母舍得在他们身上花钱，也尽量满足他们的各种要求，这不仅影响到核心家庭消费心理和购买行为，而且在这种家庭环境熏陶下，子女的消费习惯和消费方式也会形成某些特点。一些独生子女求新、求奇的心理就是核心家庭消费特点的表现。

直系家庭规模较大，层次较多，一般情况下，家庭的长辈处于核心地位，执掌着家庭消费大权。其成员的消费行为明显地受到长辈的影响和制约，因而消费心理从整体上带有保守性，购买商品讲究价廉物美，经济实惠，习惯于传统的顾客普遍接受的商品，对新产品的购买与使用持谨慎态度。为避免消费风险，他们采取“随大流”的消费策略，即以既不先进也不落后作为消费的主导思想。直系家庭中的年轻成员的消费行为即使有开放求新的意识，也会在这种保守的气氛中不同程度的受到压抑而打上保守的烙印。

联合家庭由于家庭构成人员复杂，购买决策特殊，其消费行为呈现复杂的状态。一般来讲，不管联合家庭中有几对夫妻，但必有一对夫妻处于相对掌权的地位，生活必需品的消费也就受到这对夫妻消费心理的影响和制约。如果这对夫妻思想比较开放，其求新、求异、求名、求美心理等就有可能占据优势；否则，趋于保守。联合家庭中不可能所有成员的收入都集中起来统一消费，不同收入的夫妻又成为家庭中不同的消费中心，他们各自决定不属于家庭集体消费的份额和结构，有着不同的消费心理。因此，必须严格按照具体问题具体分析的原则来分析联合家庭的消费行为。

（二）家庭成员的角色与家庭购买决策

1. 家庭成员的角色

研究家庭购买决策，首先要弄清楚谁是家庭用品购买的主要决策者，谁是该用品的使用者。这就需要分析家庭成员在购买和使用商品过程中所扮演的角色。只有这样，企业才能有针对性地进行促销宣传，减少促销的盲目性。一般家庭在购买日常用品时，不需要经过全家商量，单凭购买者决策即可，但在购买选择性商品或大件耐用消费品时，则要经过大家商量，并由家庭中举足轻重的人或全体家庭成员共同作出决定。根据在实际购买决策中的作用，家庭成员所扮演的角色可分为五种。

（1）发起者，即第一个提议或想到去购买商品的人，他能促使家庭其他成员对该商品发生兴趣。

（2）影响者，即有形或无形地影响最后作出决策的人，他所提供的商品信息或购买建议对决策者有一定的影响。

（3）决策者，即最后决定购买意向的人。决策者有权单独或与家庭其他成员一起对买还是不买，买什么商品，何时去买，到哪里去买等问题作出决定。

（4）购买者，即按照决策者的决策，到商店实际购买商品的人。

（5）使用者，即实际使用所购商品的人。

家庭成员在购买中所扮演的角色是不一样的。以购买电冰箱为例，最早引起大家对电冰箱的兴趣，提出购买倡议的也许是女儿，也许是母亲，然后父亲或全家表示赞同，最后由父母共同商量，觉得需要又能买得起，于是形成了购买决策；实施这个决策的任务可能由父亲或儿子承担，至于使用者可能是全家，也可能是母亲。

2. 影响家庭购买决策的主要因素

家庭作出购买决策不外乎两种可能：一种是个人说了算；一种是大家商量，共同决定。不论采取哪一种决策形式，都必须考虑影响和制约决策的各种因素。其主要因素有：所购商品的重要性、家庭的经济收入、家庭的民主气氛、成员分工、家庭生命周期、可觉察风险、购买时间等。

3. 家庭成员的角色与顾客行为

家庭成员在购买决策中处于不同地位，扮演不同角色，构成不同的内外部关系，于是有不同的消费行为。

家庭成员的年龄构成不同，文化状况有差异，均会影响消费行为。从静态上观察，如果一个家庭的消费决策者是老年人，那么该家庭总的消费必然首先服从老年人文化特点及观念的要求，在消费心理上倾向于保守，追求价廉物美；反之，若家庭消费决策者是青年人，那么他们必然将时代意识、改革开放意识融进顾客决策之中，在消费心理上求奇、求新、求胜、求名、求美，勇于探索和创新；如果老年人与青年人在家庭消费中同时拥有一定的决策权，往往就会发生消费购买选择、偏好上的冲突。从动态观察，随着恋爱——结婚——家庭发展过程的展开，家庭成员年龄不断增长，相互地位会发生相应变化，消费心理也不断地跟着变化。一般说来，在恋爱和新婚阶段，女方在家庭消费决策中往往有较大的权力，因此她们的喜好、习惯和观念等，对家庭消费的影响就大。当夫妻进入中年后，家庭消费中心又会转移到丈夫身上，进入中年的男子的观念、喜好等，会对家庭消费发生重要作用。

家庭成员之间的关系与感情不同，也会形成不同的消费心理。如果夫妻关系不平等，大男子主义严重或妻子独掌购买决策权，就可能导致顾客决策长期一边倒；如果夫妻在平等基础上互相尊重，在消费决策时相互商量，则可能形成夫妻相互良性促进型家庭消费；夫妻关系不和，消费生活中各顾自己，则可能形成夫妻相互恶性促进型家庭消费。

家庭成员的知识结构、社交范围不同，其消费心理有异。不同文化层次的人，有不同的价值观念、生活标准和准则，购买动机也会不同。一般来说，文化程度越高，对商品的品味、对文化娱乐和特殊商品的需求水平也就越高。例如，在经济收入差不多的情况下，知识分子对精神生活的消费就远远高于一般的体力劳动者。另外，家庭成员社交范围的不同也会影响消费心理。一方面，人们总是不希望失去朋友间的交往，所以在消费方面总是力图与交往范围的人保持协调；另一方面，人的消费具有示范作用，社交范围内的他人消费，往往会对自己的消费产生示范带动作用，因而形成消费上的模仿行为和从众行为。

（三）家庭生命周期对顾客行为的影响

家庭的产生和发展都有一个过程。依据家庭主人的婚姻状况、家庭成员的年龄、家庭的规模、成员工作情况，可以把家庭发展过程划分为单身期、新婚期、生育期、满巢期、离巢期、空巢期、鳏寡期等七个阶段。这七个阶段有机统一，称为家庭生命周期。

单身阶段，又称“准婚期”，指人到青年以后逐步脱离家庭单独生活，刚刚独立又没有结婚的阶段，属于家庭生命周期的第一阶段。

新婚期，起始于夫妻关系的确立和夫妇两人家庭的建立，终止于第一个子女的出生。在这一阶段夫妇俩收入合到一起，没有其他生活负担，在购买决策上能彼此商量。由于他们新婚，有充裕的业余活动时间，所以愿意去寻求快乐的生活方式。大件的商品结婚时已经齐备，婚后只需要进一步地充实和美化，因此在消费行为上，新婚期的顾客对非家庭生活必需品的购买，有着强烈的追求时髦和奇特的消费动机。

生育期指核心家庭从第一个孩子的出生到最后一个孩子降临所经历的发展阶段。这一阶段的家庭消费行为不再完全取决于个人的兴趣，而是在一定程度上以孩子为中心。为了孩子的成长和学习，从食品、衣服、玩具到文化学习用品都得买，经济开支比较大，父母的工作负担和家务负担都比较重，因而在消费心理上表现为求廉欲望较强。即要求所购买的商品物美价廉，而且具有多功能，购买过程简单、省时、方便。

满巢期，即指从最后一个孩子的降生到第一个子女的独立生活，另建家庭的阶段。这一时期是家庭成员较为稳定的时期，也是家庭发展的鼎盛时期。满巢期与生育期一样，匆忙与经济拮据仍是家庭所面临的主要矛盾，家庭消费偏重于子女的学习和生活。望子成龙心切的父母们，不仅要满足孩子一般生活与学习的消费需要，而且想方设法为孩子提供最优越的学习条件。在消费心理上，除了求廉求便的心理外，家庭核心成员生活经验和购买经验逐渐丰富，会使缺乏经验的冲动性购买转化为经验性购买。

离巢期，指起始于第一个子女独立生活，终止于最后一个子女走向社会，参加工作，开始独立生活的阶段。这个阶段一般是家庭经济状况最好的时期。夫妻双方的收入由于业务技能的提高和从业时间的增加比年轻时增多，自由支配的闲暇时间也相应增多，消费水平随之提高，消费结构不断改善，旅游和保健支出增加，家庭消费心理的求名、求美欲望逐渐增强。当然，也有家庭仍然保持节俭作风，以积攒资金为子女筹办婚事。

空巢期和鳏寡期是家庭发展的最后两个阶段。空巢期是指家庭子女离巢后夫妇双方重新相依生活经历的时期。鳏寡期是指从相依生活中二老的一方丧偶开始到双方去世所经历的时期。家庭进入空巢期和鳏寡期以后，其成员的身体、感情、生活习惯、经济收入都发生相应变化。经济收入减少、寂寞感增强、体力衰退、行动不便，在消费上逐步受到体力、市场远近的限制，其消费心理逐渐趋于保守，成为新产品和新观点的最后采纳者。对商品价格极为敏感，求廉、节约成为他们消费的主导思想。

三、文化因素对顾客行为的影响

文化，就其广义来说，是指人类在社会实践的历史发展过程中创造的物质财富和精神财富的总和。从狭义上讲，指社会意识形态包括文学、艺术、教育、道德、宗教、社会习俗等等。文化因素以多种形式在诸多方面构成一个社会的社会规范和价值标准，影响和制约社会成员的行为，当然也包括消费行为。

文化因素有着相当广泛的内涵，就其对消费行为的影响来看，主要有民族传统、风俗习惯、价值观念、宗教信仰等方面。

（一）民族传统

各民族都有自己的传统。中华民族是一个历史悠久，具有优秀文化传统的民族，一向以勤劳好学、友好、勇敢、聪明机智和生活勤俭而著称于世。传统消费不追求奢华，讲求实用。消费观念主张量力而行，精打细算，细水长流；对商品的评价标准主要是物美价廉、实用、耐用；在享受消费方面，节制个人消费欲望被社会视为传统美德。大多数顾客在消费行为上表现出理智和慎重，有较强的计划性和积累意识。从消费商品的类型看，消费支出的大部分是用于购买生活必需品。改革开放以来，人们的收入水平有了大幅度的提高，加上外来文化的影响，传统的消费观念正在发生改变，但传统的节制性消费习惯仍是主流。

人们在社会交往过程中讲求感情联系，习惯克己待人。亲朋好友相聚，主人会尽其所能使客人吃好、喝好，常常达到铺张的程度，而客人也会奉上一份像样的礼品。这种请客送礼的传统，造就了我国节假日商品消费的旺季，为经营者们提供了良好的市场机会。

（二）风俗习惯

风俗习惯是指一个国家、民族或地区为社会公认的固定化的某些行为方式，是一般社会成员遵从的行为模式。反映在日常生活中的衣食住行、工作、待人接物、迎送宾客、文化生活、婚丧嫁娶、传统节日、宗教信仰和禁忌等的消费方式就成了消费习俗。一般来讲，不同的民族具有不同的习俗，并且受该民族的宗教信仰、经济发展水平、传统文化以及自然环境和生产条件等的影响。例如，我国北方的游牧民族习惯穿皮毛服装，南方的有些民族则习惯穿裙装。

传统节日，是民族风俗习惯的重要组成部分。各民族都有自己的传统节日，如西方民族有圣诞节，藏族有藏历节，汉族有春节、端午节、中秋节，傣族有泼水节，等等。每逢节日各民族都要按自己的传统方式举行不同的庆祝活动。在此期间，各民族消费性购买最集中，市场销售额大幅度上升，形成商品的销售旺季。因此，企业经营者应该熟悉各民族的传统节日和消费习俗，及时生产或组织货源，抓住市场机会销售商品，既满足各民族顾客的需要，繁荣民族地区经济，又能提高企业的经济效益。

婚丧嫁娶仪式是民族风俗习惯的又一重要组成部分。尽管各民族婚丧嫁娶的具体仪式不同，但从顾客行为上看，都是人生的一个十分集中的消费阶段。我国各民族有重视婚嫁仪式，讲究排场的习惯。近年来用于婚嫁阶段的消费支出费用上升很快，给企业带来了市场机会。一些企业近年开办婚嫁仪式服务的经营项目，取得了成功。

（三）价值观念

价值观念，是指人们对财富的看法、追求利益的性质和购买行为的决策。价值观念的形成与顾客所处的社会地位、心理状态、时间概念以及对变革的态度、对生活的态度等等有关。比如我国人民随着生活水平的提高，对时间的价值观念正在改变，速溶咖啡、半制成式食品等越来越受欢迎。不同的国家和民族，其价值观念往往有很大的差别。我国人民普遍有节俭的美德，所以反映在商品寿命曲线上，成熟期特别长，也喜欢把钱或珍贵的东西存起来。而西方国家的人，比较注重现实生活的舒适，“及时行乐”的思想占主导地位。美国人喜欢猎奇，凡有新意的东西，都想试一试，他们认为，使用新商品似乎能得到一种与众不同的精神上的享受。在德国，古老商品却显得更加珍贵。现在，国外许多畅销的商品，都不是经久耐用型的，如日本小轿车的设计目标，就是“功能多、设备全、款式新、性能好、利用率高、返修率低、价格合理、使用寿命短”。超过了设计寿命的商品，虽然还没有完全失去使用价值，但各部分机件几乎同步老化，与其维修，不如更新。这样做，有利于刺激消费，加速商品更新换代。同时，也适合发达国家的价值观念。所以，即使是号称汽车王国的美国，日本汽车照样能畅销不衰。

（四）宗教信仰

宗教属社会意识形态范畴，表现为信徒们相信并崇拜某一超自然的神灵。宗教的本质是支配着人们日常生活的自然力量和社会力量在人们头脑中的歪曲、虚幻的反映。世界上宗教派系很多，其中影响最大的有佛教、基督教和伊斯兰教。我国主要是信仰佛教和伊斯兰教。

宗教信仰对顾客心理的影响，主要是通过两种渠道形式实现的。首先，各种宗教对教徒的日常行为、重大仪式等方面都有规定或要求。大至婚丧嫁娶，小到饮食衣着，宗教的规范对于教徒有很大的约束力，有的来自于宗教的强制规定，有的出自教徒的虔诚所至。如信奉基督教的人，要对新生子女进行洗礼，结婚仪式必须在教堂进行。伊斯兰教的教徒要食用清真食品，禁止食用猪肉和所有动物的血。基督教徒每周日到教堂作礼拜，向耶稣祈祷并就自己的不良行为进行忏悔，以及每餐饭前和就寝前的祈祷都是教徒对上帝表示虔诚的一种自觉行为。有的宗教规范是很严格的，触犯者将受到严厉的惩罚。教徒对于宗教的规矩和禁忌看得非常神圣，自己不触犯也反对别人触犯。因此，企业和销售人员应懂得不同教徒的有关规定，以及由此而形成的一些消费习惯，以便有效地销售商品，避免引起误会。

其次，宗教对顾客的心理影响是通过其宗教主张、宣传口号的感召力来实现的。佛教主张普渡众生，宣传因果报应，告诫人们应宽于待人，多行善事；基督教则主张博爱等，这些无疑会对顾客的心理和行为产生重要的影响。

随着社会的发展变迁，不同文化的相互渗透，人类对自然界认识的不断深化，宗教信仰中的迷信部分正被逐渐抛弃，一些禁忌自然失去了约束力，宗教节日也渐渐失去宗教色彩而演变成风俗习惯。现在的圣诞节虽由原来基督教的圣节演变成西方国家喜庆和亲友家人团聚的节日，但这些传统宗教节日所遗留下来的消费习惯大多仍为人们所承袭。这为企业销售节令商品提供了极佳的市场机会。

（五）亚文化对顾客行为的影响

不同国家的人们各有不同的态度或看法、风俗习惯，企业的最高管理层做国际市场营销决策、和外商洽谈生意时必须了解和考虑各国的文化差异。由于东方人和西方人的态度或看法、风俗习惯有很大差异，因此，东方国家企业和西方国家企业的促销方法有所不同。日本的文化是把和谐放在首位，所以日本企业的广告宣传往往突出人们对商品的共性，而常常忽视个性；相反，西方人喜欢看到的恰恰是个性特点，所以西方广告公司往往充分利用这一特点。亚洲国家的商品包装往往只标明商品的名称和价格；美国企业的做法却不一样，食品制造商往往利用包装使其商品在超级市场拥挤的货架上显得很突出。他们设计包装是为了推销商品，起到向广大顾客呼喊“看看我，挑选我，购买我”的效果。企业和最高管理层在国际市场营销工作中做商品促销决策时如果不了解、不考虑东西方的文化差异，就不能实现潜在交换，取得成功。市场营销人员与外商洽谈生意时也必须熟悉对方的风俗和商业习惯。比如，日本人有其独特的礼节，最忌讳在洽谈生意时在这方面造次，更不能拿礼节开玩笑，并且最好是送点礼物表示情谊；和沙特阿拉伯的买主谈判，绝不可问及对方的妻子；相反，和墨西哥人洽谈生意，问候对方的夫人则是必需的礼貌。如果不了解对方的风俗习惯，就会造成双方误会，影响成交。

四、经济因素对顾客行为的影响

经济是影响顾客行为的主要因素。它主要包括经济发展阶段、地区发展状况、产业结构、货币流通状况、顾客收入因素及消费结构，其中顾客收入和消费结构对顾客行为影响较为直接。

（一）经济发展阶段

就消费品市场而言，处于经济发展水平较高阶段的国家和地区，顾客强调款式、性能及特色，对产品品质要求多于价格要求；而处于经济发展水平较低阶段的国家和地区，顾客侧重于产品的功能及实用性，强调价格因素重于产品品质。

（二）地区发展状况

我国各地区经济发展不平衡。在东部、中部、西部三大地带之间，其经济发展水平客观上存在着东高、西低的总体区域趋势；在各地带的不同省、市，还呈现着多极化发展趋势。各地区经济的不平衡发展，对顾客行为带来巨大影响，东部地区消费水平高，西部地区消费水平低。随着我国西部大开发战略的实施，西部生产力水平的发展必然带来消费行为的新变化。

（三）产业结构

产业结构指各产业部门在国民经济中所处的地位和所占的比重及相互之间的关系。一个国家的产业结构可以反映该国的经济发展水平。产业结构的演变表现在两个方面：一方面，随着经济的发展和人均国民收入水平的提高，劳动力不断地从第一产业中分化出来，向第二、第三产业转移；另一方面，随着科学技术的发展，工业企业先由粗加工工业向精加工工业转化，再向技术集约化方向发展。目前我国第一产业国民生产总值和就业人口比重将逐渐下降，第二产业国民生产总值略有上升，但就业人口可能不变，而第三产业无论是就业人口还是国民生产总值都将逐步上升，这种变化趋势给发展第三产业提供了机会，引起顾客心理与行为的相应变化。所以企业只有针对顾客心理与行为的变化趋势，制定相应的销售策略，才能处于主动地位。

（四）货币流通状况

这是指纸币发行流通量与商品流通所需要的金属货币量的适应协调状况。如纸币发行过多，会导致通货膨胀，影响物价稳定，既增加了企业生产要素成本，又扰乱了正常的消费秩序，造成消费行为的紊乱。同时，利率的高低对消费行为也有一定影响，银行利率低，市场价格波动大，顾客就会减少储蓄，而把收入的大部分用于消费。因此，企业在销售活动中，必须分析和研究货币的流通状况，主要是货币的供应量和银行利息率的变化。

（五）收入因素

收入同人口一样，是构成市场的重要因素，甚至是最为重要的因素，因为市场容量的大小，归根到底取决于顾客购买力的大小。顾客的需要能否得到满足，以及怎样得到满足，主要取决于其收入的多少。

从市场销售的角度计算顾客收入，通常从以下两个方面进行分析。

1. 国民收入

国民收入指一个国家物质生产部门的劳动者在一定时期（通常为一年）内所创造的价值的总和。一个国家以一年的国民收入总额除以人口总数，即得该国的人均国民收入。人均国民收入大体上反映了一个国家的经济发展水平和人民生活状况。某些西方国家称为发达国家，是因为人均国民收入水平比较高；我国属于发展中国家，是因为人均国民收入水平还不高。

2. 居民收入水平

居民收入水平是影响购买力大小、市场规模及消费支出结构的重要因素。居民收入水平的分析，着重于区别“个人收入”、“个人可支配的收入”、“个人可任意支配的收入”。从国民收入中减去公司（或企业）所得税、公司盈余及社会保险等，称为“个人收入”。个人收入减去应由个人直接负担的税收及其他费用，称为“个人可支配的收入”。个人可支配的收入主要用来购买必需品，是影响居民购买力和消费支出的决定性因素。从个人可支配的收入中减去用于购买生活必需品和固定支出（如房租、保险费、分期付款、抵押借款等）所剩下的那部分个人收入称为“个人可任意支配的收入”。这部分收入可存入银行，也可用来旅游或购买耐用消费品等，是影响消费水平和消费结构的重要因素。使用这部分收入购买产品与劳务的需求弹性大。

（六）消费结构

消费结构指顾客在各种消费支出中的比例及相互关系。居民个人收入与消费之间存在着一个函数关系，而且在不同的国家和地区，个人收入与消费之间的函数关系是不同的。经济学家凯恩斯提出过边际消费倾向理论，德国统计学家恩格尔提出过著名的“恩格尔定律”，认为：当家庭收入增加时，只有一小部分用于购买食物，用于衣服、房租和燃料方面的支出变动不大，但用于教育、医药卫生与闲暇娱乐活动方面的支出则增加较多。恩格尔论述的消费支出与总支出之比关系，被称为“恩格尔系数”。恩格尔系数越小，食物支出所占比重越小，表明生活质量越高；反之，则生活质量水平越低。企业从恩格尔系数可以了解目前市场顾客行为变化趋势及对销售活动的影响。

随着我国经济的发展，全国范围内基本上实现了小康目标，其消费结构的变化出现了以下特点：一是我国人均生活水平与发达国家相比差距较大，决定了我国当前的支出模式依然以吃、穿等生活必需品为主；二是随着住房制度改革，购买商品房的家庭较多，用于购买住房和装潢布置上的开支大幅度增长；三是医疗制度的改革，增加了卫生保健方面的开支；四是用于子女上学、就业培训方面的开支上升较快；五是非物质性消费如用于旅游、交通、娱乐性活动开支增加；六是家庭电器化、灶具电气化、电话普及、家庭电脑的使用等导致相应开支的大幅度上升；七是用于储蓄、证券投资方面的比重增大，其目的是为今后子女上学、购买住房、大件用品添置作准备。这既影响到企业的现实市场的规模和销售策略，也为资金市场注入了大量资金，为企业融资提供了方便。

任务二　影响顾客购买行为的商品因素

学习目的

通过完成本任务，了解商品有哪些因素会影响到顾客的购买行为，树立起深入了解和分析所销售商品的意识。

在现代市场上，企业之间的激烈竞争是以商品为中心的，商品各个要素，包括商品设计、商品命名、商标、商品包装、商品价格等，都对顾客心理与行为产生十分重要的影响。

一、新商品设计与顾客心理

新商品是指企业向市场提供较原先有根本不同的商品。这种商品具有与其他同类商品不同的特点，并能给顾客带来某种新的利益。企业销售意义上的新商品应具备的条件有：在结构、性能、材料、技术特征等某一方面或几个方面有显著改进、提高或独创；具有先进性、实用性，能提高经济效益，具有推广价值；在一个省、市、自治区范围内是第一次试制的新商品。新商品的产生必须经过设计这一环节，而新商品设计不是一般的工程设计，而是渗透着科学艺术观念的系统工程。要使新商品具有高附加值，能够打动顾客，其设计必须符合以下要求。

（一）新商品的设计要求

1. 实用

物以致用，这是顾客对商品效用最一般的心理感知。新产品设计必须与产品的适用、效率、安全、舒适等实用要求相结合。

2. 流行

新商品设计必须满足人们日益变化的需求心理及审美观念，与时代发展趋势相一致。

3. 情趣

新商品设计要使商品的线条、装饰、色彩、面、体等方面富于变化，激发顾客的情感与兴趣。

4. 国情化

我国与西方诸国、日本在社会制度、风俗习惯、价值观念、经济体制、审美标准等方面都不相同。因此，在商品设计上既不能模仿，更不能照搬国外模式，必须在借鉴国外各种设计思想的基础上进行独具特色的创新。符合我国国情的商品设计必须坚持时代感与民族感、粗犷与细腻、仿古与创新的有机统一。

（二）新商品造型心理

新商品设计最终要通过一定的形态来表现。商品的造型就是商品的依托。离开这个依托，商品造型美就无所附着。“皮之不存，毛将焉附”，商品造型与商品的实体本身就是皮与毛的关系。

商品造型的目的就是要通过它的线条、形状、比例、大小等，刺激顾客的购买欲望。也就是要根据商品属性、种类等不同特点，选择可信赖的优秀造型和材料来美化商品，提高其竞争力，赢得顾客的信赖。

顾客对商品的选择，首先依据商品外观形态通过视觉所引起的快感来判断。视觉愉悦是顾客进一步接触了解商品的基础。达不到视觉愉悦的商品造型根本无法刺激顾客的需求。商品造型有各种各样的形态，总括起来可以分为两大类：现实形态和抽象形态。现实形态又可分为：自然形态、人为形态和偶发形态。自然形态是对自然界存在的客观事物的模仿和概括。人为形态是以实用为目的，适合机器生产，运用人体工程学原理而创造出来的各种形态。偶发形态是偶尔发生的形态。抽象形态是各种几何形态、自由形态的总称。它具有韵律感、体量感、深度感。

没有规矩就不成方圆。任何事物都有自己独特的规律。商品造型也不例外。设计商品造型应考虑以下规律：

（1）重复，指同一造型的重复。它能给人以和谐一致的心理感觉。

（2）层次，指造型过程中的递增、递减、渐强、渐弱，依次加大或缩小，以给人一种节律感。

（3）对称，指造型以某一点、线、体进行相等或相同摆布，给人一种端庄大方，稳定有力的感觉。

（4）均衡，指一种动态的对称。除了给人对称所具有的心理感觉外，还给人一种动感。

（5）比例，指造型的各个部分以适当的比例摆布，以给人一种优美的心理感受。常见的比例有黄金分割、相加级数比、整数比、平方根矩形等。

（6）调和，造型的形体、色彩相似。通过隐藏差别感觉阈限，使商品造型给人以融洽与舒适的感觉。

（7）对比，即与调和相反，通过突出差别感觉阈限，使人感到刺激和强烈。

（8）多样，即造型的线条、形体、色彩丰富而不单一，以使人感到新鲜、奇特、变化。

（9）统一，即指造型的协调一致，以突出商品的整体感和柔和感。

（三）商品色彩心理

1. 商品色彩的心理效应

造型、色彩、装饰是商品审美形态的三大要素。色彩与人的心理有着非常密切的关系。由于可见光的变化及眼睛的生理机能，人对色彩有明暗觉、色调觉、纯度觉、对比觉、位置觉、肌理觉、运动觉等。不同的商品，有着不同的色彩，形成人心理上不同的感觉。商品色彩的这种心理效应大致可归纳如下。

（1）区别效应，色彩是种无声的语言，可以使顾客从众多的商品中感知所要认识的对象。许多商品的惯用色彩使人一目了然，提高了感知效率，突出了商品个性。

（2）联觉效应，是指一种感觉兼有另一种感觉的心理现象。颜色视觉最容易让人产生联觉，所以企业可以利用色彩的联觉效应，体现商品的温度感、形体感、质地感等。在商品色彩的运用中，应充分考虑色彩的联觉效应。

（3）错觉效应。色彩能造成人的错觉，利用色彩错觉可以体现或强化商品的某些特征。

（4）象征效应。颜色心理学家发现：不同历史时期、不同民族、不同国家、不同阶级、不同宗教信仰对颜色有着特定的偏爱，但通常认为颜色的象征作用是概括和抽象。

（5）情感效应。不同的色彩使人产生不同的情感。企业可以利用色彩来激发顾客对商品或企业的情感，促其产生购买行为。

2. 新商品色彩的心理特征

（1）商品色彩的社会性。各个国家、民族的社会背景、宗教信仰、经济状况、生活条件、传统习惯、风土人情等不同所形成的差异，表现在需要、兴趣、气质、性格、爱好上也各不相同，从而对商品色彩的喜好有很大差异。因此，商品色彩必须要考虑顾客的社会性对商品色彩的要求。

（2）商品色彩的季节性，是商品色彩的共性在不同季节的具体体现。人与大自然做伴，其消费品的色彩也应与四季变化相协调。春天商品色彩要鲜明，夏天商品色彩要活泼，秋天商品色彩要丰富，冬天商品色彩要深沉。每个季节的商品色彩要表现出季节性的特征。

（3）商品色彩的区域性。人们对于商品色彩的喜好，依地域不同而有所差异。商品色彩要考虑顾客的区域性消费习惯，违背当地消费习惯的商品色彩，往往会造成商品的滞销、积压。

（4）商品色彩的个别性。顾客由于社会经历、性别、年龄、文化程度、职业、个性心理特征等不同，对商品色彩的喜欢程度也不一样。这是顾客修养、情感的重要标志。针对顾客需求的差异性来设计商品色彩，会使商品世界丰富多彩。

（5）商品色彩的时代性。商品色彩在不同的时代有自己的时代特色。什么样的时代就有什么样的流行色彩。时代和文化观念永远是商品色彩发展的指南。因此，企业要分析时代的色彩特征，使商品色彩与时代的发展合拍。

二、商品命名与顾客心理

（一）商品命名的心理功能

商品名称，即生产企业赋予商品的称谓。人们购买商品，先从商品名称开始，一个好的商品名称，具有先声夺人的心理效应。因此，从心理学的角度，给商品起一个恰如其分的名字十分重要。所谓商品命名，实质上就是选定恰当的语言文字，概括地反映商品的特点、用途、形状、性能、特点等。它能够唤起顾客对该商品的联想，进而感知、认识它，产生购买欲望，导致购买行为。这是因为商品命名具有认知功能、记忆功能和情感功能。

（二）商品命名的原则

给商品起名字，绝非易事，它涉及美学、心理学、商品学、市场学、语言学等学科知识。随着经济发展、科学技术进步，需要命名的商品越来越多。要使商品命名不落俗套、独具匠心，需要坚持以下原则。

（1）信。名符其实，如实反应商品的性能与特点，这是商品命名的基础。

（2）达。通俗易懂，通用化、大众化，尽量不用方言土语。

（3）简。文字简洁而不冗长，易于传播和记忆。

（4）雅。用词不粗俗，有知识性和趣味性，文化气息浓。

（5）特。匠心独具，提高与同类商品的差别性，增强感知能力。

（6）幸。寓意美好，吉祥如意。

（7）韵。词语节律感强，铿锵有力，朗朗上口，富有韵味。

（8）适。要和商品的销售对象、销售地区等相适应。

（三）商品命名的方法及其心理特征

（1）以商品用途命名。突出商品性能与功用，便于认知，加速顾客对商品的认知过程，并对顾客的消费有一定的引导作用。

（2）以商品成分命名。反映商品构成成分及构成成分的珍贵，对于告知商品的价值，有较好的作用。

（3）以商品产地命名。表明商品产地。产地富有传统或有独特的生产经营环境，受人珍爱、羡慕、敬仰，多见于地方风味商品的命名。

（4）以商品创制者命名。表明商品的创制者或创导者，引起顾客敬仰，借物思人，因人忆物，以提高商品身份与信誉。

（5）以商品外形命名。突出商品的优美造型，引发顾客的兴趣和注意。

（6）以商品颜色命名。表现商品的丰富色彩，激发顾客联想。

（7）以商品制作方法命名。突出商品制作方法艰辛、独特，使顾客对商品质量产生信任感。

（8）以形容词命名。赞美商品的有关特点，激发顾客的购买欲望，有时还具有一定的象征意义。

（9）以外文译音命名。一般用于进口商品，合资商品，以保持商品原有风格。

（10）以商品生产厂家命名。厂家有名望、有传统、有专利技术或借以树立企业形象。

（11）以商品使用能源命名。突出商品的更新换代，满足顾客的求新心理。

(12) 以动植物命名。有些动物、植物比较珍贵或受人青睐，用其命名借以突出商品的优良品质。

(13) 以商品纪念意义命名。表现商品的传奇色彩或重要意义，满足顾客的求奇、求名心理。

(14) 以词语谐音命名。用以寓意美好或遵循习惯。

(15) 以商品使用的方法命名。告知顾客商品使用方法或与同类商品相区别。

(16) 以革命圣地、名胜古迹命名。这种命名方法有象征意义。借人们对名胜的敬仰心情引起对商品的青睐或使商品具有一定的文化内涵。

(17) 以自然存在物命名。借自然存在物的永恒，隐喻商品的美好与持久，以便于记忆。

以上只是几种常见的商品命名方法，还有许多未加归类。用以上方法命名，目的在于增强顾客的商品意识以及记忆商品的能力，激发顾客的美好联想与情感，以满足其心理需求，诱发其购买欲望。

三、商标与顾客心理

商标是商品的标志，是商品生产者或经营者为使本企业商品与其他商品相区别而采取的一种标记。通常用文字、字母、数码、线条、颜色、图形及其组合构成。通过商标可以树立企业、商品或劳务形象，是企业的无形资产。

（一）商标设计的基本原则

1. 简洁通俗

所谓简洁，就是要求商标图形线条简明，色彩单纯，易于理解和记忆，文字不宜过长。所谓通俗就是要求图形文字一目了然，无须费劲猜想。

2. 富有韵味

商标是一种视听觉符号。就其对听觉的刺激来说，商标应该铿锵有力，富有节律感。

3. 具有情感

商标要想捕捉顾客的视觉，从而引起注意产生兴趣，只有富有情感才能达到目的。就人的视觉感受来说，引起注意不难，新、奇、特的事物都能引起人的注意。但这只是一种感觉过程，要过渡到知觉活动，还必须有一定的象征意义和情趣，这样才能使人达到过目难忘的效果。

4. 个性显著

商标的个性、特色是商标的生命。在竞争激烈的情况下，某种商品要创出牌子，某个企业要树立起形象，不设计独具特色的商标就很难做到。

5. 差别多样

一般情况下，企业的商品只有一个商标。商品的市场寿命与商标的好坏紧密地联结在一起。商标成功，商品也成功；商标无人理会，商品也跟着受冷落。它们之间有一损俱损，一荣俱荣的关系。为了减少风险，创造成功的机会，生产多种产品的企业可设计系列化的商标。差别多样化的商标设计有利于企业均衡风险，分开商品档次。有时多样的品牌还会给顾客留下产品丰富的印象。

6. 尊重风俗

不同社会文化环境下的顾客对商标图案、文字、色彩等含义的理解是不尽相同的。商标设计必须重视文化差异形成的顾客心理的不同，特别要注意尊重不同民族和地域的风俗习惯。

（二）商标的组成及其心理特征

设计好的商标可以起到微型广告的作用。因此，必须精心设计商标图形，增强其视觉、听觉形象的印象效果。

商标可以由文字、图案组成，也可由它们组合而成，常见的有以下几种形式：

1. 由词组成的商标

由词组成的商标是最普遍的一种。其心理特征在于：让人根据词来产生联想，便于顾客识别、记忆。

2. 由图形组成的商标

由图形组成的商标也是较普遍的一种。其心理特征在于让人根据图形引起联想。此类商标不受语言限制，但不便于呼叫。

3. 由数字组成的商标

由数字组成的商标不太多见。在国外一般不允许用数字作商标。其心理特征在于：简洁易记，不受语言限制，便于传播，有的数字商标还具有象征意义。

4. 由数字、字母、图形、词等组合而成的商标

由数字、字母、图形、词等组合而成的商标是一种极为普遍的商标形式。其心理特征在于：取以上各种商标组成形式的优点，克服其缺点，形成既便于识别，又便于呼叫、便于传播的商标形式。具体情况有以下几种：

（1）由词和图案组成；

（2）由字母和图案组成；

（3）由数字和图案组成；

（4）由词与字母组成；

（5）由词与数字组成；

（6）由字母与数字组成；

（7）由数字、字母、词、图形等综合组成。

5. 由创制名牌商品的人名、肖像等组成的商标

由人名、肖像组成的商标不太多见。其心理特征在于：将商品与其创制者联系在一起，让人产生敬仰、信任感。由于名人效应，商品也容易被顾客喜好与记忆，增强了商品的心理功能。

6. 劳务标记或商标

劳务标记或商标用于航空、铁路、公路、旅游、餐饮等劳务性行业。其心理特征在于：有行业特色和自己的象征意义。

7. 其他形式的商标

随着竞争的加剧和科学技术的进步，为了发挥商标的应有作用，商标形式不断创新和日益增多。有的企业以自己独特的商品造型、色彩、包装作为商标，使人看到商品的造型、色彩、包装就会想起商品本身；有的企业为防止假冒，在商品上打上特殊的印记、条形码、激光图像等，并以此作为商品标记。随着经济的不断发展，必将有更新的商标

形式出现。

四、商品包装与顾客心理

（一）商品包装的心理功能

包装就是对商品所采取的一系列保护、促销、审美性措施，它能促进商品的销售与增值。

商品包装的促销、增值作用与顾客的心理有直接关系。若离开顾客心理去谈包装，无异于无源之水，无本之木。商品包装的心理功能主要有区别功能、广告功能、情感功能、审美功能、方便功能等。

（二）商品包装的形式及其心理特征

1. 系列式包装

企业生产经营的商品都用相同或相似的包装。引入CI设计的企业往往采用这种包装形式。其心理特征在于：使顾客购买时能注意到企业生产的各种产品。由于系列包装，使商品形成一种量感，进而使商品、甚至使企业形象更加鲜明。

2. 联带式包装

将具有消费联带性的商品包装在一起。其心理特征在于：给顾客以便利感和整体感。

3. 分量式包装

对于一些称重商品，根据顾客在不同时间、地点、使用量等情况，采用重量大小不同的包装。也有一些价格较贵的商品，实行小包装给顾客以便宜感。还有一些新商品，为让顾客试用而采用小包装。其心理特征在于给顾客以便利感、便宜感、安全感。

4. 等级式包装

为了区别不同商品的不同质量，按其质量等级采用相应包装。这是一种常用的包装形式。其心理特征在于：满足不同需要层次的顾客，区分商品的档次。

5. 复用式包装

为了节约包装材料或刺激顾客需求，采用可重复使用的或转作他用的包装，其心理特征在于：给顾客一种便宜感、节约感。

6. 开窗式包装

在包装物上留有“窗口”，让顾客透过“窗口”来直接感知商品。其心理特征在于：直接让顾客体会、感知商品的质量。

7. 密封式包装

将商品严实地包裹起来，接口处以胶、蜡等密封。常见于防潮、防晒、防尘等易损易变质的商品，其心理特征在于：给顾客一种安全感。

8. 名贵式包装

专门用于包装名贵商品。其包装设计精良，具有一定的艺术价值。常见于名贵的药材、文物、工艺品、金银制品、高档服装等。其心理特征在于：给顾客一种荣华、高雅之感。

9. 赠品式包装

在包装物内装有赠品或奖券。这种包装有较强的促销作用。其心理特征在于：给顾客一种便宜感、机会感。

10. 礼品式包装

装饰华丽，富有欢乐色彩。包装物上常冠以“禄”、“福”、“寿”、“喜”、“如意”等字样及问候语。其心理特征在于：增添节日气氛和欢乐，满足人们的交往、礼仪需要，借物寓情，以情达意。

11. 异常式包装

异于同类商品的包装形式。其心理特征在于：使顾客新奇，印象鲜明，进而加深记忆。

12. 特殊式包装

追求包装独特风格，并长期使用，给顾客形成较为深刻的印象。其心理特征在于：风格独特，易于同类商品的区分。有时，还可以起到一定的预防伪制和假冒的作用。

13. 通常式包装

和常见的同类商品一样使用同样的包装材料、色彩、造型等。其心理特征在于：便于顾客认知和引起顾客注意。

14. 情趣式包装

追求包装、造型、色彩、图案的艺术感。通过包装的造型色彩等来赋予一定的象征意义。其心理特征在于：易于激发顾客联想与情感。

15. 年龄式包装

按年龄段设计相应的包装，即包装采用适宜于不同年龄顾客需要的造型、图案、色彩等。其心理特征在于：满足不同年龄顾客的需求。

16. 性别式包装

按性别不同采用相适应的包装。男性用品包装追求潇洒、刚正、质朴；女性用品包装崇尚温馨、秀丽、新颖、典雅。其心理特征在于：符合不同性别顾客的心理需求。

（三）包装设计的心理策略

1. 个性显著，先入为主

顾客购买商品时最先感知的是商品的包装。包装引人注目，在众多商品中形象突出才能为顾客所注意。要使包装的形象突出，必须在商品包装的造型、色彩、使用材料、图案等方面做到与众不同，独树一帜，给人以过目不忘的感觉。

2. 综合、全面

现代商品包装有个明显的趋向，就是将商品包装的保护作用、促销作用融为一体。既能保护商品，又能将商品的造型、色彩、使用方法、产地等有关内容告知于顾客，使顾客从包装上对商品有一个全面的认识。

3. 激发联想

包装的造型、色彩、图案、线条等都能引起顾客的相应联想，只不过联想的方式、方向、程度不同罢了。商品包装激发顾客联想，要想联想的方式合理，方向正确，程度适当必须在造型、图案、文字、色彩诸方面考虑顾客的性别、年龄、职业、信仰、文化、经验等因素。一般来说仪器采用黄、绿、红的色彩作包装底色；药品采用白色做底色；儿童用品采用动植物、卡通、传说人物做包装图案；青年用品则采用象征意义的符号作图案都比较适合。这些包装手法都是在考虑个性特征及社会文化因素影响之后，考虑商品的特点而施行的，符合包装激发联想的一般要求。

4. 激发情趣

目前包装水平较以前确有提高，一般都能收到一定的情趣效果。浪漫的闲仙游客、传奇的敦煌飞天、古朴的宫灯宫鼎、龙宫探宝、嫦娥奔月、科学幻想等，在商品包装中应有尽有，造型、图案、文字各具情态。利用画、拍、雕等各种方法，采用圆、曲、方、折各种线条，使用立、蹲、卧、坐各种姿势，加之赤、橙、黄、绿、青、蓝、紫丰富的色彩，构成一个千姿百态、五光十色的商品包装世界，使人留连忘返。在常见的手法上，若能标新立异，给人独特的良好感觉就能起到更加超凡脱俗激发情趣的效果。

五、商品价格与顾客心理

（一）顾客对商品价格反应的心理特性

按照经济学的观点，所谓价格是商品价值的货币表现形式。价格通常是影响商品销售的关键因素。商品定价的全部奥妙，就是在一定的销售因素组合下，如何把企业销售商品价格定得既能让顾客乐于接受，又能为企业带来较多的收益。因此，要求企业定价时，既要考虑商品的价值，又要考虑顾客的价格心理。所谓价格心理，是指在市场经济社会中，商品价格在顾客心理引发的不同类型反映，是顾客购买心理的一个十分重要的组成部分。近年来的研究成果表明：价格心理是顾客在购买商品活动的过程中，对价格认识的各种心理现象，是由顾客对价格的知觉程度与顾客自身的个性心理共同组成的。顾客在购买商品的过程中，价格作用于顾客的感官（眼、耳等），引起一系列有关以该商品为中心，与其他一些商品相联系的心理现象，产生出有关该商品与另一有联系商品的联想、回忆与评价的心理。

（二）对商品价格反应的心理特性

1. 顾客对价格的习惯性

一种商品在一定的水准上保持一个较长时期后，便会在顾客的心中形成一种稳定的和固有的印象。这种印象一经形成，便作为一种衡量价格的“天平”。顾客往往习惯于将这种“天平”去衡量某类商品的价格变异情况，这就是顾客对价格的习惯性。

2. 顾客对商品价格变动的敏感性

在现实生活中，一些商品价格的变化很容易引起顾客的注意，另一些商品的价格变化则往往被他们所忽略，这种对商品价格变动的反应程度就是价格的敏感性。一般地讲，广大顾客往往对那些与日常生活关系密切的日用商品和主副食品价格的敏感性较高，而对一些与日常生活关系不十分密切的商品价格的反应则较迟钝。

3. 顾客对价格的感受性

顾客对同一种商品的价格在不同的经营氛围和心境中的感受是不同的，这种对价格的不同程度的感受就是顾客对价格的感受性。销售员应在调查研究的基础上，有针对性地搞好系列商品的组合与陈列，并准确判断顾客的心理变化，以便进一步搞好销售和服务工作。

4. 顾客对商品价格的倾向性

不同类型的顾客在购买过程中，其价格心理各异，并存在着明显的倾向性。一些顾客，尤其是收入颇丰的某些城市青年男女，喜欢追逐消费时尚，对价格高昂的消费品十分感兴趣，往往会不惜重金去购买自己喜爱的高价消费品。一般的城市顾客，由于收入一般，喜欢购买价格适中的消费品。而收入较低的城市居民和广大农民则垂青于那些价格低廉的商品，以满足其基本生活需要。顾客对商品价格存在的倾向性，正是企业制定价格必须考虑的重要因素。

（三）心理定价策略

心理定价策略，指根据顾客的不同心理，采取不同的定价技巧的策略。心理定价策略很多，这里仅介绍以下几种：

1. 尾数定价策略

尾数定价策略又称非整数定价策略，即企业给商品定一个接近整数，以零头尾数结尾的价格。例如，某商品的价格为0.97元，接近1元，就是利用顾客的求廉心理和要求定价准确的心理进行定价的。保留了尾数，一方面可给顾客以不到整数的心理信息；另一方面使顾客从心理感到定价认真、准确、合理，从而对价格产生一种信任感。

2. 方便定价策略

方便定价策略也称整数定价策略，是指企业给商品定价时取一个整数。这是利用人们一分钱一分货的心理和快捷方便的心理定价的。它特别适用于高级消费品、优质品和交易次数频繁的商品，如袋装食品、快餐店的饭菜等。

3. 如意定价策略

如意定价策略是指按照顾客希望吉祥如意这一心理和要求来确定价格。中国港澳地区有相当数量的顾客对尾数为“8”的价格比较感兴趣，认为“8”有如意吉祥之意，或“8”的谐音与“发财”的“发”字相同，故将价格尾数定为“8”。我国有不少地区的居民喜欢价格数字为偶数，这也是想从价格数字上获得美好的联想。

4. 声望定价策略

声望定价策略是依照人们的虚荣心理来确定商品价格的一种策略。同样的商品在有名的商店经销，价格略高，顾客仍乐意购买。名牌或高级消费品价格定得高一些，一些顾客为显示其富有也乐意购买。为地位显贵的顾客提供商品，价格也可定得高一点，这样能够满足声望心理价值的需求。

5. 招徕定价策略

一般顾客都有以低于一般市价的价格买到同质商品的心理要求。企业抓住顾客这一心理，可特意将商品价格定得略低于同行经营者的价格，以招徕顾客，这就是招徕策略。如在节假日实行“大减价”销售，又如在中国香港经常见到大大小小的店堂贴满了花花绿绿的大减价字条，如“平，平，平，平到你笑，平到你跳”等。这种以廉价招徕顾客的策略，往往会吸引不少顾客在购买这种商品时，同时购买其他商品，从而达到扩大连带商品销售的目的。

6. 折让价格心理策略

折让价格心理策略是一种以降低商品价格，给购买者一定的价格折扣或馈赠部分商品，以争取顾客的心理定价策略，其目的是利用顾客的求廉求便心理刺激顾客大量购买或反复购买，主要方式有以下五种：

（1）现金折扣策略。即依据求廉心理给予用现金或提前付款方式购买商品的顾客，按原定价享受一定的折扣，鼓励其用现金或提前偿付货款，以加速商品和资金周转，提高企业资金利润率。这种定价策略适宜于价格昂贵的耐用消费品，尤其适合于采取分期付款的商品。

（2）数量折扣策略。即卖方根据买方购买商品的数量多少决定给予一定的回扣率的策略。这种策略目的在于鼓励买方大批量购买商品。购买商品愈多，折扣率愈大，买者获利也愈多。数量折扣分为累进折扣和非累进折扣。购买者在一定时期内（如一月，一季，半年等）购买商品总量达到一定额度时，按其总量的多少给予折扣叫做累进折扣。购买者一次购买的商品达到一定额度时，按其总量多少给予的折扣叫做非累进折扣。

（3）季节折扣策略。企业向提前购买季节性商品的购买者给予一定的价格折扣，叫做季节性折扣策略。其目的在于刺激顾客早期购货，减少企业的资金负担和仓储保管费用，加速资金周转。

（4）组合折扣策略。企业将彼此密切相关的商品组合配套，对购买成套商品的顾客给予价格折扣。这种策略既有利于顾客一次购齐，节省时间，享受优惠，又有利于企业增加销售。

（5）运费让价策略。对距离企业较远的顾客，通过减价来弥补其部分或全部运费，从而吸引远方顾客购买和消费本企业的商品，以扩大商品市场范围，开辟新的顾客群体。

【学习资源链接】

1. 精品视频讲座推荐：《顾问式销售技术》。讲师：和锋，实战派销售专家，施乐公司销售经理、高级培训师。作为跨国公司的销售经理，结合中国国情，总结出了一套先进的顾问式销售技术。

2. 延伸阅读。

美国文化的核心价值观及其对顾客行为的影响如表 5－1 所示。

表 5－1　　美国文化的核心价值观及其对顾客行为的影响

核心价值观	具体表现	对顾客行为的影响
个人奋斗	自我存在（例如自力更生、自尊）	激发接受“表现自我个性”的独特产品
讲求实效	赞许解决问题的举动（例如省时和努力）	激发购买功能好和省时的产品
物质享受	好生活	鼓励接受方便和显示豪华的产品
自由	选择自由	鼓励对有差异性的产品感兴趣
求新	产品要更新	鼓励标新立异
冒险精神	轻视平庸和懦弱，一鸣惊人	号召购买效果难以马上显示的新产品
个人主义	关心自我，自我尊敬，自我表现	激发接受“表现自我个性”的独特产品

训练与思考

训练思考一：

1. 把班级学生分成若干小组，以大学生活中某一生活必需品为对象，通过“头脑风暴法”予以创新设计，包括功能、商标、包装、命名等。

2. 根据小组形成的新产品设计资料，从可行性、创新性及顾客心理接受度等几个方面进行综合讨论。

训练思考二：

案例讨论：

柯达如何走进日本？

柯达公司生产的彩色胶片在20世纪70年代初突然宣布降价，立刻吸引了众多的顾客，挤垮了其他国家的同行企业，柯达公司甚至垄断了彩色胶片市场的90%。到了80年代中期，日本胶片市场被富士所垄断，富士胶片压倒了柯达胶片。对此，柯达公司进行了细心的研究，发现日本人对商品普遍存在重质而不重价的倾向，于是制定高价政策打响牌子，保护名誉，进而实施与富士竞争的策略。他们在日本发展了贸易合资企业，专门以高出富士1/2的价格推销柯达胶片。经过5年的努力和竞争，柯达终于被日本人接受，走进了日本市场，并成为与富士平起平坐的企业，销售额也直线上升。

（资料来源：姜玲玲. 消费心理学［M］. 重庆：西南交通大学出版社，2008.）

思考题：

1. 本案例中哪些因素影响了顾客的购买行为？
2. 你认为本案例中富士要想重新赢得顾客，该采取哪些措施？

项目六 顾客分类市场的心理研究

案例导入

汇源果汁的果蔬汁饮料市场开发

在碳酸饮料横行的20世纪90年代初期，汇源公司就开始专注于各种果蔬汁饮料市场的开发。虽然当时国内已经有一些小型企业开始零星生产和销售果汁饮料，但大部分由于起点低、规模小而难有起色；而汇源是国内第一家大规模进入果汁饮料行业的企业，其先进的生产设备和工艺是其他小作坊式的果汁饮料厂所无法比拟的。“汇源”果汁充分满足了人们当时对于营养健康的需求，凭借其100%纯果汁专业化的“大品牌”战略和令人眼花缭乱的“新产品”开发速度，在短短几年时间就跃升为中国饮料工业十强企业，其销售收入、市场占有率、利润率等均在同行业中名列前茅，从而成为果汁饮料市场当之无愧的引领者。其产品线也先后从鲜桃汁、鲜橙汁、猕猴桃汁、苹果汁扩展到野酸枣汁、野山楂汁、果肉型鲜桃汁、葡萄汁、木瓜汁、蓝莓汁、酸梅汤等，并推出了多种形式的包装。应该说这种对果汁饮料行业进行广度市场细分的做法是汇源公司能得以在果汁饮料市场竞争初期取得领导地位的关键成功要素。

但当1999年统一集团涉足橙汁产品后一切就发生了变化，在2001年统一仅“鲜橙多”一项产品销售收入就近10亿，在第四季度，其销量已超过“汇源”。巨大的潜力和统一“鲜橙多”的成功先例吸引了众多国际和国内饮料企业的加入，可口可乐、百事可乐、康师傅、娃哈哈、农户山泉、健力宝等纷纷杀入果汁饮料市场，一时间群雄并起、硝烟弥漫。根据中华全国商业信息中心2002年第一季度的最新统计显示，“汇源”的销量同样排在鲜橙多之后，除了西北区外，华东、华南、华中等六大区都被鲜橙多和康师傅的“每日C”抢得领先地位，可口可乐的“酷儿”也表现优异，显然“汇源”的处境已是大大不利。尽管汇源公司把这种失利归咎于可能是因为PET包装线的缺失和广告投入的不足等原因造成，但在随后花费巨资引入数条PET生产线并在广告方面投入重金加以市场反击后，其市场份额仍在下滑。显然，问题的症结并非如此简单。

在市场的导入初期，由于客户的需求较为简单直接，市场细分一般是围绕着市场的地理分布、人口及经济因素（如年龄，性别，家庭收入等）等广度范围展开的，与行业分类方法有点相似（注：行业细分一般只是把业已存在或潜在的市场用容易区分或识别的标准，如年龄、性别、性能、原料、产地等单一要素，最多为二维变量，来划分成更小的子行业，以便于统计、分析和归纳其特性），其特征表现在目标细分市场的形象化。也就是说，通过市场的广度细分，其目标细分市场可以直接形象地描写出来。比如说，当企业把市场分割为中老年人、青年人以及儿童等几个目标细分市场时，人们都能形象地知道这些细分市场的基本特征。由于这种分类方法简单、易于操作、费用低，大部分企业都可掌握且也乐于采用。但只有在市场启动和成长期的恰当时机率先进行广度市场细分的企业才有机会占有更大的市场份额。这时候品牌竞争往往表现得不够明显，竞争一般会表现在产品、质量、价格、渠道等方面，有人称之为产品竞争时代，汇源果汁就是在此期间脱颖而出的一个专业品牌，并成为数年来果汁业的领跑者。

但当客户的需求多元化和复杂化，特别是情感性因素在购买中越来越具有影响力的时候，此时市场竞争已经由地域及经济层次的广度覆盖向需求结构的纵深发展了，市场也从有形细分向无形细分（目标市场抽象化）转化，即细分后的目标市场无法通过形象的描述来说明。例如，我们可以通过市场的深度细分，找到“追求时尚”这一目标细分市场。但这个目标细分市场在哪里？它是由哪些顾客组成？这些顾客是否有着共同的地理、人口及经济因素特征？企业应该采取什么样的方法与这个目标细分市场人群沟通？显然，这时的目标细分市场已经复杂化和抽象化了，企业对顾客的关注也已从外在因素进入心理层面因素。同时，企业也无法用传统的方法去接近所选择的目标细分市场，这时运用科学的市场研究方法来正确地细分市场就显得尤其重要了。而这时仍然运用市场竞争初期的浅度市场细分方法甚或“行业细分”的方法对市场进行细分已根本无法适应市场竞争的要求。以统一“鲜橙多”为例，其通过深度市场细分的方法，选择了追求健康、美丽、个性的年轻时尚女性作为目标市场，首先选择的是500ML、300ML等外观精制适合随身携带的PET瓶，而卖点则直接指向顾客的心理需求：“统一鲜橙多，多喝多漂亮。”其所有的广告、公关活动及推广宣传也都围绕这一主题展开，如在一些城市开展的“统一鲜橙多TV - GIRL选拔赛”、“统一鲜橙多阳光女孩”及“阳光频率统一鲜橙多闪亮DJ大挑战”等，无一不是直接针对以上群体，从而极大地提高了产品在主要消费人群中的知名度与美誉度。再看可口可乐专门针对儿童市场推出的果汁饮料“酷儿”，“酷儿”卡通形象的打造再次验证了可口可乐公司对品牌运作的专业性，相信没有哪一个儿童能抗拒“扮酷”的魔力，年轻的父母也对小“酷儿”的可爱形象大加赞赏。而“汇源”果汁饮料从市场初期的“营养、健康”诉求到现在仍然沿袭原有的功能性诉求，其包装也仍以家庭装的为主，根本没有具有明显个性特征的目标群体市场。只是运用广度（也是浅度）市场细分的方法切出“喝木瓜汁的人群”、“喝野酸枣汁的人群”、“喝野山楂汁的人群”、“喝果肉型鲜桃汁的人群”、“喝葡萄汁的人群”、“喝蓝莓汁的人群”等一大堆在果汁市场竞争中后期对企业而言已不再具有细分价值的市场。即使其在后期推出了500ML的PET瓶装的“真”系列橙汁和卡通造型瓶装系列，但也仅是简单的

包装模仿，形似而神不似。（汇源后期推出的“他她水”功能饮料颇有新意，自是另当别论）

至此，我们已能看出在这场果汁饮料市场大战中，汇源公司领导地位如此轻易被动摇的真正原因。我们说“汇源”与统一、可口可乐公司比较，他们之间的经营出发点、市场细分方法的差异才是导致市场格局发生变化的关键因素。

“汇源”是从企业自身的角度出发，以静态的广度市场细分方法来看待和经营果汁饮料市场；而统一、可口可乐等公司却是从顾客的角度出发，以动态市场细分的原则（随着市场竞争结构的变化而调整其市场细分的重心）来切人和经营市场。同样是“细分”，但在市场的导入期、成长期、成熟期和衰退期，不同的生命周期却有不同的表现和结果。

（资料来源：王官诚，汤晖，万宏．消费心理学［M］．北京：电子工业出版社，2013.）

问题引出：汇源果汁与可口可乐、统一等公司相比，在分类市场方面有什么特殊性？

任务一　少年儿童消费心理

学习目的

通过完成本任务，了解少年儿童顾客的心理特点，树立起针对不同类型的顾客采取不同销售策略的意识。

一、研究少年儿童消费心理的重要性

少年儿童顾客群体是由出生婴儿到14岁的顾客组成的群体。这一年龄阶段的顾客属于未成年顾客。据有关统计资料，在世界各国的人口结构中，少年儿童所占的比例都相当大。即使在西方一些人口老龄化较为严重的发达国家，少年儿童所占的比例也有30%；而在不少发展中国家，少年儿童在总人口中的比例则高达40%。在我国，虽然几十年来少年儿童占总人口的比重逐年下降，但始终保持在20%的比例之上。而20世纪80年代计划生育政策的广泛推行，又使得独生子女日渐增多。家长的爱护和国家对儿童的保护使儿童在物质和精神生活方面的条件都十分优越。为了保证儿童的健康成长，每个家庭都十分注意儿童的营养和保健；为了使儿童的心理健康发展和智力充分开发，家长都非常重视对儿童的智力投资和早期教育。这种情况有力地刺激了消费，使儿童用品市场迅速发展，不仅商品数量、种类迅速增加，而且商品质量也在不断提高。由此可见，少年儿童的消费市场非常广阔。因此，及时开展关于少年儿童消费状况的研究，对生产厂家和销售部门调整市场对策，为下一代德、智、体、美的全面发展提供了丰富多彩的消费品，将发挥重要的作用。

二、少年儿童消费的心理特点

少年儿童消费的心理特点主要表现在以下几个方面：

1. 依赖性

婴儿一降临人世，就开始他们漫长的社会化历程。由于生理的原因，儿童的发育须经历婴儿期、幼儿期、学前期、学龄期和学龄晚期等几个阶段。在这个过程中，他们身体的发育虽然很快，但始终不能摆脱对成年人的依赖，心理状态也远不够成熟。因此，在消费上，少年儿童同样要依赖于成年人。由于少年儿童处于个体消费的依赖期，这就决定了他们的市场心理的被动性。他们在购买现场往往缺乏主见，大都依照大人的意见行事；即使是购买自己的用品，也往往只知道要买什么而不太清楚为什么要买。

2. 模糊性

由于他们年幼，生活知识不多，缺乏商品知识和消费经验，不会挑选，因此在购物时总是捉摸不定、犹豫不决、左顾右盼，什么都喜欢又拿不定主意，这就是少年儿童市场心理的模糊性。上述两种市场心理会随年龄的增长而渐减。

3. 直观性

少年儿童在购买时不大注意商品的厂牌和商标，主要从对商品的直观印象进行比较选择。这种直观性市场心理要求企业在儿童用品的造型设计和外观包装的美化上狠下功夫。

4. 阶段性

由于身心发育的原因，学龄前儿童对消费品的需要，起初主要是生理需要和物质需要，只是随着年龄的增长，精神需要才逐渐发展和丰富起来。到了学龄期，少年儿童的消费行为开始发生变化，精神、文化和知识的需要逐渐发展并占据中心地位，少年儿童的消费重心逐渐从生理、物质的需要向精神、文化的需要转移，消费行为也开始从原来的全依赖型向半依赖型过渡。此时，由于学龄儿童学习、求知任务的不断加重，很自然地使他们对学习用品和文化、体育用品的需要增加，渐渐转变为精神、文化的需求与生理发育有关的物质需要并重。但是，学龄儿童的消费行为大半仍是依赖父母。到了学龄晚期，儿童已经步入少年期，随着身心的发展，他们的自我意识得到了发展，独立性意识也不断增强。这种情况反映在消费上，就表现为模仿性的减弱和自主性的增强。他们不仅能意识到个人的某些需要，而且往往愿意自己去购买所需要的东西，不愿让家长继续包办。即便是家庭的一些购买决策，他们也要积极发表意见。但是，由于心理发展水平和知识经验的限制，少年顾客选择商品的能力还比较弱，而且易为商品的外观所吸引，难以做出正确的购买决定。

三、少年儿童用品市场销售的心理策略

针对少年儿童的独特心理，应采取相应的策略，促使其实现购买行为。

1. 年龄段不同策略不同

乳婴期，主要由父母作为其消费品的购买者。企业对产品的设计构思、价格制定等，完全可以从年轻父母的消费心理和细心呵护婴儿的心理出发。

学龄期，少儿开始不同程度地参与父母为其购买商品的活动。企业既要考虑父母的要求，也要考虑儿童的愿望。玩具的外观要符合儿童的心理特点，价格要符合父母的要求，功能要符合父母提高儿童智力与能力的心理。对小件商品，尤其是小件玩具、文化用品、零食等的设计和销售方式完全可以根据儿童的心理要求确定，因为他们逐渐有能力去完成购买。较大件的商品，如服装、鞋帽，要更多地考虑父母的接受程度，因为父母是购买这类商品的决策者。但样式要适合儿童的心理特点，要让儿童喜欢，因为父母的愿望最终是让子女满意

快乐。

2. 商品的外观形象应生动感人

少年儿童这个年龄阶段的认识能力，以直观的、感觉的形象思维为主，更多地依据直观感觉判断商品的优劣。尤其是新产品，其外观形象对少年儿童有着决定性的引导作用。为此，无论有形还是无形的商品，在造型、色彩、环境营造等方面要特别注意，学习“洋快餐”的做法，满足少儿好奇、追求新鲜感的消费流行心态。

任务二　青年消费心理

学习目的

通过完成本任务，了解青年顾客的心理特点，树立起针对不同类型的顾客采取不同销售策略的意识。

从心理学角度来说，青年人是指年龄在 18 ~ 35 岁之间的人。此时步入成年，在心理上和行为上有其独特的特点，对商品的要求也很独特。

一、研究青年消费心理的重要性

青年消费的特殊重要性。青年是一个消费需求丰富且购买力巨大的消费群体。从消费需求来说，青年对消费品的需求相当广泛，从满足低层次的生理需要的产品，到满足较高层次的心理、精神和文化需要的产品，都是青年消费的对象。从消费能力来说，相对于少年儿童而言，青年人已成为独立的购买行为决策者，具备了独立购物的能力，开始了自主性消费。同时，在整个家庭消费中，青年的消费选择和决策所起的作用也越来越大，家长们也往往主动与他们商量，然后再做出购买决策。参加工作后，青年有了稳定的收入来源，再加上没有任何经济负担，这为青年进行自主消费、满足自身各种不同需求提供了重要的物质基础。青年消费是我国消费领域的重要组成部分，对企业制定有效的营销策略具有十分重要的意义，对消费市场的发展变化起着举足轻重的作用。

二、青年消费的心理特点

青年的商品需求与一般顾客有相同之处，又有其独特之处。这决定于青年的心理特征与行为的发展。同其他消费群体相比，青年具有鲜明的心理特征：

1. 追求新颖与时尚

青年人的一般心理特点是内心体验丰富，感觉敏锐，热情奔放，富于幻想，好奇心强，容易接受新事物，喜欢猎奇，反映在消费心理和消费行为方面，表现为追求新颖与时尚，追求美的享受，喜欢代表潮流和富于时代精神的商品。当今社会已步入高科技时代，青年人关注如何在崭新的时代空间中展现自我。因而，在消费市场上，青年常常是新产品的首批购买者和消费带头人。

2. 崇尚品牌与名牌

随着自我意识的发展和机能的成熟，青年人在群体活动中体现自身的地位与价值，追求仪表美、个性美，表现自我、展示自我的欲望日益强烈。反映在消费心理与消费行为方面，青年人特别注重商品的品牌与档次。在他们看来，名牌是信心的基石、高贵的象征、地位的介绍信、成功的通行证，追求名牌要的就是这种感觉。因而，青年人在购物时，虽然也要求产品性能好、价格要适中等，但对商品的品牌要求已越来越高。

3. 追求个性的张扬

青年人处于少年不成熟阶段向中年成熟阶段的过渡时期，自我意识明显增强。他们追求独立自主，力图在一举一动中突出自我，表现出自己独特的个性。这一心理特征表现在消费心理和消费行为方面，则是青年人消费倾向由不稳定性向稳定性过渡，对商品品质的要求提高，尤其要求商品有特色、上档次、有个性，而对那些一般化的商品不感兴趣。

4. 注重情感与直觉

青年人的情感丰富、强烈，同时又是不稳定的。他们虽然已有较强的思维能力、决策能力，但由于思想感情、志趣爱好等还不太稳定，波动性大，易受客观环境、社会信息的影响，容易冲动。反映在消费心理和消费行为方面，青年人的消费行为受情感和直觉的因素影响较大，他们较少综合考虑选择商品，而特别注重商品的外形、款式、颜色、牌子、商标，只要直觉告诉他们商品是好的，可以满足其个人需要，就会产生积极的情感，迅速做出购买决策，实施购买行为。对于商品的内在质量到底好不好，价格是否偏高，是否会很快过时，是否与原有的购买计划不符等问题，却很少考虑。尤其是当理智因素与感情因素发生矛盾时，总是更注重感情因素。总之，青年人购买活动中的情感色彩比较明显，而且其作用强度也比较大。

三、新婚青年的消费特点

结婚建立新家庭，是青年人生旅程的必经之路，是完善人格和建立诚挚人际关系的重要因素，大多数青年都在这一阶段完成人生中的重大转折。新婚青年的消费既有一般青年的消费特点，又有其特殊性，由此形成了新婚青年的消费心理特征。主要表现在以下几点：

（一）需求的种类多、数量大、费用高

新婚青年建立家庭，需要是多方面的，从购买新房这笔大花费到居室装饰、家具购置、锅碗瓢盆、穿铺垫盖直至婚礼筵席等等，数量多，费用高，配套齐。对是否新颖时尚、协调和谐、品质优良，都有很高要求，甚至专门的讲究。结婚是一生中的大事，他们几乎会倾其所有积蓄大肆操办，甚至寻求父母的支援或借债。新婚消费的市场大、利润厚，使商家趋之若鹜。比如房地产商专门推出的小套型“二人世界”公寓，到处开设的婚纱影楼，就是针对这部分市场。但同时也应看到，一些婚纱影楼即使收费高昂，每逢节假吉日总会门庭若市甚至排队等候，另一些则门可罗雀，其中与商家对顾客心理的把握和经营之道有很大关系。

（二）购买时间相对集中

新婚青年家庭用品，包括高档耐用消费品，大多在婚礼之前集中突击购买完毕。传统风俗习惯的影响，婚礼时间又相对集中，如春节、国庆节、元旦等吉日；需求急，时间要求紧，形成结婚用品的销售高峰。

（三）购买倾向追求新颖新潮，寓意美好，富有情感色彩

结婚，使青年人对生活充满希望、幻想，对未来有美好的憧憬，对商品的物质属性和精神属性有着较高的追求，不仅要求商品品质好、上档次，还希望商品的寓意美好。在这种心理支配之下，新婚家庭对其用品的选择购买，有了全新的内容。求新求美、注重档次、讲究品味、追求情趣成为其选购商品的主要标准，使购买活动充满强烈的情感色彩。这时对商品的实用要求已退居其次，而更看重其美好寓意。

任务三　老年消费心理

学习目的

通过完成本任务，了解老年顾客的心理特点，树立起针对不同类型的顾客采取不同销售策略的意识。

老年商品市场一般是指60岁以上的老年人所用的消费品市场。老年人生理与心理所具备的特征特殊性较强，研究老年消费心理，对于做好老年人商品销售，开拓老年商品市场，满足老年人对商品的需求非常重要。

一、研究老年消费心理的重要意义

我国已经步入老龄化社会，卫生和营养条件的改善使人均寿命得以延长。庞大的人口基数和一定的消费能力表明中国已形成一个潜力十分巨大的银发市场。

研究老年人的消费心理，开拓老年商品市场是解决好社会问题的重要方面。同时老年人又是一个很大的特殊消费群体，是一个大市场。开发好这个“银色富矿”，既有十分重要的社会意义，又有现实的经济意义。在我国的传统文化和价值观念中，老年人的地位高，受人尊重，尤其在子女心目中更受到重视。他们也需要子女和社会各方面给予必要的关心和照顾。随着生活水平的提高，老年生活越来越丰富多彩；老年人对自己的生活越来越讲究，要求越来越高，也越来越舍得花费。因此应积极开拓老年商品市场，在深度上和广度上不断地满足老年人日常生活各方面的需要，抓住经济增长的机会。

二、老年消费心理特点

1. 消费经验丰富，消费行为保守

在长期的消费活动中，老年顾客积累了十分丰富的消费经验，并且在各类商品的消费方面一般有稳定的消费兴趣和爱好，对于自己长期使用的商品十分熟悉，挑选商品的时候比较严格。他们大多相信老牌子、老字号，不易受各种新产品宣传的影响，对新产品、新字号不放心，购买上相对显得保守，对于不了解的商品不轻易采用，极少发生冲动性购买。这对推广新商品的市场营销工作造成了一定的难度。

2. 消费习惯稳定，消费行为固化

消费惯性是老年人心理发展特点的综合反映，他们在长期的消费生活中往往形成了比较稳定的态度倾向和习惯化的行为方式。老年人的消费，已形成一个消费需要的稳定序列，其消费需求内容更多地跟他们的生理、心理特点的变化相联系。他们购买商品时一般要求方便，易于选取和获得良好的服务。

3. 注重商品的适用性，要求价格合理质量可靠

老年顾客把商品的实用性作为购买商品的第一目的性。他们强调质量可靠、方便实用、价格合理、舒适安全。至于商品的品牌、款式、颜色、包装装潢，是放在第二位考虑的。我国现阶段的老年顾客经历过较长一段时间的并不富裕的生活，他们的生活一般都很节俭，价格便宜对于他们选择商品有一定的吸引力。但是，在人们生活水平的改善，收入水平的提高，以及我国已形成买方市场下的情况下，老年顾客在购买商品时也不是一味追求低价格，品质和实用性逐渐成为他们考虑的主要因素。老年人在购买活动中较理智、重实用，特别注意商品的功能和质量，大多喜欢自己仔细挑选，不喜欢晚辈代劳。

4. 补偿性

很多老年顾客有补偿性消费动机。在子女成人独立、经济负担减轻之后，一些老年顾客试图寻找机会补偿过去因条件限制而未能实现的消费欲望。如今的很多老年人，既乐于在食物、营养滋补和医疗保健上投资，以求健康长寿，同时也乐于在文化娱乐、知识、技术信息等方面投资，以丰富晚年生活，更好地为社会服务，所以在书刊、报纸、杂志、广播、电视等方面舍得花钱，消费需要在日益扩大。

任务四　性别对顾客消费心理的影响

学习目的

通过完成本任务，了解不同性别顾客的心理特点，树立起针对不同类型的顾客采取不同销售策略的意识。

按照性别不同，可把顾客分为男性消费群和女性消费群。男性和女性由于生理和生活需要的区别及其在社会中的地位、责任和义务的不同，导致了不同的性格和社会心理，表现在对商品和服务的要求以及购买行为上，都有明显的区别，这就是不同性别消费群的消费心理和购买行为。

一、消费上的性别差异

男女性别不同，生理特点不同，天然需求有别，结果必然导致消费行为和消费心理的差异。

（一）消费地位上的不同

在我国，成年妇女通常在家庭中充当主妇的角色，因此，在购置基本生活必需品方面，她们往往是主要决策者。但在购买高档、耐用消费品方面，成年男子则往往发挥主要的决策作用，而且在执行具体选购计划时，也是具体执行人，因为男性顾客在决策时一般比较果断，更有长远的眼光，所以较能获得女性的信赖。

（二）消费需要上的差异

性别导致的在消费需要方面的差异自婴幼儿期就开始表现出来了。例如，女婴有女婴所需的服装，男婴又有男婴所需的服装。随着生理上的发育和成长，男女之间的生理和心理差别就更加明显。女性有一系列女性专用的消费品，如女性化妆品等；男性也自有一系列男性消费品，如电动剃须刀之类。因此，男女顾客各有自己的消费品市场。

二、女性的消费心理特点

如前所述，家庭日常生活消费品的购买大多是由女性来承担的，至于女性专业商品，则基本上由女性自主购买。因此，我们考察女性的消费心理，也应该按女性购买内容的不同，分为一般生活用品的女性市场消费心理和女性专用品的女性市场消费心理两部分。

（一）一般生活用品的女性市场消费心理

在我国现在的家庭经济中，家庭主妇大都是当家人，因此，在购买家庭日常生活用品时，女性的市场心理首先表现出实惠心理。她们总希望“少花钱多办事”，并期望所购的商品能最大限度地满足家庭需要。由于传统文化的影响，我国的家庭主妇大都具有勤俭持家、精打细算、量入为出的美德，在目前中、低等收入家庭仍占大多数的环境下更是如此。这种实惠心理主要表现为：在权衡购买需要和购买动机时，以基本需要和实际需要为前提。在实施购买行为以前还要权衡利害得失，力求价廉物美，少花钱多办事。同时，一般女性在个性心理上比男子具有更强的情感特征，在购买上也表现出明显的情感心理。她们易受购物环境气氛、现场人际关系的影响。对新颖的造型、华美的包装、芳香的气味等容易产生喜好的情感。购物时还善于联想。最后，女性在购买现场还容易产生模仿性心理。女性容易受别人的影响而产生购买欲望，在实施购买时容易仿效别人。在日常生活中，女性总是留心观察别人及其子女的穿着打扮，注意别人的房间陈设，喜欢打听别人所购之物的性能、用途、质量、价格和使用和维修方法等。

（二）女性专用品的女性市场消费心理

女性专用品主要是指供女性消费的衣料、服装鞋帽、首饰、化妆品、卫生用品和药品等商品。女性专用品市场所经营的商品大多是“软性商品”和“包装商品”。所谓软性商品是指流行的装饰性的商品，如时装、鞋帽、装饰品等，其中尤以时装为最大量，这也是女性经常性支出数量最大的一项。所谓包装商品，主要包括化妆品、卫生用品和药品，尤以化妆品的比重为最大。

分析女性在购买女性专用品市场时所表现的心理状态，大致有以下几个心理特征：

1. 爱美心理

爱美之心人皆有之，而在女性身上表现得更为强烈。不论是青年女子还是中老年妇女，都愿意把自己打扮得漂亮一些。女性在为自己购买用品时，首先想到的是这种用品是否能保持自己原有的自然美，能否为自己增添时代美，而在具体挑选商品时比较侧重于外观造型美。

2. 时尚心理

赶时髦是一种社会现象，也是当代女性的一个明显的心理特征。时尚心理是爱美心理的一种具体表现。女性往往以时髦为美，但它又不同于一般的爱美心理，往往表现为追求先行和时新。在这类消费群体中，中青年女性较为普遍，尤其是青年女性，如在校大学生是其中显著的群体，从她们身上往往可以看出市场的流行趋势，她们喜欢标新立异，却往往忽略了商品的使用价值。

3. 炫耀心理

它是以购物来显示自己的某种超人之处的心理，是爱美心理的另一种表现，而且往往与爱美心理、时髦心理共存。当代女性，尤其是家庭收入较高的中青年女性，喜欢在生活中与人攀比，通常喜欢与处于同一层次、境况类似的人作横向比较，总想要拥有别人所拥有的和别人所没有的。表现在购买专用品时，女性都比较追求档次高的、价格贵的、质量好的或造型色彩奇特和与众不同的商品，以此显示自己经济条件的优越，地位的高贵，情趣的超俗、洒脱。这种心理特点在进入婚期的女性身上表现得尤其突出。

4. 自尊自重心理

女性敏感、自尊的心理素质在日常的消费活动中表现得尤为明显。她们往往以购买的内容和购买的标准来评价自己和别人。她们总是认为自己购买的商品最有价值，典型的表现是拿着刚买回来的商品让别人猜价钱，当别人猜的价钱高于她实际所花的钱时，则洋溢出得意的表情。

三、男性的消费心理特点

与女性相比，男性的消费心理特征则是购买动机较弱，购买决策速度快，自尊心强。

1. 购买动机较弱

与女性相比，我国男性的经济收入较高，但其中直接用于个人消费的部分却不见得高于女性。尤其是在经济文化较发达的城镇里，男性用于个人消费的平均购买力低于女性。

2. 注意商品品质和实用性

男性顾客购买商品多为理性购买，对商品性能和商品知识了解较多，注意商品的整体质量，只要整体质量可靠，个别地方的瑕疵不在意，注意商品的使用效果，不易受外界环境和他人的影响。

3. 选购决策速度快，购买行为果断迅速

与女性较多地从口传中获得信息不同，男性较多地从广告宣传中获得商品的信息。男性的购买动机一旦形成，购买行为就比较果断迅速。由于受传统文化的影响，男性在事业上比较有追求，因此，男性在对与知识、技能有关的发展类和自我表现类的消费品的需求方面比女性强烈。在现实的购买活动中，男性对商品功能的了解能力优于女性。因此，他们在高档消费品的选购方面成为直接或主要的承担者，而且市场心理大多是理智型的。

4. 在日常消费品市场上呈现盲目性

在购买日常生活用品时，一般的男性由于平时不太注意生活的细节，只在出现了某种实际需要时才临时想购买，有时甚至是奉命购买，而在选购时又不善于讨价还价，因此，男性在购买日常消费品的市场心理上又大多是盲目的。

【学习资源链接】

1. 精品视频讲座推荐：《顾客心理破解方法》。讲师：王翰骏，曾任职百事（中国）公司的市场总监、美国美林投资集团市场总监。具有十多年丰富的市场营销实战经验，是宝洁公司认证的资深市场研究主持人。曾对200多家企业进行过培训，在30家企业担任顾问工作，服务过的客户有爱普生、伊莱克斯、太阳神、江中集团、巨能集团、哈慈药业、西安杨森等。

2. 延伸阅读。

不同年龄段的顾客要不同对待

现在顾客的顾客需求和要求都是在不断变化的，顾客们的消费心理也都是大不相同的，尤其是对于不同年龄段的顾客来说，其相互之间的消费习惯、消费理念、所需要的服务都是有着天壤之别的。因此，对于不同年龄段的顾客，经营者或者是销售人员就要不同对待，具体见表6－1。

表6－1　不同年龄段顾客的引导方法

不同年龄段	心理特点	引导方法
少年儿童	喜欢和成年人比拟、趋于稳定的购买意识、从众心理开始形成、个性化消费心理不断发展。	恰当地运用商品的定价方法、充分发挥商品直观形象的作用、适当注意商品质量。
青年	追求时尚与新颖、追求科学与实用、追求自我成熟和消费个性的表现、冲动性多于计划性。	利用青年购买的群体性、利用青年购物的快捷性、利用青年购物的时尚性。
中年	中年人是家庭消费的主要决策者；希望以稳重、自尊和富有涵养的风度有别于青年人；情绪不易受外界影响。购买时有理性、有计划、有主见、有求同性。	要真诚，要认真地亲切地与之交谈，对他的家庭、事业说一些佩服的话，要说得实在，他们会乐于倾听，从而信任你及你的产品，不要施压和紧逼。
老年	具有较强的习惯性购买心理，求方便、安全、服务。老年人心理比较敏感。	提供耐心周到、细致入微的良好服务，提供舒适、方便的购物环境。

训练与思考

训练思考一：

班级内部分组，针对不同大类的日常消费品设计研究内容，选择一些商场或超市，对不同年龄和性别的顾客进行观察。观察结束后小组内讨论总结，写出调研报告。

训练思考二：

案例讨论：

“天美时”手表成功之道

美国天美时钟表公司在第二次世界大战前还是一个不大起眼的公司，在美国的市场上还没有什么大作为。此时，公司极力想在美国市场上撕开一条口子，大干一番。当时，著名的钟表公司几乎都是以生产名贵手表为目标，广告宣传和推销活动都集中在礼品购买季节（如学校举行毕业典礼及圣诞节等）进行，而且主要通过大百货商店、珠宝商店推销。那时，手表的购买者也确实是把它作为礼物，追求象征性或感情性的价值，毕竟那是高档的消费。

公司通过市场营销研究发现，实际上市场可进行划分，他把市场上的购买者分为三大类：第一类，此类的顾客希望能以尽量低的价格购买能计时的手表，他们追求的是低价位的实用品，这类顾客占23%。第二类，此类顾客希望以较高的价格购买计时更准、更耐用或式样好的手表，他们既重实用，又重美观，这类顾客占46%。第三类，此类顾客想买名贵的手表，主要是把它作为礼物，他们占整个市场的31%。

公司发现，以往的手表生产者远远没有满足市场的需求，他们提供的产品仅是以第三类顾客为对象的。通过这样一个细分，天美时钟表公司高兴地意识到，一个潜在的充满商机的大市场即在眼前。公司根据第一、第二类顾客的需要，适当安排市场营销组合，制造了一种叫作“天美时”的物美价廉的手表，一年内保修；而且利用新的销售渠道，广泛通过商店、超级市场、廉价商店、药房等各种类型的零售商店，大力推销，结果很快提高了市场占有率，成为当时世界上最大的钟表公司之一。

（资料来源：吕玲．营销心理学［M］．武汉：武汉理工大学出版社，2008．）

思考题：

1. 天美时钟表公司根据什么标准进行市场细分？
2. 你认为天美时钟表公司可否同时占据第一、第二、第三类顾客市场？为什么？

项目七

门店环境与服务心理

案例导入

肯德基在中国大陆的选点投资

1986年9月，肯德基家乡鸡公司开始考虑如何打入人口最多的中国大陆市场，发掘这个市场中所蕴含的巨大潜力。但是许多难题困扰着决策者们：中国大陆市场是完全陌生的，肯德基纯西方的风味能否为中国大陆顾客所接受？投资地点具有很大的不确定性，首选何处才容易成功？

托尼·王作为肯德基东南亚地区副总经理，承担了拓展中国大陆市场的重任。他在先前与天津合资创办的“兰花食品”餐馆获得过很大的成功。但他知道，在肯德基旗帜下做买卖，要求中国雇员在工作态度方面有根本性的转变，建立大陆第一个西方风味快餐店将是一个极大的风险，这次冒险完全有可能失败。

在情况不明朗的时候，托尼·王决定对中国大陆市场进行全面彻底的调查。首先面临的问题是：第一家肯德基店址应选在何处？这一决策对今后的赢利，对在中国大陆其他地区的进一步开拓以及对投入管理资源时的决心，都将产生戏剧性的影响。

托尼·王首先想到了天津。他与天津市政府已经建立了非常友好的关系，天津又是直辖市。但是，天津的弱点是：缺乏供应方便的谷物饲养的肉鸡。在地理位置上，天津通常被视作北京的门户，不具备这项宏伟计划所需的形象和影响力，西方旅游者一般不经常光顾该城市。

那么上海呢？上海是中国最大的城市，有1100多万居民、9000多家工厂和中国最繁忙的港口，是中国最繁荣的商业中心，工业总产值占全国的11%，外贸出口占17%。上海与西方的交往有着悠久的历史，西方的商业与文化对上海有着浓重的影响，上海也容易获得合乎质量的充足的肉鸡供应。但是，上海的噪音和污染令旅游者感到沮丧，西方商人会不会被肯德基家乡鸡所吸引，经常光顾肯德基呢？这也是一个未知数。上海的实际人口虽然重要，但这比潜在顾客群的大小要次要一些。

广州是可供选择的另一方案。它是西方商人经常光顾的地方，也是旅游者从香港出发进行一日游的好地方，在广州开业很容易得到肯德基香港办公室提供的服务。广州作为沿海开放城市，那里的人们熟悉西方管理惯例和西方文化，找到一个充分供应肉鸡的来源也没有什么大的困难。但是广州不是直辖市，这意味着在此投资与政府打交道时要增加一个层次。

北京是中国的首都。900万居民的人口数仅次于上海，自13世纪以来，一直是中国的政治文化中心。北京外来人口众多，有潜在的顾客群。北京还是中国的教育中心，是高等学府的聚集地。北京是那些向往故宫、长城、十三陵的西方旅游者必到之地。从北京搞起，无疑将更大地吸引人们的注意力，并且不言而喻地表明当权人的赞同态度，这将有助于今后向其他城市的进一步发展。北京城郊也有好几家家禽饲养基地。然而，从政治和经营方面来说，选择北京可能比选择其他城市更具有冒险性，因为一个成功的惹人注目的买卖会增加政府干预的可能性。

托尼·王认为，如果第一家地点选择得当，可能使打入中国市场的风险程度大大减缓。他也深知风险的程度，已经有不少人在类似的冒险中失败了。肯德基在国际市场上的历史是胜败参半。1975年肯德基在国内外分店业务的成绩曾严重下降。

由于没有一个本地同行作参考，是找不到任何可靠的决定市场意求和定价依据的市场信息，选择投资地点的决策更加复杂化。在对逐个城市进行考察评价的基础上，投资地点的决策主要放在追求今后能够对公司打入范围更大的中国大陆市场提供最大的长期影响力上。

（资料来源：刘树，马英．营销心理学［M］．北京：电子工业出版社，2011.）

问题引出： 不同的首选投资地点对于肯德基来说会产生哪些影响？你认为肯德基应首选哪个城市？理由何在？

任务一　门店外部环境对顾客心理的影响

学习目的

通过完成本任务，了解门店的地理位置和选址对顾客消费心理有哪些影响，了解门店的外观设计对顾客心理会产生哪些影响；树立起销售人员深入了解和分析自身所在门店外部购物环境的意识。

一、门店选址的要求

商店是顾客购买商品及劳务的主要场所。即使在网络科技高速发展的今天，销售方式已趋向多元化，直销、邮购、电话订货、电视购物等无店铺销售形式方兴未艾，但商店因其具有品种繁多、现场选择、综合服务、功能齐全、能满足顾客多方面需要等独特魅力，使得商店销售在营销过程中仍占据着重要的地位，成为顾客选购商品的首要渠道。相应地，购物环境对顾客行为的影响也主要体现在商店环境的影响作用上，“一步差三市”就是这个道理。

门店选址包含两重意义：宏观选址与微观选址。宏观选址是指对某个国家、地区及城市的选择，微观选址则是具体到某个街区、某个具体位置的选择。商店经营的成败很大程度上取决于店址的选择，而零售业更有“选址的产业”之称。国外有一种观点：零售业成功的关键是“Place—Place—Place”（选址、选址、还是选址）。

在营销过程中，我们会发现，同样的商品，人们为什么要在这家商店购买而不到另一家商店购买，这不仅仅涉及顾客购买行为的动机问题，同时也涉及商店能满足人们的哪些需要以及能给人们带来哪些利益的问题。现实中，顾客逛商店除了买东西以外，更有着其他的心理需求，如将逛商店视为一种改变日常单调生活方式的娱乐活动，一种了解时尚、跟上潮流的方式，一种与他人建立良好关系的社交活动，或者是一种展示自己经济地位或表现自己的鉴赏能力、讨价还价能力的展示自我的方式。这些因素都影响着顾客对商店的选择，所以商店的类型与其所处的地理位置在商店选址中意义重大。

（一）商店周围的环境对顾客的心理影响

建筑物周围的环境，主要影响顾客对该购物环境的辨认，也可能影响顾客购物的方便程度。商店周围的环境主要包括周围的商业建筑群、交通状况等。

商业建筑群能够相互影响，相互作用，产生一种规模效应。当顾客在一处购物环境购买商品时，他们可能同时在附近的商业场所浏览、观光，并可能产生购买行为。这样的购买行为就属于建筑群体产生的规模效应，即马太效应。马太效应是大型营业环境规划设计的重要参考因素，马太效应能够带动周边地区的经济活动，在一定意义上讲，也方便了顾客购物，降低了一些顾客每次购物或消费的“成本”。

交通条件无疑是影响顾客行为的重要因素，交通条件越方便，顾客购买商品的困难越少；交通条件越差，顾客购买商品的难度越大，比如购买商品之后的运输问题、顾客由居住地到营业环境时的困难等，都受交通条件的影响。如果营业环境不能帮助顾客解决这些困难，顾客自身主动克服这些困难的可能性比较小。

少数顾客拥有自己的交通工具，他们只需要营业单位提供交通工具存放的场地。然而这在商业密集的大城市、商场密集的黄金地带确实是一个令人头痛的问题，要找一个停车位显得异常困难。我国快速的经济增长没有为这些顾客准备足够的服务空间，这个问题在未来十几年内会一直困扰经营单位与自有交通工具的顾客。

（二）商店建筑特色对顾客的心理影响

顾客进入购物环境的时候，一般会首先注意建筑物的特点，那些风格独特、造型优美的商店，会强烈地刺激顾客感官，引起顾客兴趣，给人们以较深刻的印象。所以，国外一些大城市里，经常能见到别出心裁的小型售货亭，有的外形像一个可口可乐的小桶，有的外形像一个牛奶瓶。法国有一家水果商店，整个外形是一个剥开了的十分诱人的巨大的橘子，剥开的开口处是商店的门，顾客好像走进橘子里去一样。这样的造型，对顾客的吸引力可想而知。

（三）商店类型及所处地理位置对顾客的心理影响

现代商店类型繁多，按经营规模划分，可分为大型、中型、小型商店；按经营商品的种类划分，可分为综合商店、专业商店；按经营方式划分，可分为百货商店、超级市场、连锁商店、货仓式商店、便利商店；按经营商品及购物环境的档次划分，可分为高档精品店、中低档大众商店等。不同类型的商店，由于经营特色的差异，对顾客的心理影响也不同。顾客往往在购买活动开始之前，根据自身的消费需要和购买习惯对商店类型进行选择，将适应和满足需要程度最高的作为实施购买的场所。各种类型的商店在空间上处于特定的地理位置，并与相邻位置的商店相互影响。一般来说，处于全市性商业网点群、交通便利、周围附有各种娱乐餐饮场所的、对顾客吸引力较大尤其是位于繁华商业中心的商店，可以借助其显著的地理位置、浓厚的商业气氛和完备的综合服务功能，提高商店的地位和知名度，吸引更多的顾客光顾，同时也有利于激发顾客求名、求全的购买动机，从而进一步激发其对商品的连带式购买；位于区域性商业网点和居民小区的商业网点群的商店，地理位置与所在区域顾客十分接近，经营类型以小型、大众化为主，经营的商品以日常生活用品为主，因为随着人们生活水平的提高，人们求方便的心理高于求廉的心理，绝大部分的日用品以就近购买为主。

二、门店外观设计对顾客心理的影响

商场的外观包括商场建筑物、商店门面和出入口等商场的外部形象，也是能否引起顾客良好心理反应的重要因素。

（一）建筑结构设计心理

建筑是一种艺术，是物质和精神的统一。商场建筑不仅具有形态功能，也具有心理功能。从形态功能来讲，它应满足作为购物场所的空间需要；从心理功能来讲，它应能给人以形式美感，产生美的愉悦，由此吸引更多的顾客，造成良好的购物情绪氛围。

现代商场建筑结构有向高大、挺拔、宽敞方向发展的趋势，可以满足人们的舒适感。与此同时需要注意的是，进入商场主营业厅的阶梯不能多，以免因爬楼梯而产生不便之感。有些商场在设计中为突出建筑物的气势，把主营业厅安排在二楼，并在街面与主营业厅之间高高的阶梯旁安装自动上下的电梯，方便了顾客进入商场。商场建筑也不一定都追求高大，总体上建筑形式要服务于经营内容，应与主销商品的品种与营销氛围相协调。

（二）门面设计心理

顾客对商店的认识，除了广告宣传、传统声誉外，更经常地是从商店的外观开始的。人们对商店的一般心理反应通常是：一个商店的门面装饰得高雅华丽，其销售的商品也一定很高档优质；如果商店外观简陋陈旧，其销售的商品档次就很可能是低下或过时的，质量难保。所以，良好的外观形象、和谐的外在氛围，能引起顾客进店浏览、购物的欲望，而那些过于简陋或过于豪华、搭配不协调的商店门面装饰，本身就是拒绝顾客的心理屏障。

门面的外观形象可以体现商店的风格，这些风格的不同，使顾客产生不同的心理感受；而门面设计不仅要满足顾客的心理需求，更要注重与周围自然环境协调，充分满足顾客在购买过程中的多层次的消费需求。如我国长江以北地区，冬季寒冷且漫长，因此，在门面设计的总体方案中，就要充分考虑到防寒、防风；而长江以南地区，夏季漫长且炎热多雨，门面设计的总体方案就要强调场所的宽大及有避雨遮阳的过道，所以开放式门面设计较多。这样既方便了购物通行，又有利于通风和过往行人停留短憩。

门面装饰分外观形象和门面设计两大部分。所谓外观形象主要通过商店门面的建筑和装饰风格表现出来，从商业的建筑风格来说，可分为现代风格门面和传统风格门面两大类。现代风格门面给人以时代的气息和现代化的心理感受，尤其是大型百货商场和超市采用现代化的建筑风格。这对于顾客购物具有很强的刺激作用，不仅迎合了人们追求时尚的心理，更满足了人们休闲娱乐的多方位的心理需求。而传统风格门面则给人们以古朴殷实、传统丰厚的心理感受，所以，经营中国传统商品的专卖店，或者反映人文古迹、民族风情的旅游景点的特种商店，采用传统风格的设计就比采用现代化风格的设计要好。也就是说，外观风格与内部经营商品门类的格调要基本一致，与顾客的心理趋向和心理习惯要基本一致。

门面形式的设计在商店门面装饰中也起着举足轻重的作用。根据商店所经营的商品和类型以及所处的地理环境的不同，门面形式主要有封闭式门面、半封闭式门面、全开放式门面和特色门面。

1. 封闭式门面

封闭式门面主要适用于经营贵重、精细商品的商店，如珠宝玉器、金银饰品、钟表眼镜、医疗药品等专业经营类的商店。这类商店的顾客通常情况下进出不会太多，因此装潢华贵的店门不仅不会给顾客以狭窄的感觉，反而起到装饰的作用，而且还会给人以庄重、华贵、安全的心理感受。这类门面形式也适用于咖啡屋、网吧等要求环境幽静、文雅的商店。

2. 半封闭式门面

半封闭式门面适用于经营日用品或其他生活用品的商场或大型零售商店。这种类型的设计可以给人以笑迎八方来宾的气势。设计中关键要突出一个“大”字，如大店门、大招牌、大霓虹灯。大店门不仅适应商场客流量大的需要，更给顾客以宽敞明亮的感觉；大招牌有利于吸引更多的过往顾客，显示出广告的作用；大霓虹灯有利于夜间招徕顾客，起到宣传和渲染气氛的作用。半封闭式的门面形式一般只适用于大中型商场及各类超级市场。

3. 全开放式门面

全开放式门面主要适用于农贸市场、副食品市场、各类交易市场等商店，因为经常购买、反复购买而形成的习惯性购买行为，对店面的装饰已无过多的要求，而且在这些场合消费的顾客，不论收入高的还是收入低的顾客，他们求廉的实用心理最为突出，只对商品的价格和使用价值感兴趣。因此，这类商店只要有醒目的大字招牌和整洁有序的环境即可。

4. 特色门面

所谓特色门面，主要指商品特色和经营特色。光顾这类商店的顾客其目的是非常明确的，观光和浏览者较少。所以，门面形式上要突出商品特色和经营特色，给顾客以一目了然的感受，且店门不宜过大，设计上要突出新、奇、特，给人清新、超凡脱俗的感觉。

任务二　门店内部环境对顾客心理的影响

学习目的

通过完成本任务，了解门店的招牌、橱窗设计、内部设计、内部陈设等对顾客消费心理有哪些影响；树立起销售人员深入了解和分析自身所在门店内部购物环境的意识。

一、门店招牌命名与顾客心理

招牌作为商场的牌号、商场名称的艺术制作，是顾客寻找和识别商家的标记。顾客在商业区行进，首先浏览到的是各式各样的招牌。商业街相互连接，各具风格的招牌构成了浓郁的商业氛围和丰富多彩的街景装饰。

商场名称常可分为两部分：前半部分为特殊标志，用以与同种业态、同类商场相区别；后半部分为一般标志，用以表明主营商品属性或种类。如“华联超市”，“华联”为特殊标志，“超市”为业态。前半部分用词是商场命名心理应着重加以研究的，但必须在意境上与后半部分协调一致。

（一）以商店主营商品命名，满足顾客求便心理

这种命名方式，通常能从招牌上直接反映出商店经营商品的类别，例如，“光明眼镜店”、“亨得利钟表店”、“红绣服装店”等等。这种命名很直观，使顾客一目了然，可以直接根据招牌名称做出购买商品和购买地点的选择。这样的招牌具有引导顾客购买的作用，可以满足顾客求速、求便的心理。

（二）自然朴实，满足顾客大众化心理

众多商家为商场起一些大众化的名称，比如“为民超市”、“为民百货”、“大众饭店”。这类名称直截了当地将商家的服务宗旨向人们作自我展示，自然而又朴实，能起到贴近顾客的心理作用，顾客顾名思义地会认为这是面向大众消费的商店。大众化名称的不足之处是重复度比较高，难以形成深刻印象。

（三）以名人、名牌商标或显示高贵的词语命名，满足顾客求名、求奢心理

追求高级、华贵、高雅是某些顾客特有的心理倾向，随着顾客收入水平的提高，现代顾客不仅追求“名牌商品”，也追求“名牌商店”。专营珠宝首饰的“戴梦得”在华贵中透出高雅；“荣宝斋”的店名与所售的名人字画在文雅的气氛中显得极为和谐。能引起顾客上述感觉的招牌，会激发顾客自我表现的购买动机，对求名、求奢心理强烈的顾客具有极大的吸引力。

（四）以新颖、奇特的表现方式命名，引起顾客的好奇心理

商场名称忌千篇一律、千人一面。要使人牢记，想创造品牌，起一个富有特色、与众不

同的店名是必要的，它可以引起人们的注意，激发人们的兴趣。比如“傣家村大酒家”、“红房子西菜馆”、“小绍兴酒家”，名称给人以明显与众不同的感觉，喜新喜特的人们不免会产生兴趣和联想。不过形式与内容要保持一致，不能只是在名称上做文章，一定要真有特色，防止给人以故弄玄虚之感。

（五）以寓意美好的词语和事物命名，迎合顾客的喜庆吉祥心理

追求喜庆吉祥是各民族顾客受其民族文化传统影响，长期形成的一种重要的心理需求，以寓意美好的词语、数字或事物命名，可给顾客以吉祥如意的心理感受，增添一份对商店的好感。例如，“家乐福”超市的含义是家庭幸福快乐；“康宁药房”，给患者一种药到病除的祥兆；“全聚德”饭店的名称，给人以亲切温暖的感觉，使前往聚餐的亲朋好友倍感温馨，增加欢乐的气氛；“圆缘园茶坊”的特殊标志由三个同音字组成，既有趣味，又充满情感，新老朋友在这里而相聚品茗，会平添三分情趣。

二、橱窗设计与顾客心理

橱窗是商店的眼睛，是商店内商品“精英”的荟萃和演示台，是商店向外界宣传自身形象的重要阵地。橱窗是商店门面的重要组成部分，它的直接用途是展示、宣传商品，向顾客传递消费信息。从某种意义上说，橱窗也是广告媒体的一种表现形式。橱窗以商品为主体，通过布景、道具和装饰画面等背景衬托，再辅以色彩、灯光和文字解说等，不仅形象、直观地向顾客介绍、展示了商品，而且类化了商业环境。因为一个构思新颖、主题鲜明、风格独特、造型美观、富于想象的商品橱窗，本身就是一件街头艺术品，不但与商店建筑和内外环境构成意境生动的主体画面，更是给顾客以强烈的视觉冲击和审美享受。橱窗不仅使顾客了解到消费信息，更对顾客的消费行为起到了指导和示范作用。

（一）选择适当的橱窗形式，迎合顾客的心理需要

顾客观赏、了解和评价橱窗陈列的商品，其根本目的是为选购商品收集信息，以便最后做出购买决定。因此，橱窗设计首先要充分显示和突出商品的优良品质和个性特征，以吸引顾客的注意，激发顾客的兴趣，达成购买欲望，增强顾客的信心，并付诸购买行动。

橱窗按建筑结构分可分为独立橱窗、半透明橱窗和透明橱窗。

1. 独立橱窗

独立橱窗指只有一面透明，其他侧面均呈封闭状态的橱窗。这种橱窗通常都与商店内部的售货现场隔离，在商店外观中也自成体系，保持相对的独立。独立橱窗有利于设计者充分展示商品，突出宣传效果，有利于吸引顾客的注意力。

2. 半透明橱窗

半透明橱窗指除正面外，侧面或背面也部分透明的橱窗。半透明橱窗运用得当，可与内部售货场所连为一体，有利于引起人们的好奇心理。但容易分散顾客对橱窗本身的注意力。

3. 透明橱窗

透明橱窗通常与商店内部连为一体，可以使顾客直接看到售货现场，有强烈的现场感，同时可以使顾客获得对商店外观和内部状况的整体感受。不利的因素是，由于里外透视，顾客的视线容易分散，不易突出商品本身。

橱窗按商品陈列方式可分为特写橱窗、分类橱窗和综合橱窗。

1. 特写橱窗

特写橱窗指只陈列某一种商品，或者虽有其他商品，但都处于从属地位，陈列其他商品的目的是为了烘托主要商品。这类橱窗通常用来介绍新产品，或是准备推销的、具有特色的、可能流行的商品。特色橱窗可以充分发挥设计者的艺术才能，突出商品的特点，给顾客留下深刻的印象。

2. 分类橱窗

分类橱窗指把用途相近或有连带性的商品摆放在一起陈列。如家用电器、体育用品、床上用品等。这类橱窗容易引起顾客的联想，激发其潜在的购买欲望。

3. 综合橱窗

综合橱窗陈列的商品繁多，彼此很难有艺术联系，因而主次不分，任何一种商品都不突出，整体上也难以给顾客以感染力，不易吸引顾客。

（二）注重橱窗设计的艺术手法，激发顾客多方面的心理反应与感受

橱窗的设计者应灵活运用样品、视线、层次、色调、摆放位置、灯光、道具等手段，力求使橱窗主题鲜明、构思巧妙、富于艺术感染力，从而激发顾客全方位的心理反应，产生良好的心理感受。橱窗设计的艺术手法表现为：

1. 要注意精选陈列的商品数量及商品的品种

商品是橱窗陈列的主体，但不是对商品的随意堆砌罗列，通常情况下，应尽量少用商品作衬托。橱窗应该陈列流行性的商品、新上市的商品、反映经营特色的商品、适时应季的商品、引导消费的商品、构造独特的商品、配套连销的商品和试销商品等，也就是说，应突出一个商店的重点商品。如丝绸商店的锦缎橱窗、鞋店的儿童皮鞋橱窗等。突出这些重点商品可以使来往的行人，一眼就能看见这个商店最有特色的商品，引起顾客进店购买的兴趣。当然，突出重点也要体现在和谐之中，重点商品应该放在最主要的位置上，称为辐线的中心，并且配以较高档的陪衬物，同时重点商品的下边最好加以简短的文字说明，包括这些商品的性能与特点等，以求给顾客真实感和信任感，达到留住顾客脚步的效果。

2. 要注意商品展示的形式、摆布位置及视觉效果

橱窗陈列应把所宣传的商品摆放在突出、显眼的中心位置，然后围绕这一中心，对其他陪衬进行布置、点缀，从而加大主题与背景的对比度，使商品更加醒目集中，同时从顾客的审美心理出发，通过具有创意的艺术构思，运用各种艺术处理手段，把各种商品生动巧妙、鲜明和谐地组合摆放在一起，使之各具形态，从而塑造出具有强烈艺术感染力的橱窗整体形象，迅速引起顾客的注意，使顾客在美的艺术享受中，加深对陈列内容的视觉印象。另外，在摆放位置和角度上要注意适合顾客的视线，一般以置于顾客的直视水平上为宜，过度的仰视或俯视，都会造成顾客观察商品的不便，产生不舒服的感觉，特别是那些精细的商品，在此方面尤其重要。

3. 要注意季节性及节日的消费需要和消费习惯的变换

把握季节性及节日的消费需要和消费习惯的变换，从而适时地变换商品和设计，使橱窗陈列始终跟上消费的潮流和节奏。并随着节日的不同，相应地调整橱窗的灯饰及点缀物品的更换和选用，以产生一种特有的节日气氛，进而吸引顾客的注意力和刺激其购买欲望。以色彩为例，春夏季以冷色调为主，秋冬季则采用暖色调为宜，同时注意做到上浅下深、搭配协调、浓淡相宜，使顾客得到美好愉悦的情绪感受。

4. 充分利用景物渲染陈列的商品

所谓景物渲染主要指运用借景抒情的手法，对陈列内容进行间接的描绘和渲染，把商品陈列与环境装饰有机地结合起来，产生寓意含蓄的意境，使橱窗陈列具有耐人寻味的形象特征，产生另外一种美，也就是人们常说的“雾里看花”、“月下观景”的美。这是因为，当人们的生理感官无法得到客观世界真实而完整的形象时，人们可以凭借自己的想象去获得它。使用记忆的复现与组合，创造出一个与真实的形象相类似的假象，在审美的联想中，获得美的享受，这就是人们常说的朦胧美。人们对于清晰美和朦胧美的心理要求，都是橱窗设计者应当认真考虑的因素。有时朦胧美更能令顾客产生美好的联想，在潜移默化中影响顾客，从而达到引发顾客购买欲望的促销目的。实现景物渲染主要从以下两方面入手：

（1）着眼橱窗的背景布置。根据商品的名称、性能、产地、原料、用途以及使用对象和使用时节等相关内容，挖掘其内在的联系，抓住最能描绘、渲染商品的某个方面，运用一些象形道具，以某一环境、情节、人物的形态，进行丰富的想象，唤起顾客的种种联想，使其产生心理上的共鸣，创造出诱人的意境。此外，在橱窗设计布置过程中，恰当地运用简洁明快的文字说明，使主题鲜明突出，也可以起到画龙点睛的作用。

（2）着眼橱窗的周围环境。橱窗制作时应巧妙借用周围的景物，采用实景结合虚景的手段，相互映衬而取得“画中有诗，诗中有画”的效果，使橱窗陈列的背景画面不仅远近对比更加突出，而且实景实物与远景构成的画面更有层次感，给行人留下深刻的印象。橱窗布置的借景，还可以采用有一定仰角的大镜子反射出对面高处的景物，把对面的景物引入画面，使背景画面变化更加丰富。

三、门店内部设计与顾客心理

内部环境是指商店内部建筑、设施、店面摆放、商品陈列、装饰风格、色彩、照明、音响、空气等要素的综合体现。商店内部环境的设计和安排，是企业内部管理水平和营销活动适应程度的直接反映。顾客对商店环境的评价，也表现在内部环境上。

如果说好的商店外观设计能吸引顾客驻足观望，那么好的商店内部环境设计，则可使顾客流连忘返。就顾客心理而言，内部环境在整体购物环境中起着主导的支配性作用。

（一）店堂布局的原则及心理功能

商店店堂的合理布局，不仅有利于提高商店有效面积的使用率，更重要的是为顾客提供了舒适的购物环境，使顾客获得购物之外精神上和心理上的某种满足。因此，店堂布局的原则应是总体均衡，突出特色，和谐舒适，方便购买，适时调整。

1. 布局结构与交易方式的协调一致

商店的布局是以商店建筑结构为基础的合理使用，即售货场所和非售货场所、通道、固定设备、陈列货架之间的相互关系，以及与建筑结构关系的妥善安排。这种妥善安排（布局）的基础是商场所采取的交易方式。交易方式主要有敞开式售货、封闭式售货和两者结合的混合式售货。

不同的售货形式要与布局结构相协调，交易方式与店堂布局的合理结合是形成店内良好购物环境的基础。当顾客进入商店购物时，如果交易方式与商场布局不协调，会感到购物的不便，从而产生反感情绪。

2. 突出经营特色与全方位服务的协调

突出自己的经营特色与注重对顾客全方位服务，是商店经营成功的法宝。尤其是综合商店，由于自身经营的商品品种、类别、款式繁多，且同类商场所经营的商品品种大多雷同，这样就很难从商品的角度形成区别于其他商场的特色。因此，综合性商场必须在对顾客群体细分后，以全方位服务为基础，通过对商品档次和服务特色的定位，形成自己的装饰布局特色和经营特色。以风靡全球的“麦当劳”为例，其成功就在于为顾客提供全方位服务的同时，特别突出“洁净”二字，麦当劳的口号是“与其背靠墙休息，不如起身去打扫”。所以，进入麦当劳的顾客都会有一种清新、整洁的感觉，不会为饮食卫生感到烦恼。同时，麦当劳使用的红黄色调也成为企业特有的装饰，圆形的字母“M”成为企业的专用标志和装饰物。

3. 方便与舒适购买的协调一致

店堂布局的核心是实现促销。随着生活节奏的加快，人们对时间的价值认识越来越高。因此，店堂布局必须考虑到：如何使顾客能尽快买到所需要的商品，提高购买效率；如何使顾客把商业购买行为变为集购物、休闲、娱乐、社交为一体的综合活动。

4. 时尚高雅与大众化的协调搭配

顾客的个性心理倾向及经济状况，导致不同的心理需求，也为店堂布局提出了多层次的要求。单调简陋的布局会失去一部分高收入的顾客，而过于豪华的店堂装饰，同样会给顾客造成心理压力，从而“吓”走大多数普通顾客。20 世纪 80 年代初，上海有一家商场的失败就验证了这个观点。那家商场的装饰极为超前，整个店铺门面装饰都是用当时极难买到的茶色玻璃，配上硕大的电镀门把手，显得富丽堂皇，更令人瞠目的是，营业时头带“普鲁士”帽、身着米黄色镶边全红色制服的两名服务员为进店顾客开门服务。经营者以为这一定能吸引大批的顾客。事与愿违，这独一无二的超前举措，引来的只是大批观众，而个别想进店者，在众目睽睽之下也就裹足不前了。

可见，高雅和大众化必须相协调。尽管追求时尚与高雅是商店装饰的基本要求，但应与当时、当地顾客可以接受的“阈限”相符。装饰布局的高雅与否，不仅仅反映在“物质”内容上，而更应突出生活情趣和文化品位，从而达到雅俗共赏的理想境界。

5. 购买安全与销售安全的统一

购买安全，从商店布局的角度来说，主要指顾客在购买过程中与布局相关的安全问题。我国和国际上都有过商店在营业中发生楼体坍塌和大面积失火，造成严重人员伤亡的惨痛教训。除建筑方面的原因外，不能否认在很大程度上与布局的不合理有关。另外就是顾客在商场购物过程中的钱财安全问题。绝大多数偷窃发生在试衣间、视线不佳的地方或临时堆放商品而显得拥挤的通道以及比较高的陈列货架的背后。所以，商品陈列设备应当不高于视线水平，使商店雇员能越过货架顶部看到另一条通道；在光线较暗淡的地方适当设置管理人员办公室等，这样给顾客一个安全的购物环境，对顾客的购买行为产生不可低估的作用。因为凡是安全方面声誉较差的商场，顾客的疑虑和不安心理也会相应增加。

（二）营业场所设计的心理分析

现代营销理念认为，营业场所的规划布局好坏是能否获得比较好的经营效果的关键之一。因此，营业场所设计在营销活动中受到了普遍的重视。总体上说，营业场所的设计主要包括使用面积的合理分配，店面摆放方式的选择，楼梯、楼道、走道的布局和使用等。通常情况下营业场所的设计并没有固定的模式，而是商店根据各自的规模、类型、建筑风格及经营特色，结合商场现有条件，在最大限度地使营业场所布局符合大多数顾客的一般购物心理的基础上独立进行设计的。完全一致的设计是不存在的，而且随着社会经济的发展及物质技术手段的提高，营业场所的设计水平也会不断提高。

1. 营业场所设计的基本原则

（1）休闲和自然相结合的原则。随着以人为本的理念在社会中的广泛传播，现代人崇尚自然、回归自然的消费观念日渐风行，尤其是在人口密集的大中城市，这种观念更是深入人心。顾客已不再仅仅是物质生活的奔走者，人们希望提高生活的情趣，希望有更广阔的消费空间。因此，将大型零售商场或购物中心的现场，布局成以突出休闲或自然美为基调的购物环境，以迎合现代城市人因远离自然和高节奏生活带来的对大自然的憧憬心理。目前，越来越多的大型零售商场的营业场所采用了公园式布局，即使用自然色和生态布置，创造一种富有自然气息的田园般的意境。如在商场中央开辟小型喷泉、小瀑布，放置大鱼缸、盆景等。顾客进行休闲式的购物，不仅满足了购买的需要，生活情趣还得到了提高。在休闲中购物，在购物中休闲，优雅的购物环境使人们纷至沓来。

（2）出入口的驱动原则。出入口原则指营业场所的出入口要与商场主要通道自然结合，从而形成消费流的自然循环。出入口设计的合理与否，直接影响着顾客的购买行为。合理的出入口设计能够形成消费流的自然循环，使每位进店的顾客能够有序地浏览整个商场，没有死角。而不合理的出入口设计，虽然不会影响营业场所的外观和店内环境，但由于顾客的往返会受阻，就会因感到不方便而决定以后不再光顾。

（3）主辅商品诱导原则。所谓主辅商品，是指按照一定的标准将商品划分为主要商品和辅助商品，以主要商品来诱导辅助商品的销售。划分的标准可以是商品的品牌、知名度、购买频率、顾客心理倾向及利润高低等。在每一个类别的商品中，都有主辅之分。在商品布局时要注重主辅搭配，以主带辅，使顾客在购物过程中既可看到主要商品，也可看到辅助商品，从而增加辅助商品的展示和销售机会。

2. 营业场所规划设计及心理功能

（1）营业场所的布局方式选择及心理效应。营业场所的布局一般分为两类：格子式布局和自由流动式布局。

①格子式布局。它是一种十分规范的布局方式，其特点是：所有的店面设备在摆布时互成直角，构成曲径式通道。这种通道与出入口的结合，能够促使顾客形成的消费流由入口经

过布满商品店面的曲径通向商店出口。比较适合超级商场、连锁商店和某些杂货商店。格子式布局对顾客的心理影响主要表现在：首先，格子式布局结构严谨规范，给顾客以整齐、有序、管理到位的印象，可以使顾客对商店产生信任感。其次，格子式布局大多用于敞开售货商店，顾客可以沿着敞开的货架自由挑选和浏览商品。这样，顾客就可以按照自己的意愿，自主选购商品，满足顾客自我实现的心理愿望。再次，格子式布局的整体投入较低，成本费用下降，相应的商品价格就会较低，从而能够吸引更为广泛的顾客，满足人们追求物美价廉的心理。另外，由于顾客在通道中形成的自然驱动力，使其在选购商品时常常有一种加速购买的心理压力，从而使其浏览和休闲的愿望大打折扣。同时还应看到，从经营角度分析，格子式布局更便于安全销售和保持商店卫生，满足顾客多种心理需求。

②自由流动式布局。自由流动式布局的特点是根据商品和设备特点，形成各种不同的组合，这样既可隐蔽某些有碍视觉的缺陷，又可充分地利用空间，从而显得随意和自然。自由流动式布局主要的方式有条形、环形、马蹄形、三角形等。这类布局中，通道一般比较宽敞或在商场中央留有较大的空间，用于环境装饰。百货商场、专业商店多采用自由流动式布局。自由流动式布局对顾客的心理影响主要表现在：首先，自由流动式布局能利用装饰布局创造较好的环境气氛，对各种类型的顾客都能产生一定的吸引力，环境促销的作用十分明显。其次，由于有较大的空间，可以给顾客提供浏览和休闲的环境，既可诱发顾客的潜在需求，达成购买计划外的购物行为，又能满足顾客的购物加休闲的心理。再次，由于布局灵活性强，所以，企业可以根据消费心态和新产品的上市，适当调整布局结构，以利促销。但是，如果这种布局设计不好，会给顾客留下散乱的感受。

（2）商店通道布局方式选择。在商业场所布局中，通道布局要注意保持通道足够的宽度，以方便顾客浏览和挑选商品。同时，要根据商场结构，尽量使通道不要过长。因为，从顾客心理角度讲，迂回行走比超长的直通道对顾客更有吸引力，避免给顾客造成走不到头的感觉。自由流动式布局形成的通道一般显得弯曲迂回，给顾客灵活和随意的感觉，而采用格子式布局时通道稍窄，但也不能小于90厘米，否则顾客会感到不便。在通道选择布局时，还要注意：如果是进出合一的门口，要保持宽敞、通畅，以减少拥挤和堵塞，避免进出商场的顾客相互干扰。如果是进出分道的门口，则应注意店内通道的走向一定要明确，不要因通道的误导，使顾客形成回流现象。

（3）其他方面布局的要求与选择。

①收银台的设置。现代商场中，大多实行钱、货分离的购物形式，因此，收银台的分布也是布局中一个不可忽视的因素。通常情况下，一个中等规模的超级市场，收款的速度一般为每小时通过500～600人，如果收银台设在商场出口前，就容易出现顾客在出口前等候付款的现象，不利于销售。所以，在百货商场中，收银台应该布局在商场中央区内，且标有鲜明标志，并注意保持相对宽敞。

②楼梯、电梯的设置。楼梯与电梯都是商场中难以变换的固定设备，所以，楼梯、电梯一般不构成布局的主要内容。但是，使用合理与否会直接影响到顾客的购物情绪。一般情况下，商场至少应设置两处电梯，在使用中上下道分开，这样才利于顾客流的形成和循环。

③顾客休息室、卫生间、问询处的设置。随着社会的发展，人们更加崇尚休闲式的购物，所以商场布局中的休闲、娱乐的地方是必不可少的。尤其是在大中型商场中，在入口处附近开辟问询处是必不可少的，而一般小型商场和超级市场则以顾客休息室、卫生间为必备

设施。

(4) 店堂氛围营造及心理效应。商店布局应营造一种让顾客流连忘返的氛围，构成这种氛围的因素主要有：商店员工、商品、设备、声音、气味、格调、声誉以及由这些因素共同作用而产生的商店气氛。这种气氛又决定了顾客对商店的感觉和印象。

①销售人员与店堂气氛。营业场所中，销售人员处在众目所视的“焦点”之中，营业人员的态度、衣着与服饰直接影响着顾客在购买活动中的心理变化及对商店的综合印象，可以说，销售人员就是商店的“门脸”。销售人员的着装是否与所售的商店相适宜，是否干净整洁、是否入时，销售人员的年龄、性别与服饰及所售商品是否相宜，销售人员的精神状态是否良好等等，这些因素都与整体营销气氛紧密相连，影响着顾客对企业的认识过程。

总体上说，销售人员的着装应与购物的整体环境相适宜。一方面，销售人员的服装应该统一，以使顾客感到安全、整洁、可信赖；另一方面，销售人员的着装应随着季节的变化而相应变换服饰的色彩，这样，可以通过销售人员的自我表现来反映企业的精神风貌。

从商品的角度上说，不同的商品应该选择相应的销售人员。如大件耐用家用电器选用男性营业人员的效果就比选用女服务员效果好，因为在顾客心里，这方面男性可能更懂行；金银珠宝、玉器等贵重商品的销售，则选用年长的销售人员比较好，给顾客以经验老到的感觉；婴幼儿用品的销售，就应该选用女性销售人员。在国外曾有这样的实例，在生育用品商店雇用一些孕妇充当销售人员，营销效果非常好。

②声音与店堂气氛。声音有积极的一面，也有消极的一面。店堂声音主要是通过音响播放音乐来实现的。但不是只要播放了音乐或音乐声越大，店堂气氛就越好。人类学家研究发现，人们在饮酒时，背景音乐的旋律越慢，人们喝酒的速度反而越快；在餐厅，放越吵闹的音乐，顾客吃东西的速度就越快，尤其是当音乐超过 120 分贝时。所以，在整个购物氛围中，要充分利用音响减弱噪音，提高顾客的消费冲动，营造良好的购物气氛。

③气味与店堂气氛。气味如同声音一样也有积极的一面和消极的一面。店堂环境中的气味，对顾客的影响应该是正面的、积极的，因为顾客对气味的感受，会直接影响到对店堂环境的心理感受。而且，商店中的气味通常与商品相关，特别是专卖店，许多顾客是从商店中散发出的气味来判断商品质量状况的。因此，商品与其气味的协调，能够明显起到引起顾客

注意、刺激顾客消费的积极作用。为此，“国际香味公司”特别制作了苹果馅饼、巧克力饼干、法国油炸食品等香甜的气味，并定时在商业区林荫道上释放这些气味，以吸引过往行人购买。

当然，对各种商品所释放的气味或店铺有意释放气味的浓度，要注意与顾客嗅觉相适应，即顾客乐于接受的或能产生积极效果的气味范围。因为过强的刺激同样会使人厌恶，引起反感。

④色彩选择与店堂气氛。色彩是客观世界中的一种物理现象，是人们接受光的刺激而产生的一种视觉反映。通常情况下，颜色有广义和狭义两种。广义的颜色包括非彩色和彩色，非彩色指白色、黑色及各种不同程度的灰色等，彩色指红、橙、黄、绿、青、蓝、紫色等；狭义的颜色仅指彩色。红、绿、蓝是三种基本色，其他颜色由这三种基本色按一定比例混合而成。色彩的选择应该与店堂环境、商品搭配相协调。一般情况下，绿色给人以清新、柔和、惬意之感，而且使人联想到生命、理想；红色、黄色能使人的情绪高涨，并给人以希望、激情；紫色给人以高贵、神秘感；蓝色给人以宁静感，使人联想到天空、海洋、湖泊、远山和严寒；黑色象征庄重、肃穆，会使人联想到恐怖等。有这样一个事例：某饭店老板，为招揽顾客，将饭店就餐大厅的墙壁刷成淡绿色，营造出了一个舒适优雅的店堂气氛，吸引了不少食客。但令老板苦恼的是，由于顾客留恋这种舒适的环境，进入餐厅后久久不愿离去，使餐桌的利用率大大降低。无奈，老板在“色彩问题中心”的指导下，把墙壁色彩改涂为红色与橘黄的相间色。这招果见奇效，热烈奔放的色彩，不仅增进了顾客的食欲，更促使饱食后的顾客不愿在刺激性过强的环境中久留，从而提高了餐桌的利用率。由此可见，店堂布置的色彩选择，对顾客的购物心理具有不易被人察觉的特殊心理作用。

⑤灯光使用与店堂气氛。在商店装饰布局中，灯光的作用主要在于刺激顾客的视觉，在展示店容、宣传商品、吸引顾客的注意力的同时，渲染气氛、调节情绪，为顾客创造良好的心境，增强刺激强度，激发顾客的购买情趣。因此，科学合理地配置照明及装饰光源，利用灯光的强弱、明暗对比，既可以吸引顾客的注意力，激发其购买情趣，又可使顾客在视觉舒适的环境中浏览商品，进而形成对商店购物环境的良好感觉。总体上说，装饰在店面内的灯光，应根据摆置商品的不同色调及审美要求，进行合理配置，以达到突出商品美的目的。

四、门店内部陈设与顾客心理

商品陈列是实现与顾客沟通的手段。商品不同的陈列与展示方式，会使顾客产生不同的心理反应。商品陈列的心理效应是指在商品陈列布置中，运用美学原理，以道具布景、装饰画面、人的表演等作背景，综合运用灯光、色彩和文字解说，使商品美观化、形象高雅化，从而促使顾客在美的艺术享受中激发出购买兴趣，达成购买行为。

（一）商品陈列的一般要求

商品陈列是实现与顾客沟通的手段，其直接目的是促进销售。陈列与展示方式的不同，会使顾客产生不同的心理反应。所以，商品陈列必须符合且有利于顾客购物活动的需要。

1. 商品陈列的理念性

商品陈列的理念性是指在商品陈列中所体现的生活方式和审美观念。商品陈列的过程，也是宣传社会主义精神文明和物质文明的过程，是培养人们健康有益的生活方式和积极的审美观念的过程。所以，商品陈列应该坚决杜绝黄色的、低级趣味的和颓废的陈列宣传，体现出积极健康的理念。

2. 商品陈列的真实性

商品陈列的真实性是指陈列的商品必须与商店内销售的商品一致，并不是指陈列品本身的真假。顾客通常是通过陈列的商品来了解和选择商品的，如果陈列的商品是好的、优质的，而顾客购买到的却是不一样的，不仅会影响顾客的“最终”选择，而且会直接影响到企业的商誉。因此，商品陈列必须向顾客传递真实的商品信息，做到货样相符，使顾客看着舒心，买得放心。

3. 商品陈列的时代性

随着时代的发展和经济一体化进程的不断加快，人们的生活发生了日新月异的变化，随之人们的生活方式、生活情趣和审美观念也发生了巨大的变化，人们对生活品质有了新的追求。商品陈列作为一种促销方式，其基本的功能就是向顾客推荐商品，所以，商店的商品陈列不论采用何种风格，都必须反映时代特征，给顾客和浏览者以充满时代气息的心理感受。

4. 商品陈列的艺术性

商品陈列应该是商品美与装饰美的结合，通过艺术手法给顾客以美的享受，使顾客在购物现场流连忘返，从而激发顾客的购买兴趣，达成购买行为。

（二）商品陈列的心理分析

商品陈列的直接目的是促进销售。商品陈列的一切方法和手段，归结起来就是应该符合顾客的心理需求。

1. 商品陈列要使顾客一目了然

商品陈列应该使顾客一旦走到或站在店面或展示架前时，就能对商品的全貌形成一个整体的感觉，并能很容易地了解到如产地、规格、品牌、价格、质地等与商品相关的一些内容。

2. 商品的陈列要提供使用功能，使之成为动态广告

商品陈列是为了刺激顾客的购买欲望。因此，在商品陈列中应充分展示商品的使用功能和使用效果，让顾客在实际操作中充分了解商品。如家电类商品陈列可处于开机状态，服装类商品可以采用悬挂展开或利用真人秀展示等方式，使顾客产生真切可信的感受，从而使所

展示的商品产生较强的吸引力和诱惑力。

3. 对重点商品、特殊商品的陈列要新颖或引人注目

所谓重点商品，是指商店内某一时期重点销售的商品，通常指应季商品、时令商品等。重点商品与特殊商品的展示应该设专柜陈列，同时也可通过店堂广告说明或图标指示等方式引起顾客的注意。

4. 商品陈列的时间不宜过长，陈列应掌握多变少动的原则

同一商品陈列的时间过长，会使顾客产生商店经营不景气的印象。所以，一种商品不论其销售如何都要经常更换，以给人生意兴隆的感觉；少动则指一种或一类商品的陈列位置要相对稳定，以方便顾客寻找。如果不断变换商品陈列的位置，不仅会使顾客在选择商品时感到不方便，而且更会令顾客产生商品混乱无序的感觉，从而降低购买欲望。因此，如果个别类别的商品确实需要更换陈列位置时，则应在相应位置做出醒目标志。

5. 商品陈列要洁净、充实、有序

商品陈列洁净、充实、有序是创造企业良好形象的重要内容，也是顾客对企业建立信任感和购物信心的基础。货架半空、商品凌乱、尘埃堆积、环境脏乱的店堂，不仅会打消顾客的购买欲望，甚至连进店浏览者也会裹足不前。

6. 把最新的材料和技术方法用于商品陈列

商品陈列应是新生活的展示，使顾客每一次走进商店都能有一种新奇的心理体验。这既体现了企业的实力，也表明了企业的经营范围和经营理念。因此，把最新的材料和技术方法用于商品陈列，是必不可少的手段之一。

任务三　销售人员门店接待心理技巧

学习目的

通过完成本任务，了解顾客进入商场门店后有哪些心理特点，掌握正确接待顾客的步骤以及如何对待顾客的拒绝购买；树立起销售人员分析顾客购买心理以及采取正确步骤接待顾客的意识。

一、店面接待心理的概念

店面接待心理，是指销售人员接待顾客的心理过程以及个性心理的表露和支配作用。它是销售人员心理品质的集中表现，也是销售人员职业心理的实践过程。店面接待心理包括对顾客讲店心理动机的观察与分析，店面接待的步骤与心理过程，充分展示商品的心理，以及正确对待顾客拒绝购买的心理准备。

店面，是销售人员履行职能的场所。店面接待则是销售人员发挥职能作用、实现商品使用价值和价值的实践活动舞台，也是商品经济发展的链条。店面接待的好坏和效果，既能反

映出一个销售人员心理素质水平的高低，也能反映出销售人员心理与顾客心理沟通的过程。因此，柜台接待，无论是对销售人员，还是对顾客都有重要的心理影响。良好的接待，会使顾客产生一种心理满足；顾客对销售人员的尊重，同样会使销售人员产生心理满足。从营销心理学的角度来研究店面接待的心理影响，着重于销售人员如何通过接待给顾客以积极的、良好的心理影响。

二、顾客进店心理动机的观察与分析

按照心理学所揭示的规律，动机支配人的行动，而动机又产生于人的需要。顾客逛商店，总是怀有某种动机，即某种需要。人们的动机反映在市场上就体现为需求，顾客的需求是多种多样的，归纳起来，可把顾客需求分为物质需求和精神需求两大类。在这个基础上研究顾客光顾商店的心理动机，大致可分为以下三类：

（一）实现既定购买目的的顾客

实现既定购买目的的这类顾客的心理动机是购买既定的物品，满足物质需求。他们与一般进商店的顾客不同，要买哪一样东西，心中早有打算。其特点如下：进商店步伐较快，直奔各楼面，朝着所需购买商品的店面走去。购买东西时，因心中有数，有的事先已经看过，或看过多次，所以很少问这问那。销售人员接待这类顾客时不必过多介绍商品的特点、性能、规格和使用方法，顾客要什么就拿什么。成交后，替其包装整齐美观，便于携带即可。

（二）了解行情的顾客

了解行情的这类顾客进商店大多是经人介绍或受人影响慕名而来。因此，他们的心理动机是感情动机、理智动机、惠顾动机的综合。其特点是：脚步较慢，目光集中，对盯着的商品好像感兴趣，但犹豫不决，若有所思。产生这种现象的原因，主要有：可能是被品种繁多的商品干扰，看得眼花缭乱，不知选择什么式样、什么牌号好；可能是代别人购买，怕买得不够理想。销售人员接待这种顾客时，可用“您先看看”的招呼语言，并视其心理状态伺机向其介绍商品的特点，如所介绍的商品被吸引，就进一步了解是替谁买，若是代别人购买，销售人员就要再进一步了解使用者的性别、年龄、爱好、职业等，以负责的态度帮助顾客下决心，促使其产生购买行为。但要注意，在其未下决心前，不要过早地通报商品价格，避免产生误会。

（三）浏览商品或休闲看热闹的顾客

浏览商品或休闲看热闹的这类顾客的心理动机大多是为满足精神需求而来。他们的特点是：两三人或一家老小在一起边走边谈，指指点点，由这一店面走向那一店面，看这看那，或评论某种商品，偶尔也向销售人员询问某些商品。销售人员接待这类顾客时，千万不要采取怠慢、应付的态度。因为眼前的游客，也许就是明天的顾客。从市场学的角度来考察，人的需求有现实需求和潜在需求。这部分游逛的顾客大多是潜在的需求者。因此，销售人员的接待应给这类游客留下一种良好的心理印象。

三、店面接待步骤与心理过程

店面接待步骤，是销售人员接待顾客的过程，也是销售人员职业心理和服务心理的发生、发展过程。销售人员的心理活动贯穿于接待步骤的全过程，影响到每一个步骤的进行和转换。

（一）给顾客以良好的第一印象

给顾客以良好的第一印象，是店面接待的开始，也是第一步。它是销售人员良好心理品质和销售技艺表演的开端。中国商业史上有许多“生意经”，其中一首“生意经”这样写道：“生意经，仔细听，早早起，开店门。顾客到，笑脸迎。送茶烟，献殷勤。顾客问，快笑应。待顾客，要恭敬。货与价，说得清。不怕烦，要耐心，顾客骂，莫作声。讲和气，倍小心。送货物，手要轻。”这就是最初的店面接待步骤。它揭示了一条经商的“法则”：热情周到的店面接待是赢得社会公众好评的最有效的方法。顾客来到商店不仅需要买到称心如意的商品，还希望获得体贴入微的接待和服务。大多数顾客正是在这种心理状态的支配下，对店面接待的每一个步骤产生某种心理感受，形成对商店和销售人员的印象。

心理学认为客观事物给人的视觉的第一印象是形式感。人的仪表通常被称为第一印象或首要效应。销售人员要使顾客从自己身上获得良好的第一印象，即给顾客以良好的视觉印象的形式感。这种形式感，决定于体现销售人员心灵美的仪表。销售人员的仪表包括：言谈举止，表情动作，服务风格，文明修养等。中国有一句格言，叫作：“良言一句三冬暖，恶语伤人六月寒。”经商的人都知道一句口头禅：“微笑招客，和气生财。”销售人员以诚挚善意的微笑、关注清晰的语言向顾客打上一个招呼的瞬间，就会给顾客留下一种亲切的印象，这一瞬间，也许就为营销活动过程的顺利发展奠定了基础。

（二）伺机接待顾客

俗话讲：“机不可失，时不再来。”伺机接待顾客，就是抓住时机与顾客接触。通常是销售人员先向顾客打招呼。这是一种礼貌，也是心理沟通的必经之路。一般销售人员向顾客打招呼后，顾客多半会讲“我先看看”之类的话。这时，销售人员总算与顾客发生了接触，结局会如何呢？销售人员应在回答“您先看”后，再注意等待抓住与顾客答话的时机。这种时机通常有以下六种：顾客长时间地凝视某一种商品的时候；从看商品抬起头来的时候；突然止住脚步，盯着看商品的时候；用手触摸商品的时候；像在寻找什么的时候；双方碰面相视的时候。销售人员一旦捕捉到了这样的机会，就不要轻易放过，而应主动诱发顾客的购买行为。

（三）出示商品

销售人员接触顾客后，通过观察和分析顾客的购买心理，了解到顾客的购买指向后，就应及时出示商品。如顾客指定“要这个”的时候，应该回答“行”。由自己主动推荐时应加上：“您看看这个是否合适？”出示商品可采取下列方法：做成使用状态给顾客看，如打西装领带结。除易损易污商品外，应尽量让顾客触摸商品或看清商品。充分地揭示商品的特征。多种类出示商品，让顾客挑选。从低档向高档逐档出示。出示商品时销售人员应灵活运用观察能力、判断能力，正确推测顾客的心理状态。此外，还要了解顾客购买的心理动机，是求美心理，还是求廉心理或其他心理，以便促成顾客的购买行为。

（四）用简明有效的语言介绍商品

销售人员在掌握商品知识的基础上，应该将最能刺激顾客购买欲望的商品特征用明快、简短、有效的语言表达出来。需要介绍的商品要点是：是什么样的商品？在什么时候使用？在什么地方使用？供什么人使用？怎样使用？为什么使用？

介绍上述商品要点时，应作必要的简短具体的归纳。如销售人员可以这样介绍：“这衬衫是化纤制品，用温水洗涤后不用拧，晾干后，不烫就可以穿。”

（五）增强顾客的信任

销售人员介绍商品特点后，顾客能马上购买，这当然好。如果顾客仍然犹豫不决，就要抓住时机，采取增进信任的方法。增进信任的时机有：在顾客问题提完之后；在顾客的询问集中到一个商品的时候；在顾客默默无言，独自考虑的时候；在顾客多次反复地询问同一问题的时候；在谈话涉及商品售后服务和支付条件的时候。销售人员在抓住时机，取得顾客信任后，应立即促进成交。

（六）包扎商品

顾客选定商品决定购买后，销售人员应表示谢意，对其选择给予恰当的赞许、夸奖，增添达成交易带给双方的喜悦气氛，然后进行商品的包扎工作。包扎前应主动征求顾客对商品包扎的要求，采取适应顾客的携带习惯、使用习惯、购买目的和某些心理需要的包装方法。包扎商品要力求安全牢固、整齐美观、便于携带、快捷妥当。

（七）结算和确认接受货款

结算和确认接受货款，是非常重要的一步。结算后，销售人员给顾客找余款时应坚持货款确认的原则，避免差错，以防与顾客发生误会。这种确认的步骤是：确认所购商品的金额，应该边看标价边说："应收您 241 元"；接受 250 元货款时，一定要如实确认："您这是 250 元。"向顾客交回所找的零钱应同时确认："这是找您的 9 元。"

（八）送行

商品成交后，销售人员应向顾客道谢，并为之送行，说声："您走好！"或再加上一句"欢迎您再次光临"，这样会给顾客留下更好的印象。这一步，虽然是最后的一步，但销售人员不要忽视了这一点，应使顾客自始至终在融洽和谐的交易活动中满足购买心理欲望。

四、充分展示商品的心理

店面接待的基本原则是：充分展示商品的原则。销售人员在店面接待中，要激发顾客对商品的兴趣，使商品给顾客留下较深刻的印象，就必须采用迎合顾客心理要求的商品展示方法。

商品展示，不但要能满足顾客对不同商品不同的选择要求，使之从不同的角度和方向把商品看清楚，还要有意识地诉诸顾客的感官，激发顾客的购买心理，达到理想的展示效果。如展示服装时，要着重把式样和颜色等展示出来，并尽可能让顾客观赏其全貌；展示音响类商品时，要着重把其结构展示出来，并让顾客试听；展示食品时，要在符合卫生的前提下，着重把形状、色泽展示出来，有条件的可让顾客品尝。

在展示商品时，为了适应顾客自尊心的需要，一般应由低档向高档逐级展示，当然，展示的层次也应视商店经营的重点和顾客的心理状态灵活变动，且销售人员展示商品的语调和口气必须恰如其分，并注意以关心的、诚意的、喜悦的神态表情与动作语言相配合，以获得顾客的好感，否则，就难以达到展示商品的效果。如销售人员口里虽说："不要紧，您随便看"，但脸上毫无笑容，视线移到别处，表情显露烦意，顾客就感觉不到诚心诚意的印象。

五、正确对待顾客拒绝购买的心理准备

在店面接待工作中，常常会出现顾客拒绝购买的情况。当出现顾客拒绝购买的情况时，

由于销售人员处理的方法不同，会产生不同的心理效应。能正确分析顾客拒绝购买的心理原因，充分考虑与照顾其情感和需求，根据其心理活动状态，采取适当的处置方法，提高说服的心理功能，就有可能促进顾客购买态度的转化，挽回接待过程中断的“危机”，变拒绝购买为实现购买。这样做，即使不能促成立即的转化，也能使顾客在轻松愉快的气氛中离去，给予服务优良的心理印象，为促进延期实现购买打下良好的心理基础，避免失去潜在的顾客，这也是店面中接待工作不可缺少的步骤和方法。

任务四　顾客投诉心理与处理技巧

学习目的

通过完成本任务，了解顾客投诉的原因有哪些，掌握顾客投诉的心理，从而在实践中采取积极有效的处理投诉的策略。

一、顾客投诉的原因

（一）顾客要求退换商品时，双方争执导致投诉

顾客要求退换商品是经常发生的事，现在商家对商品的退换也采取了比较宽松的态度，只要有在商店购物的凭证，商品完好无损，一般商家都予以退换货。但是，还有一些因素制约着商品的退换货制度。例如，退换商品的时间限制问题；对于商品质地保证完好的标准；顾客购买时的商品价格和退换时商品价格不一致等。由于双方认定的标准不同或缺乏统一的认定标准，都是引发矛盾冲突的导火线，特别是当顾客要求商家对自身遭受的人身伤害给予精神赔偿时更是如此。由于牵涉双方的实际利益，因此，双方心境变化比较激烈，情绪容易波动，这种冲突的消除相对比较困难。

（二）销售人员不能正确对待顾客意见导致投诉

顾客或销售人员在购货现场情绪的好坏是引起冲突并导致投诉的一个重要因素。不论是销售人员，还是顾客，双方情绪都处于不佳状态时，就很可能形成矛盾冲突。顾客因情绪不佳而态度偏激、语气粗暴时，如果销售人员不能正确对待，双方就可能发生矛盾冲突；反之，销售人员态度不好，接待顾客不耐烦或故意怠慢，也会引起矛盾和冲突而导致投诉。

二、顾客投诉心理分析

（一）发泄的心理

这类顾客在接受服务时，由于受到挫折，通常会带着怒气投诉和抱怨，把自己的怨气、抱怨发泄出来，这样顾客的忧郁或不快的心情由此会得到释放和缓解，以维持心理上的平衡。

（二）尊重的心理

多血质型顾客的情感极为丰富，他们在接受服务过程中产生了挫折和不快，进行投诉时，总希望他的投诉是对的和有道理的，他们最希望得到的是同情、尊重和重视，并向其表示道歉和立即采取相应的措施等。

（三）补救的心理

顾客投诉的目的在于补救，补救包括财产上的补救和精神上的补救。当顾客的权益受到损害时，他们希望能够及时地得到补救。

三、销售人员处理顾客投诉的具体方法

冲突是商品销售活动中十分消极的影响因素。它不仅会影响购买行为的完成，还对冲突双方当事人的心理、情绪产生长久的不良影响，同时，也会影响企业的服务信誉。为此，必须从多方采取措施，尽量避免或消除购买行为中的矛盾冲突，使交易过程在融洽的气氛中顺利完成。避免或消除冲突的方法有多种，以下几点可供参考：

（一）树立“顾客至上”的理念

“顾客至上”的理念早已得到企业界的广泛认同，但真正把这一理念根植于企业的服务实践中并非易事。企业应当教育员工树立“顾客第一”的思想，真正站在顾客的立场，急他们之所急，想他们之所想，坚持奉顾客为“上帝”。

（二）提高销售人员的自我修养，增强自控能力

修养是个人思想道德水准的体现，自制力是个人控制和支配自己行为的能力。对于销售人员来讲，这两者都是不可缺少的。良好的思想道德修养可以使销售人员热爱本职工作，树立端正的服务态度，并在服务过程中保持高度热情。而自制力的提高则使销售人员在面对各类顾客时都能够从容应对，处变不惊，并善于缓和紧张的局势，调节顾客的不良情绪，掌握销售服务的主动权。

（三）正确处理顾客的不同意见或反对意见

销售人员学会妥善处理顾客的不同意见或反对意见，将有助于消除购买冲突，缓和购买气氛，促进交易实现。这就需要销售人员掌握持反对意见顾客的心理特点，学会分辨顾客反对意见的性质。有些反对意见是顾客因关心商品而发出的疑问；有些则是顾客不买商品的一种借口；还有的是顾客对商品性能误解而形成的偏见，在有些情况下，还可能是顾客表现自我的一种方式。销售人员在回答顾客的反对意见前，要仔细地分析顾客是在什么情况下、处于什么心理状态时提出的意见。找到意见产生的根源，对症下药，问题就比较容易解决。

（四）要把握反驳顾客不同意见的时机

顾客提不同意见，销售人员不能怕得罪顾客而一味迎合，选择适当的时机，找恰当的词汇予以解释说明是十分必要的。有些反对意见必须马上回答，有些则不需要回答，还有的以延缓回答为宜。处理反对意见也要考虑量力而行，对于不清楚或不知道的问题不勉强回答，否则弄巧成拙，反倒失去了顾客的信任。

【学习资源链接】

1. 精品视频讲座推荐：《商品陈列技巧》。讲师：祝文欣，中国连锁经营协会服装行业

顾问，北京师范大学客座教授，四川大学工商管理硕士（MBA）。

2. 延伸阅读。

品牌传播命名的六大原则

俗话说，名正而言顺。一个好的名字是品牌成功的基础。一个好的名字可以传神地表达品牌的特征，给你留下深刻的印象，从而节约大量的传播成本。尽管品牌命名没有固定的标准，但从全球知名品牌的成功经验和一些品牌失败的教训中，我们可以总结出品牌命名的一些基本原则，非凡之名务必遵循以下的六大命名原则：

一、含义共鸣

众所周知，品牌是主体与受众心灵的烙印，倘若品牌名称的含义能够使他们之间产生心灵的共鸣，那么必将有助于品牌的快速成长，因此心灵共鸣是品牌命名的第一要务。像“Google”就是一个非常成功的案例，当然它的中文名“谷歌”就差远了。Google是英文单词Googol按照通常的英语拼法改写而来的。Googol是一个大数的名称，是10的100次方，表示1后面跟100个“0”，它表达的数量比宇宙所有的基本粒子的数量总和还要大。这显然满足一个充满勃勃野心的创业梦想，用创建人佩奇的话说：“我们的任务就是要对世界上的信息编组。”这其实正好满足人们从网上海量信息中自由翱翔的意愿，双方的心灵之间不产生共鸣才怪呢！即使当初只是个拼写错误，也无妨大家的共鸣。然而，它的中文名“谷歌”却难以让人共鸣，更多的中国人喜欢直接用英文Google，也影响了它在中国的成长。

二、简单响亮

音节简单、发音响亮、声调起伏的名字才容易上口，便于识别和传播，让顾客的记忆深刻、经久难忘，使品牌能够脱颖而出。在中文的语境里二至四个音节是最佳的选择，超过四个音节的成功品牌可谓是凤毛麟角。像索尼－爱立信手机前些年虽然取得了一些成功，但其名称极为烦琐，不易传播，建议其改用“索爱”，其与“所爱”同音。最好英文也同样简化，这可就更难了，因为它们是联合品牌的合作形式，这也决定其不仅名字不佳，而且在品牌主体存在弊端，最终难有好前景。难发音或音韵不好的字，都不宜用作品牌名称。像Google的中文名“谷歌”就不够响亮，而竞争对手的“百度”就响亮许多。一般而言，声母为“k、b”韵母为“ang，ong”等音节的词往往发音较为响亮。倘若声调能够搭配好，有起伏，就可以达到抑扬顿挫的效果。

三、联想正面

正如人的名字普遍带有某种寓意一样，品牌名称也应包含与产品或企业相关的寓意，让顾客能从中得到品牌的正面联想，进而产生对品牌的认知或偏好。相反，如果品牌命名不当，容易引起人们的反感，甚至引起法律纠纷。香港金利来（Goldlion）公司，起先它的中文译为“金狮”，而金狮在粤语中音同“甘输”，很不吉利，产品销路一直不见好。直到有一天，公司老板曾宪梓先生在拜访朋友时发觉了问题所在，才组织人员对品牌名称进行研究。但是，给品牌命名也不是件容易的事，直到有一天曾宪梓去澳门旅游，偶然发现游船是中英文混译，于是计从心来，便有了如今的“Gold”译为“金”，“Lion”译为“利来”的中文名，才有后来的辉煌。又如，Whisky是世界知名的酒类品牌，进入香港和内地，被译成“威士忌”，被认为“威严的绅士忌讳喝它”，所以绅士们自然对它有所顾忌。而Brandy译成“白兰地”，被认为是“洁白如雪的兰花盛开在大地上”，意境优美之极，自然绅士们更愿意喝它。

四、新颖独特

新颖独特的名字才能与众不同、别具一格，打动顾客的心，让人记忆深刻，烙下深深的印记。通常要求名称具有新鲜感，最好创造出新的概念来，能够迎合甚至引领时代潮流，体现品牌的独特个性，暗示品牌的某些鲜明属性，满足受众的情感需求。如“雅虎”、“搜狐”、“搜狗”、“酷儿”等都是新颖独特的好名字，出奇制胜，往往就会脱颖而出，事半功倍，甚至高人一等。

五、尊重受众

不同国家或地区的顾客因民族文化、宗教信仰、风俗习惯和语言文字等的差异，使得人们对同一名称有着截然不同的认知和联想。因此，我们要特别注意目标市场的传统风俗文化，以免在他们心中产生不悦，影响了品牌的发展。例如，在使用中文等方块字的地区甚至还要考虑名字的结构、组合和笔画等是否符合神秘的东方文化，因为有些人认同冥冥之中有种神秘的力量，虽然目前无法用科学证明，但好像又有那么一回事，总之尊重它们是绝对没有错的。在经济全球化的趋势下，品牌名称应具有世界性、符合全球通用的原则，最好能用拉丁字母的形式表达，因为只有那样才能让更多的地球人可以看得明白，才算是尊重受众。海尔就是一个可以全球通用的好例子。

“海尔”以及其英文译名“Haier”（实质就是汉语拼音）没有什么特别的意思，是个中性的词汇，可以根据各个国家的具体国情融入进去。比如在讲英文的国家，读音像higher，意思就是更高的，正好与一首英文流行歌的歌名完全一样，因此很快就能被人接受，可谓是歪打正着。其实，“海尔”的前身叫“利勃海尔”，相比之下，后者就逊色很多，或许这也是当时改为现名的原因之一吧。同城的海信人就更胜一筹，具备了全球战略眼光，注册了“HiSense”的英文商标，它来自highsense，是“高灵敏、高清晰”的意思，这非常符合其主要产品特性。同时，highsense又可译为“高远的见识”，体现了品牌的远大理想。

六、法律保护

再好的名字，如果不能注册，得不到法律保护，就不是真正属于自己的品牌。米勒公司（Miller）曾推出一种淡啤酒，取名为“Lite”，即淡字的英文light的变异，生意兴旺，其他啤酒厂纷纷仿效，也推出以“Lite”命名的淡啤酒，由于“Lite”是直接描绘某类特定产品的普通词汇，法院判决不予保护，因此，米勒公司失去了对“Lite”的商标专用权。Google公司也曾遇到这个麻烦，幸好它在成为著名品牌之前早已注册在先，即便如此，“Googol”单词发明人家族还是把Google公司告上法庭诉其侵犯版权，倘若当初不是由于一时之错采用“Google”，看来还真会有麻烦。由此可见，一个品牌能否受到法律保护是多么重要。因此，在命名时就应遵循相关的法律条款。品牌名称的选定首先要考虑该品牌名称是否有侵权行为，向有关部门查询是否已有相同或相近的商标被注册，如果有，则必须重新命名。其次，要注意该名称是否在允许注册的范围以内。有的名称虽然不构成侵权行为，但仍无法注册，难以得到法律的有效保护。

遵循以上的六大原则，将有助于你事半功倍地拥有非凡之名，从而大大促进品牌的快速成长。

训练与思考

训练思考一：

1. 把班级学生分成若干小组，选择一个即将开业的商场，帮助此商场选址、招牌命名、设计橱窗。要求每位同学运用自己所学的知识，设计一个比较完整的方案。

2. 将方案设计的结果，拿到课堂上来集体讨论。

训练思考二：

案例讨论：

为丑女人解愁的时装店

在意大利都灵市有一家很小的时装店，由于竞争激烈，濒临破产。一天，一位跛脚女顾客上门购衣，求购一件能适合其穿又能掩饰其缺陷的服装。店经理接下了这笔生意。他根据这位顾客的身材进行详细的计算，设计出一种宽裤裙衫。这位跛脚女顾客一穿，顿觉十分漂亮，行走时由于脚跛，使这件裤裙衫摇曳生姿，不仅淡化了给人跛的感觉，又使她显出妩媚。这位顾客高兴地说："贵店真是一家为我们消愁的奇物商店。"这家店主则灵机一动，干脆挂出了"解愁时装店"的招牌。

跛脚女顾客为商店当了义务宣传员，到处讲她的故事，使本来已有合适时装的顾客纷至沓来。"解愁时装店"名声大噪，专门做起特殊顾客的生意。一位来自德国的女教师，由于身材矮胖，根本无法买到合适的时装，即使能买到一套能穿的衣服也显得十分别扭。她抱着试一试的态度来到商店。店主热忱地接待了她，并且为她提供了5套时装设计方案，并按顾客的意见修改了几次。这位顾客十分高兴，结果一下就定做了3套时装。时装做好后，商店又帮顾客寄到德国。这位德国顾客特别高兴，除来信表示感谢外，还介绍了13位德国女顾客前来购衣，店主都能按她们的特型为她们制作合身的时装。

从此，"解愁时装店"便兴旺发达起来，发展成闻名意大利的大公司，但其宗旨仍然不变。店主说："我是靠解愁起家的，更不能忘记帮我起家的需要解愁时装的顾客。"

（资料来源：冯丽华．营销心理学［M］．北京：电子工业出版社，2009．）

思考题：

1. 当地这家小店主为什么会接下跛脚女顾客的生意？

2. 这家小店的命名起到了什么样的效果？

训练思考三：

案例讨论：

李小姐的爱好

李小姐是典型的逛街一族。她喜欢逛商场，每逢周末，只要没有其他的事情，逛街总是她的首选。她最喜欢去的商场是太平洋百货，因为她喜欢那里的风格，名牌林立，淡雅的色彩，背景舒缓的轻音乐，空气中弥散的沁人心脾的香味，售货员化了妆的青春的面容，还有许多从身边走过、打扮入时的女孩子，从她们身上，她可以轻而易举地知道今年流行什么样的鞋子、什么样的长裤，还有裙子的长短、款式，这为她如何装扮自己提供了很好的参考……她并不是每次都会买东西，但即使是闲逛，她也喜欢待在这里，因为她觉得置身这样的环境中，就是一种享受。无论她有多疲惫，或是心情有多糟，只要一跨进商场的大门，她就会立刻精神焕发、力量倍增，连她自己也不知道这股神奇的力量从何而来。

（资料来源：李乐锋. 消费心理学［M］. 南京：南京大学出版社，2008.）

思考题：

请运用所学的理论分析李小姐为什么喜欢这家商店。

项目八 网络购物心理需求

案例导入

土老板上网找商机

原本并不起眼的深圳田贝四路，一夜之间名声大噪，一跃成为香港客户主要的五金采购基地。其原因仅仅是因为这条街的私营老板曾少如，在去年年底给公司做了一次网络推广。

“现在的生意越来越难做，我不得不尝试新的营销方式。”曾少如告诉记者，“目前我把大部分精力都放在网络营销上”。

短短几年时间，曾少如所在街区的五金店开得密密麻麻、拥挤不堪，想要在同样水平的竞争对手中胜出，困难可以想像。

曾少如手下有8个打工仔，加上他和妻子两人，这家10人规模的五金店每月开销是1万元。也就是说，曾少如一个月的毛利润超过1万元才有盈利的可能。按照五金行业10%的毛利润来算，他每个月的营业额就得上十万元。一边是市场空间骤缩，一边是每个月账面上的支出哗哗地往外流，曾少如如坐针毡。

此时，朋友谭智给曾少如提了个醒儿：何不做一个公司的网站并开展一次网络营销？

但是，用惯了“土枪土炮”的曾少如对此一无所知，让他换脑袋又谈何容易？

但毕竟不能坐等“安乐死”，40出头的曾少如只好从头开始学习：网站是一个企业的名片，网络营销是将这张名片迅速推出去并吸引客户的综合工程。一般包括搜索引擎、发送个性化e-mail和行业网站链接，在具体操作时不同方式又有不同的技巧。

“时效性是打动我的重要原因。我决定试一试。”曾少如和谭智达成了协议：谭的创思科技免费为曾做一个网站；曾则以付费方式请谭做网络推广，并先以发送e-mail试刀。鉴于盲目群发会有垃圾邮件之嫌，所以采用有针对性的个性化发送，这也是目前最普及的方式。

此次营销针对香港地区，谭从公司资源库的16万客户中选择三万七千个，曾在其中精选了5000个，再由谭用公司自制的软件分三次发送。

根据当时市场的行情，发送一条e-mail的费用是短信的10倍左右，也就是将近1元左右。个性化发送e-mail后的第一天，公司就接了几十个电话，并且网站的浏览量每天维持在几十人左右。重要的是，“这几十人都是潜在的客户”。

让人意想不到的是，“经过这一次推广，销售额的确有了明显的提升。来光顾的香港人增加了好几倍，也使这条街的人气旺了起来”。

（资料来源：戴卫东，刘鸽．消费心理学［M］．北京：北京大学出版社，2011.）

问题引出：网络营销与传统营销方式在满足顾客心理方面各有哪些优、劣势？

任务一　顾客网络购物的心理

学习目的

通过完成本任务，了解网络购物中顾客的心理需求和要求是什么，从而在网络销售中针对顾客的心理能够采取积极有效的销售方法。

一、网络顾客群体的特征

（一）喜好新鲜事物，有强烈的求知欲

这些网络用户爱好广泛，无论是对新闻、股票市场还是网上娱乐都具有浓厚的兴趣，对未知的领域抱以永不疲倦的好奇心。

（二）注重自我，个性化明显

由于目前网络用户多以年轻、高学历用户为主，他们拥有不同于他人的思想和喜好，有自己独立的见解和想法，对自己的判断能力也比较自负。所以，他们的具体要求越来越独特，而且变化多端，个性化越来越明显。因此，从事网络营销的企业应想办法满足其独特的需求，尊重用户的意见和建议，而不是用大众化的标准来寻找大批的顾客。

（三）头脑冷静，擅长理性分析

由于网络用户是以大城市、高学历的年轻人为主，不会轻易受舆论左右，对各种产品宣传有较强的分析判断能力，因此，从事网络营销的企业应该加强信息的组织和管理，加强企业自身文化的建设，以诚信待人。

（四）搜索信息缺乏耐心

因为网络用户以年轻人为主，因而比较缺乏耐心，当他们搜索信息时，经常比较注重搜索所花费的时间，如果连接、传输的速度比较慢，他们一般会马上离开这个站点。

二、顾客的网络购物需求特征

（一）个性需求突出

在计算机网络交织的世界中，顾客进行产品选择的范围全球化、产品的设计多样化，顾客开始制定自己的消费准则，每一个顾客都是一个细小的消费市场，个性化消费成为消费的主流。

（二）需求差异明显

网络顾客来自世界各地，有不同的国别、民族、信仰和生活习惯，产生明显的需求差异性。

（三）主动性增强

在社会分工日益细化和专业化的趋势下，顾客对消费的风险感随着选择的增多而上升。在许多大额或高档的消费中，顾客往往会主动通过各种可能的渠道获取与商品有关的信息，并进行分析和比较。

（四）需求理性化

网络营销系统巨大的信息处理能力，为顾客挑选商品提供了前所未有的选择空间。顾客会利用在网上得到的信息对商品进行反复比较。

（五）关注价格

价格低不是决定顾客购买的唯一因素，但是顾客购买商品时肯定要考虑的因素。顾客可以通过网络联合起来向厂商讨价还价，产品的定价逐步由企业定价转变为顾客引导定价。

三、顾客对网络购物的心理要求

（一）追求廉价的消费心理

价格是顾客购物时考虑的重要因素。同样的商品价格越低，销售量也越大。网络购物具有生命力的重要因素就是价格普遍低廉。相对传统购物模式而言，网购可以实现更低成交价格的主要原因在于：

（1）相对传统商店，网店不需要固定场地展示商品，节省了场地费用，也减少顾客因直接接触商品而导致商品的磨损、损坏、遗失等风险。

（2）网络销售没有库存压力。网店的销售模式是先获取订单，然后支付商品。部分网店有自己的仓库，有的网店甚至直接与上游供货商达成供货协议，无须自行利用仓储设施来存储待售商品。没有库存压力，也减少了资金周转问题。甚至顾客直接向生产者订货，减少中间环节。所有这些都会直接反映在价格上，使顾客受益。

（3）网店人工成本较低。传统商店部门齐全，岗位众多，需要大量的管理员、销售员、收银员、清洁工等，这些都大大增加了商品的成本。而网店对服务人员的总量需求较低。

（二）图方便的消费心理

网络购物具有得天独厚的便捷性，网络商城每时每刻都在为客户提供咨询、购物、配送等服务。在地球上任何角落的人，只要拥有联网的电脑或者具有上网功能的手机、浏览器、银行卡或其他支付账户，足不出户就能通过网络平台在全球范围购买各种商品。

1. 购物时间与地点的便利

对于惜时如金的现代人来说，在购物中方便、快捷、随手显得更为重要。传统购物过程短则几分钟，长则几小时，再加上往返路途的时间，消耗了顾客大量的时间、精力，甚至不少顾客可能因没有足够时间而无法上街购物。随着电脑网络的介入，一切变得很简单：不需要移动脚步就可以在淘宝、阿里巴巴等网站上看到各地的物品；不用担心下班太晚店铺关门，在网上随时都可以选购。即使店主或客服休息了，你仍然可以拍下货物进行支付，店家看到订单会主动发货。不会交通堵塞，不需要排队等候。网店 24 小时营业和依据顾客约定地点送货的优势，更好地满足了顾客要求。

2. 获取信息的便利

在多数情况下，做出购物决定前，顾客总是先收集一定的信息进行分析后，再做出购买决定。信息收集渠道主要有两个，一个是靠顾客自身经验和记忆；另一个是从外界获取信息。随着科技进步，人们对外部渠道信息的依赖越来越大。而网络购物则将这一信息收集、分析、处理过程便利化，因为商家们会想尽办法让网站充满着与产品有关的咨讯。

网络为新的购物模式提供了即时、开放、全面的信息，可为顾客展现翔实、丰富的商品信息，充分展示商品性能，很好地弥补了普通零售店的店面空间限制。一方面网上商店在销售时充分利用了电子数据的特色，图片、配置、参数、性能、库存数，甚至声音、动画、影像；另一方面顾客可以与世界各个地方的网络用户互动，从而使获取的信息更为全面具体、实时有效。

3. 支付方式与手段的便捷

网络购物的支付手段多样。支付手段包括“自己提货”、“货到付款”、“电子支付”等。“自己提货”为近距离的买家节约费用；“货到付款”打消顾客对产品和卖家的顾虑；“电子支付”则对供求双方利益都有所保障，成为重要的支付手段。目前我国已有支付宝、财付通、易趣、易宝支付、百付宝、汇付天下、网银在线等数十家在线支付平台。

第三方支付平台因其服务功能的完善越来越受到人们的亲睐，大量的网上交易通过第三方支付平台完成，安全又快捷。当然网上支付还有两个问题需要引起重视，一个是支付安全，另一个是顾客个人信息安全。

（三）躲避干扰的消费心理

现代顾客在购物过程中，更加注重精神的愉悦、个体喜好的实现、情感的满足等高层次的需要，顾客希望在购物中能随便看、随便选，保持心理状态的轻松、自由，最大程度得到自尊心理的满足。在网购的时候，顾客可以在众多的网络商店中尽情地漫步，细细欣赏各家商店不同产品的精美图片，慢慢查看各项性能，寻找最令自己满意的商品和价格，甚至还同时打开其他网上购物店铺的页面进行比较，自由地选择关闭网页。顾客能够在安静、独立的环境中完成相关信息收集、比较、选择、决策的全过程，真正体会到做上帝的感觉。

（四）追求时尚的消费心理

网络购物是一种新的购物方式，追求时髦和新奇生活方式的顾客就会尝试这种购物方式。网络购物不仅是一种消费模式，更是一种时尚标签。顾客可以在购物过程中体验新的购物方式所带来的新鲜感和刺激感，同时显示自己是一个跟得上时代潮流的人。

任务二　顾客网络购物的行为

学习目的

通过完成本任务，了解网络购物中顾客的行为特点有哪些，掌握顾客网络购物的购买过程，从而在网络销售中能够采取积极有效的销售策略。

一、顾客网络购物行为特征

（一）个性化购物行为明显

网络消费最大的特点在于以顾客为主导，顾客获得了比以往在任何商店购物时更大的选择自由，并且根据自己的个性特点和需求可以不受地域限制，跨区域、跨国度在全球范围内浏览商品、挑选商品、购买商品。通过进入感兴趣的企业网址或虚拟商店，顾客可以获取更多的有关信息和组合，使购物更显个性。

（二）消费主动性凸显

网络消费没有时间限制，没有地域分隔，顾客可以利用电脑随时浏览众多的网上虚拟商店。网上商店一般对出售商品都配有照片和文字介绍，表明售价，能让顾客更为直接和直观全面地了解商品性状、颜色、价格及商品品质，商家所有的商品信息都反映在网页上，能使顾客了解商品，更能够精心挑选和货比三家，对于惜时如金的现代人来说，即时、便利、随手可得显得更为重要。

（三）消费活动互动性增强

互联网是一种多对多的交流方式，所有人都可以参与其中。如今，大多数人在做购买选择时只会依赖两个渠道：网上搜索以及询问他们的社交网络。在互联网上顾客可以通过移动电话、博客、论坛、社交网络发表评论，分享信息。到互联网的虚拟商店浏览和购物，可以替代部分人际互动关系，减轻孤独感。

二、影响顾客网络购买决策的因素

（一）社会文化因素

社会文化对社会成员有很大的影响，一个人总是要在一定的社会条件下生活，或多或少都要受到来自社会群体和自身文化背景的影响。社会文化是人们在实践中不断积累起来的，有很大的稳定性，因此，不同的价值观念会影响顾客选择商品的标准。所以，顾客在进行购买决策时，总会站在自己的社会文化背景下，依据自己的社会角色来选择商品。

（二）个体因素

1. 心理因素

起初阶段，顾客上网，往往只是为了发现信息，而不用做出决策，用户在迅速浏览过一个网站后继续浏览其他网站。第二个阶段，网上冲浪者与网站之间通过查看图表介绍可能有互动行为。第三个阶段，在网站购物的意愿与无意在网站购物的倾向，决定着最终的购买决策的形成。对于很多网上顾客来说，网购满足了顾客实现便捷购物的心理，但是对交易的安全程度、商品质量的怀疑、货物配送的不信任会造成顾客警惕或者拒绝的心理。

2. 顾客的受教育水平

一般来说，受教育程度越高，就越容易接受网上购物这种模式，网上购物的频率也会越高。对网络的认识也会影响到顾客的购买决策。当顾客对网络的认识处于一个比较低的水平时，发生网购的行为会比较低，因为其对网络可能还心存恐惧；随着对网络应用的逐渐熟练，恐惧心理会慢慢消除。

（三）网络顾客感知风险

感知风险是在产品购买过程中，顾客因无法预料其购买结果的优劣以及由此导致的后果而产生的一种不确定感觉。在产品购买过程中会有很多风险，有的会被感知，有的则无法感知，有的则被夸大，因此可能和实际风险并不一致。在最初的需求唤起阶段，顾客能感受到的风险是因为没有解决问题的手段或者不存在可以利用的产品进而考虑哪种产品可以满足自己；在购买决策阶段，面临的最主要风险是财务风险，即支付方式的安全性以及交易所能带来的各种风险。

（四）网络口碑

口碑是顾客之间关于购买某种服务或者产品的面对面的非正式的沟通。传统口碑是顾客的社会网络，但是网络口碑是将经验建议等通过网络空间传播而形成的。在网络环境中，人员多为匿名，因此人际关系强度不如传统口碑，但网络口碑有客观事实型和主观评价型，主观评价型往往对顾客购买决策影响更大；网络口碑有正面的也有负面的，负面的口碑对于顾客购买决策的影响明显高于正面。网络口碑会通过影响顾客的态度、认知从而改变顾客的购买决策。

三、顾客网络购物的购买过程

网络顾客的购买过程，也就是网络顾客购买行为形成和实现的过程。网络顾客的购买过程可以粗略地分为唤起需求、收集信息、比较选择、购买决策和购后评价五个阶段：

（一）唤起需求

唤起需求是网络消费决策的起点，一般当网络顾客不满足已有商品时，就会有新的购买欲望。传统的购买需求一般是内外因素刺激产生的，但是对于网络顾客，需求的唤起只有靠视觉和听觉，因为这个时候，购买者对网络的浏览往往是随意性的，没有特定目的，如何抓住顾客的兴趣点，这无疑就增加了网络营销的难度。这要求从事网络营销的企业或中介商注意了解与自己产品有关的实际需求和潜在需求，了解这些需求在不同时间的不同程度，了解这些需求是由哪些刺激因素诱发的，进而巧妙地设计促销手段去吸引更多的顾客浏览网页，诱导他们的需求欲望。

（二）收集信息

在购买过程中，收集信息的渠道主要有内部渠道和外部渠道。内部渠道是指顾客个人所储存、保留的市场信息，包括购买商品的实际经验、对市场的观察以及个人购买活动的记忆等；外部渠道则是指顾客可以从外界收集信息的通道，包括个人渠道、商业渠道和公共渠道等。

在确定需求的情况下，顾客会试图在既定的信息领域内寻找到符合其需要的信息，而这些搜集到的参考信息有助于增进顾客对购买目标的了解。在传统模式下，顾客要花大量的时间和金钱来收集信息，并且收集到的信息也十分有限，但是在网络环境下，信息收集就比较方便快捷，可以突破时间和空间的限制。顾客可以经常访问多个信息源，而搜索兴趣的转移依赖于产品信息特征的变化。

（三）比较选择

顾客对各条渠道汇集而来的资料进行比较、分析、研究，了解各种商品的特点和性能，从中选择最为满意的一种。一般说来，顾客的综合评价主要考虑产品的功能、可靠性、性能、样式、价格和售后服务等。

传统的购买模式下，顾客可以通过对实体的直接接触来进行；而在网络上，顾客要在大量网络信息中选择特定产品的信息，对浏览过的信息作取舍，对决策有帮助的信息进行保留，而且产品的负面评价所产生的效用要往往大于正面评价的效用。

（四）购买决策

网络顾客在完成了对商品的比较选择之后，便进入购买决策阶段。与传统的购买方式相比，网络购买者的购买决策有许多独特的特点。首先，网络购买者理智动机所占比重较大，而感情动机的比重较小。其次，网络购买受外界影响较小，大部分的购买决策是自己做出的或是与家人商量后做出的。再次，网上购物的决策行为较之传统的购买决策要快得多。

（五）购后评价

顾客购买商品后，往往通过使用，对自己的购买选择进行检验和反省，重新考虑这种购买是否正确，效用是否理想以及服务是否周到等问题；这种购后评价往往决定了顾客今后的购买动向。在网络上，购后评价的影响力远远高于传统的购物模式，这是因为网络口碑对顾客购买决策的影响相比传统模式，具有波及范围更大、传播速度更快等特点。由于网络的匿名性、非面对面的接触、沟通成本低廉等因素使顾客能毫无顾虑地发表自己的真实想法和意见，更主动地吐露出不满和抱怨。

为了提高企业的竞争力，最大限度地占领市场，企业必须虚心倾听顾客反馈的意见和建议，迅速找出工作中的缺陷和不足，及时了解到顾客的意见和建议，随时改进自己的产品性能和售后服务。

四、网络销售心理策略

（一）努力提供个性化的产品和服务

个性化服务，也叫定制服务，就是按顾客的要求提供特定服务。网络空间聚集着无数企业站点，使顾客有充裕的选择空间；网络获取信息的便捷性，使顾客能方便地要求企业量身定制产品。互联网被设计成可以传输多种信息（如文字、声音、图像等信息）的媒体，使得为达成交易进行的信息交换能以多种形式存在和交换，可以充分发挥营销人员的创造性和能动性。企业通过运用个性化的 e－mail 网页的欢迎信、对顾客兴趣的追踪等与顾客建立亲密友好的联系，创建个性化的销售信息，记住顾客的喜好；借助互联网，迅速获取关于产品概念和广告效果测试的反馈信息，对顾客行为进行跟踪，进而为顾客提供不同的产品和服务；利用互联网的一对一和交互式功能加强与顾客之间的沟通，了解顾客需求及其变化，提供附加值高的信息，引导顾客在网上参与产品设计，共同创造和满足个性化需求。

（二）重视开展互动式营销

企业进行网络营销的最终目的，除了希望挖掘更多的潜在客户即网上交易的顾客，同时也希望更有效地提升企业自身的形象和销售业绩。网络营销区别于传统营销的最显著特点是网络的互动性。企业通过电子布告栏、线上讨论区、网上虚拟社区、e－mail 营销、博客营销等模式，以极低成本在营销的全过程中对顾客进行及时的信息传播。顾客则有机会对从产品设计到定价和服务等一系列问题发表意见。卖方可以随时随地与买方互动式的进行交易，而买方也可以以一种新的方式与卖方互动交流，且这种交流是双向的。这种双向互动的沟通方式提高了顾客的参与性和积极性，更重要的是它能使企业的营销决策有的放矢，从根本上提高顾客满意度。

（三）优化配送，满足价格重视型顾客的需求

网络购物不存在节假日或营业时间限制，顾客可随时查询所需的产品和服务。查询和购物过程需时极短，程序简便快捷。在 些选购品或有特殊性的商品购买中这种优势更为突出。客户下订单、付款后，将商品发送给客户是网上购物中的另一个重要组成部分。网络营销中的产品分为可以直接在网上传送的商品和实体产品两种，前者如图像、软件、咨询服务等可通过网络直接传送，但对于实体产品，仍要借助于传统的送货方式。顾客选择网上购物时，其中一个不便之处是需要等待一段时间才能拿到自己的物品。因此，不断优化配送以保证商品在最短的时间内由最近的分销网点送到顾客手中也是提高顾客满意度的一个重要方面。

【学习资源链接】

1. 精品视频讲座推荐：《销售人员的十堂专业必修课》。讲师：杜继南，曾先后接受过DDI、FORUM、富兰克林柯维、APTT 等国际著名培训公司的系统专业导师训练和课程 TTT 训练，是美国 APTT 机构（德·波德思维训练教程）授权认证讲师。

2. 延伸阅读。

“网购盛宴”演绎服务业之变

当众多电商和无数网民在“双 11”彻夜不眠盯着屏幕“狂欢”时，这一购物盛宴正在给中国的网络经济带来深远影响。“双 11”释放的巨大效应，不仅掀起新经济、新的商业模式对传统商业模式的挑战，更重要的是其折射出电子商务与实体经济融合发展的新变化，将推动传统行业加快转型升级。

11 月 12 日零点，杭州阿里巴巴西溪园区媒体数据直播中心大屏幕上的成交额数值最终定格在 350.19 亿元。这 350 亿元形成的，是 1.5 亿个飞往各地的包裹。“双 11”已经轻而易举地成为全球规模最大的网购节日。

“逆天”的购买力

350亿元，网购顾客巨大的消费热情和消费能力通过一张张订单释放出来。

卖疯了！

11月11日的第68秒，杭州阿里巴巴西溪园区媒体数据直播中心爆发出一阵惊呼。116896436元！大屏幕第一次更新出的“双11”支付宝总成交金额令人震惊。

但这只是这场全民网购盛宴的开始。此后我国网购单日的一系列纪录被不断刷新。尽管阿里巴巴董事局主席马云此前表示，希望今年“双11”成交额控制在300亿元，但在21点20分，成交金额就突破了这个数字。

特地赶来杭州“观战”的小米科技公关总监刘飞几乎不敢相信总部传来的数据：11日零点30分，小米手机开售，3分钟后，小米单店支付宝成交额过亿元，成为天猫首个成交额过亿元的实物商家，8分钟后，成交额突破2亿元。截至中午12点，仅小米3TD版手机单款商品销量已达到2.3亿元。

卖得最快的是小米，单品价格最高的则是佐卡伊旗舰店于上午10点47分售出的一颗13.33克拉的大钻石。像小米和佐卡伊一样迎来潮水般订单的还有众多商家。“双11”的头3分钟，GXG、杰克琼斯、太平鸟的成交额就突破千万元。凌晨1点，服装类目成交额33.4亿元。去年“双11”，总共只有3个店铺成交量过亿元，今年截至20点30分，已有小米、国华人寿、海尔、优衣库、生命人寿官方旗舰店等14家店铺挺进“亿元俱乐部”。

网购顾客巨大的消费热情和消费能力正通过这些订单释放出来。截至11日上午10:30，奶粉销售破50万罐成交过亿元，可以供全国2个月大的新生儿食用一个星期。纸尿裤销出6600万片，以一片吸水量1000毫升计算，大概能吸干6个西湖。

不再是天猫淘宝的“独角戏”

越来越多的电商在“双11”这一平台上崭露头角，整个电商的商业基础体系在“大考”中实现转型升级。

“阿里搭台，大家唱戏”，“双11”真正成为电商行业的“全家福”。

来自第三方电商导购平台惠惠网的数据显示，截至11日中午12点，包括京东、易迅、唯品会、一号商城等在内的电商平台流量增长与前日相比都近乎翻番。

来自易迅网的数据显示，截至11日16时，易迅网下单笔数近35万，下单金额超过2.84亿元，预计全天的订单数目将达到45万单至50万单，单日销售金额将达到3.6亿元至4亿元的历史最高值，相比去年“双11”暴增4倍。

此外，垂直类网站也在“双11”促销中第一次崭露头角。记者11日下午4点电话联系汽车之家副总裁马刚，他笑称，“我们的客单价是15万元每辆，远超天猫啊。”垂直汽车网站汽车之家今年第一次与汽车厂商联手参与“双11”。截至16点40分，汽车之家共在线上卖出13448辆汽车，总销售额达到20.02亿元，仅在北京市就卖出1442辆。

从2009年到2013年，天猫淘宝成交金额分别为5200万元、9.36亿元、52亿元、191亿元和350亿元，成为名副其实的爆发式增长，而庞大的数字也在考验着支付、物流、售后等一系列支撑体系，尽管这场“大考”他们的成绩还未知，但根据市场研究机构中国电子商务研究中心分析师方盈芝的说法，“双11”正在成为倒逼行业提升的关键节点，通过“双11”，整个电商的商业基础体系正在实现转型升级。

网购模式加速渗透传统行业

传统企业已开始将网络购物视为正常营销的渠道之一，而非倾倒库存的“下水道”。

但这些令人眼花缭乱的数字和一句“太能买了”并不足以形容这350亿元背后蕴含的变化。

这些变化中，有传统企业对网购态度的转变。去年“双11”，销售额排名前10的店铺中，服装纺织企业占据7席，其中6家为线下品牌，它们的销量多半来自于低价清理过高的库存。但今年“双11”截至20点，排名前10的实物店铺中服装纺织企业上升到8家，其中出现了茵曼、阿卡、韩都衣舍3家互联网品牌，线下企业的促销项目也多半为当季新款。传统企业已开始将网络购物视为正常营销的渠道之一，而非倾倒库存的“下水道”。

这些变化中，也有传统企业对网购销售方式的熟悉，截至20点，在单品销售前10的商品中，挂有“预售”方式销售的商品有3件。顾客先交定金，“双11”当天付全款的“预售”模式在去年“试水”后，今年被线下品牌广泛使用，对于他们来说，这种模式能够更精准地对供应链进行控制，从而大大降低生产成本。

为350亿元做出贡献的还有“新面孔”：第一次加入“双11”促销的旅游服务业和传统金融保险业。各大酒店集团和航空公司在半天的销售时间中贡献出超过6万间夜的酒店预售和4万张机票。而在理财产品方面，截止到11日中午12点，理财产品支付宝总成交金额达5.55亿元。易方达1.18亿元基金产品半天售罄，易方达基金互联网金融部总经理廖智告诉本报记者，传统基金公司在互联网上卖基金刚刚开始，还需要不断去了解客户群体的特征，摸索服务他们的方法。

训练与思考

训练思考一：

1. 组织学生在淘宝、当当等网站购物一次，体验网络购物流程。
2. 在课堂中，组织学生进行网购经验交流。

训练思考二：

案例讨论：

日本资生堂的客户关系管理

从1996年2月起，日本资生堂积极导入与POS（商品销售点信息管理系统）互相联动的顾客管理体系“SCOPE2”，以强化对零售业的支援。从资生堂的转变可以看到下一世纪名牌商品的竞争实力，将由制造及研究实力转变成信息实力的必然趋势。1989年资生堂曾实施过这套系统。经改革过的新品种，其效率比过去提升，无论是各零售店所能管理的会员数或是可登录的商品数量，都比过去扩张2倍之多。处理速度也比过去高出2至5倍，资生堂之所以积极导入这项系统，在于各品牌化妆品的价格竞争战愈来愈激烈，资生堂希望通过强化信息管理，使所有的各店显出特色。

位于东京江东区的一家资生堂化妆品专卖店，运用这套系统对顾客进行了有效分析。例如，对过去一年间消费的金额达到3万日元以上者进行检索，发现其中有259人属于会员。

进入1996年来，其中未曾来店购物者，经检索之后有37人。将这些人的住址印出来后，可立即完成广告传单。一旦有新的商品出现，立即可以找出对于那一类商品有偏好的品牌忠诚者。另外，还可寄生日卡，以进一步掌握会员的有关信息。整体而言，SCOPE2具有两大机能：一是通过POS可以使下单及接单者之间进行网络连线，进而对商品进行管理；二是什么顾客在什么时候购买了什么商品，一切均可以纳入资料库里进行管理，而后再以POS的资料为基础，可以进行更精密的商品需求预测。因此，各家零售店除了设有基本的POS收银机之外，还设有对顾客进行管理的电脑系统以及印表机。商品的销售信息再与POS的收银机相连接，储存到个人电脑网络里，零售店通过通信网络，将下单的信息传到资生堂设于各地的物流中心。资生堂通过这套系统来配送商品及对于未来的商品需求进行预测。

目前，该公司通过这套系统所管理的会员数高达1万人，涵盖了9家公司3万项商品。另外，该公司每个月一次，将自己所收集到的信息反馈给零售店，今后通过内部网络连线，彼此可以接收到各种信息，使得总公司对于各销售店的支援效果及能力得以进一步提高。

当今，如何以最有效的方法了解顾客的需求，进而根据顾客的需求，以最短的时限、最低的成本开发出顾客真正所需的商品，成为一项商品研究开发成功与否的关键。现代信息技术对于企业市场销售管理的重要作用，由此便可略见一斑。

随着电子商务的出现与应用，使得当今世界的顶尖公司面临着不断的竞争压力。为了处于竞争的前沿，各大公司越来越关注他们的客户，并将其作为一种保护未来竞争优势的途径。在过去的几年中，新的理念（如“客户对象”，“客户资产管理”和“1：1市场”）已经引起了很多公司的注意，他们发现在业务增长中客户是至关重要的成功因素。每个客户的价值及建立与这些客户的个人关系的价值都使得客户关系方面的管理成为全球会议室中的第一话题。公司为了保证的领先地位，势必要致力于有效的客户管理。

（资料来源：李秀英，王旭．消费心理学［M］．北京：机械工业出版社，2013.）

思考题：

1. 日本资生堂如何利用现代信息技术进行销售管理？
2. 如何利用互联网进行客户关系管理？如何利用互联网分析顾客心理？

项目九

销售人员的职业心理

案例导入

IBM——最佳服务的象征

服务是 IBM 一项非常大的收益来源。IBM 首创了“销售和服务是营销功能中不可分离的两部分”的经营思想，它成功的优势主要得益于无懈可击的服务策略。IBM 专门选用表现优异的业务人员担任 3 年的主管助理，他只负责一项工作：务必在 24 小时内解决任何顾客的抱怨或疑难。

一次，某公司资料处理中心的计算机出了故障，为了排除故障，IBM 很快从世界各地请来 8 位专家，其中四位来自欧洲，两位来自本地，一位来自加拿大，一位从拉丁美洲赶来。他们迅速排除了故障，被顾客称道为“集体服务”。

IBM 的总裁对“服务”做了非常妥帖的剖析：“随着时间的积累，良好的服务几乎已成为 IBM 公司的象征……多年以前，我们登了一则广告，用一目了然的粗体字写着：‘国际商用机器公司就是最佳服务的象征。’我始终认为，这是我们有史以来最佳的广告，因为它很清楚地表达出 IBM 公司真正的经营理念——我们要提供世界上最好的服务。”

IBM 并非专业的搬家公司，当一个大顾客决定搬迁时，IBM 公司的服务人员总是尽心尽力地帮助顾客。当麦道自动化公司把其设在圣路易的总部搬进一座 7 层大楼时，为重新安装麦道公司的电脑系统，IBM 公司的 24 名服务人员分为 8 人一组，每天 24 小时不停地工作，用最快时间完成了这项巨大的系统连接工作。

为了把阿可公司的石油和天然气分部的数据处理中心从达拉斯搬到大约 20 英里外的普拉诺，IBM 提前花了 18 个月来制订行动计划。公司用电脑对搬迁进行规划、管理与控制，把细节分为 4000 项工作，准确到每分钟做什么、每辆汽车运什么及日程安排、运到后如何处理等等。为了使阿可公司的 1500 个计算机用户在搬迁期内能最大限度地使用电脑系统，IBM 服务人员把搬迁分散在几个月内的周末和假日中进行，确保在搬迁期内仍有 55 个以上的机构能继续使用该电脑系统。这些安排使阿可公司的业务基本上没有受到这次搬迁的影响。

IBM 公司还在全美各地设立应用产品和技术营销中心来强化服务。中心举办讨论会、产品演示和商用系统规划课程。IBM 专家培训顾客，使他们获得最大限度地使用产品的资料。

IBM 公司的成功还来自于不懈努力工作的服务人员及其英雄行为。一位在菲尼斯工作的女服务人员驾车赶往顿普，为顾客急送一个小零件，顾客需要它来恢复失灵的数据中心的存储功能，但是瓢泼大雨使公路交通几乎瘫痪，汽车头尾相接，使原来25分钟的行程变成要花4小时才行。这位女服务员决心不让顾客失去这一个下午的宝贵时间，她想起来车上还有一双旱冰鞋，于是抛下汽车，穿上旱冰鞋冒着大雨滑行而去，为顾客很快地送上了急需的零件，使顾客深受感动。有一次，费城信赖保险公司的机房突然起火，IBM分区经理在5:00就得知失火，但直到8:30，警方才准许检查受损情况，检查后发现所有的导线都被烧化，20个键盘、10个驱动器、5个通信系统和18个输入设备受到损害，这位分区经理立即调来各个服务小组，24小时不停顿地抢修，连续3天不间断地工作，使信赖保险公司尽快恢复了正常工作。

（资料来源：李秀英，王旭．消费心理学［M］．北京：机械工业出版社，2013.）

问题引出：作为IBM的营销与服务人员，应当具备哪些方面的素质才能做到“提供世界上最好的服务”？

任务一　销售人员的职业心理概述

学习目的

通过完成本任务，了解销售人员存在哪些心理表现及心理素质要求，树立起加强自己销售心理素质的意识。

一、销售人员的概念

销售人员是从事商业、服务业、交通运输业等营利性部门经营业务的售货员、服务员、收购员和店员等人员的统称。商品的销售，主要是通过销售人员的技术性劳动和服务性劳动实现的。20世纪80年代以来，中华民族敞开胸怀，面向世界，同时也面临着人类历史上空前伟大的新技术革命的浪潮，电脑社会化，世界经济从有限的商战走向全球性生产和流通的大循环。所有这一切都使中国市场沸腾了，瞬息之间，从昼夜兼程的原材料采购员，到空气混浊、拥挤不堪的火车厢里的推销员；从商场售货小姐的微笑与街头摊贩声嘶力竭的叫卖；从顾客的赶时髦到顾客百般挑剔后的摇头而去，到处充满了销售的竞争。随着市场经济向社会各个层面的渗透，销售竞争的形式和技巧也由低级向高级发展。人们普遍提出了一个社会问题：如何有效地提高竞争质量。销售人员的心理素质是有效提高竞争质量的关键因素。

二、销售人员心理的界定

销售人员心理，有广义和狭义之分。广义是指销售人员的头脑对商业贸易活动这一客观事物的主观能动反映，以及由此引起的一切心理活动；狭义是指销售人员在商品销售过程中，接待顾客时所产生的心理活动。它包括销售人员的心理过程、心理状态和个性心理，以及心理品质在接待顾客过程中的表露和作用。

销售人员作为社会人，在心理上同其他任何社会人是一样的。人是有血有肉、有思想、有感情的。人有各种需要、各种感情，而这些需要和感情极其复杂多样，容纳于一体之内，或相辅相成，或相反相成；或此消彼长，或此长彼消，变化微妙。销售人员处于复杂而活跃的商品交易的环境中，一方面与各种各样的顾客保持着密切的交往，随时感受到五光十色的社会消费现象，另一方面又受到社会环境、团体环境、家庭环境的影响。这些影响必然会触动销售人员的心理活动，产生各种心理状态，如注意、分心、好奇、困惑、怀疑、喜悦、活跃、消沉、冷淡、忧伤、悲愤、恐惧、惊讶、镇定、紧张、犹豫、果断等。这些因素必然会波及销售人员在营销活动时的心理和行为。在竞争的沉浮中要求企业的生存与发展，有赖于销售人员的心理健康，或称为心理卫生。要保证销售人员的心理健康，又在于销售人员心理品质的培养。

三、销售人员的心理素质

销售人员的心理素质的高低好坏，是创造新的营销风度、做好商品销售工作的基础。市场经济最显著的特征之一就是自由竞争。在商品竞争的表面形式下，蕴含着人与人的竞争，说到底是一场人与人的素质的较量。销售人员肩负着把商品最终销售出去或提供服务、满足顾客的生活需要和心理需要，并实现其商品价值的任务。销售人员能否完成这一任务，与其心理状态关系极大，一个有着良好心理素质的销售人员，一定能把商品营销工作做得有声有色，在激烈的竞争中力争企业的生存和发展。

一个人的心理素质，决定其心理品质。构成销售人员心理品质的要素是：情感品质、意志品质、能力品质。心理品质构成要素是否健全，直接影响销售人员的素质。良好的心理品质，能使销售人员保持正常的心理状态，在纷繁复杂的营销活动中智力正常，情绪健全，行动协调，反应适度。具有熟练的销售技能、丰富的商品业务知识和良好服务态度的销售人员，将成为新经济时代的杰出代表。

任务二 销售人员职业心理的基本要素

学习目的

通过完成本任务，了解销售人员具有哪些不同的情感、意志、能力品质，树立起对自己在这几个方面的职业心理要素进行剖析的意识，从而实现更有效的销售。

销售人员的心理品质，由情感品质、意志品质和能力品质三大要素构成。

一、情感品质

道德感、理智感和美感是构成情感品质的基本要素。情感虽然是每一个人普遍具有的，但是各个人的情感是不同的。人的情感品质的个别差异，表现在情感的倾向性、情感的深刻性、情感的广阔性、情感的稳定性和情感的效能性等五个方面。因此，销售人员的情感品质既有共同性的一面，又有个别差异性的一面。

（一）情感品质的概念

情感品质的界定。情感品质，由情绪和情感两个要素构成。情绪和情感，是指人对客观事物是否符合其需要所产生的态度的体验，是人脑对客观事物与人的需要之间关系的反映。客观事物是情绪和情感体验的客观来源，人的需要是情绪和情感产生的主观原因。实践活动是人的情绪和情感产生和发展的基础。情绪和情感，虽然都是人对客观事物是否符合其需要所产生的态度的体验，但相对来说，它们是有区别的，主要表现在：情绪比情感更为广泛；情绪多而不稳定，情感稳定而持久；情绪具有明显的冲动性和外部表现，情感比较深沉而含蓄。情感是在情绪的基础上产生的，情绪又往往是高级、复杂的情感的表现形式。情感品质是销售人员心理品质形成的内在动力情绪和情感在销售人员的心理和实践活动中具有开端、过滤、动力和信号的作用。积极的情绪和情感是销售人员心理品质形成与发展的内在动力，是提高营销实践活动效率的重要力量。消极的情绪和情感是销售人员的认识活动和能力发展的阻力，是降低销售人员体力、精力和营销活动效率的主观因素。

（二）情感品质形态

道德感、理智感和美感是情感品质的主要形态，也是构成销售人员情感品质的基本心理因素。

1. 道德感

道德感是指人们根据一定社会的道德需要和规范，评价自己或别人的言行时所产生的情感。例如，某水果店一位售货员接待一位来买火龙果的老人，她匆匆忙忙为这位顾客拣了一秤盘，可老人却从中挑出两个有些烂的火龙果，说："这两个火龙果坏了，换一换。"她瞟了老人一眼说"没事儿，照样吃"。老人一听，不高兴了："坏了就要换嘛！"，售货员说："瞧你那模样儿，你吃过火龙果吗？"这句话气得顾客直哆嗦，一时竟没能说出话来。晚上，这位售货员回到家，上幼儿园的儿子说老师让家长为孩子买一个写拼音的练习本，于是她骑上自行车直奔文化用品商店。该店的销售人员正在结账，准备下班了。这位成了顾客的售货员连说了三声"买个本子"，那位在算账的销售人员仍未抬头。"买个拼音本！"她又一次抬高了声音。"就你嗓门儿大，没看见结账呢？"，"你什么态度？我找你们经理去！"，"找谁也得让我结账，去吧，我该关门了。"气得这位"售货员"型的顾客同样也一句话都说不出来。

道德感，是关于人的行为、举止、思想、意图是否符合社会道德行为准则而产生的情绪体验，它是由那些能满足人的社会道德行为准则的需要产生的。假如在营销领域里以"顾客是上帝"作为道德行为准则，那么销售人员就应是"仆人"。销售人员的道德感就是对顾客负责，对顾客有一种义务感、友谊感和责任感，并把这些道德准则贯穿于行为、举止、思想、意图之中。对顾客做到"问心无愧"，并从中体验到满意、喜悦、自豪的情感。相反，在没有为顾客尽到责任和义务时，也能体验到惭愧和内疚的情感。这就是销售人员所具有的道德感。

2. 理智感

理智感，是指人根据某种认识和追求真理的需要，对一定的客观事物所产生的情感。理智感是人在对客观世界的认识过程、科学探讨和智力活动中产生的情感。它与人的求知欲、认识兴趣和追求真理的渴望相联系。理智感表现在多个方面，如人在认识客观世界时，有所发明、有所创造时所产生的喜悦和愉快；在突然遇到某些熟知的规律相矛盾的事实时所产生的疑惑惊讶；在不能作出判断和结论时所产生的迟疑和烦恼以及对真理和科学的热爱，对谬误和偏见的蔑视，这些都属于理智感。理智感是人们从事科学研究、改造世界的动力，是解决各种矛盾和突发事件、培养良好心理品质的重要因素。如在公共汽车上，一位售票员的脚被乘客踩了，会产生什么样的结局呢？如果售票员是一个缺乏理智感的人，他可能即刻会粗暴地对乘客叫道："你瞎了眼？"要是乘客同样也缺乏理智感，也许就会引发一场纠纷。周围的乘客会产生什么样的情感体验呢？相反，如果售票员是一位具有理智感的人，他就可能以训练有素、分寸得体而又富有幽默感地说："对不起，我的脚可能碰着您了。"那么，不管这位乘客是否有理智感，结局肯定会是令人满意的。

3. 美感

美感，是指人根据某种美的需要，对一定的客观事物进行评价时所产生的情感，是对事物美的体验。美感总有直觉性，即物体的颜色、形状、线条以及声音方面的特点在美感的产生中起着重要的作用。但是，事物的外部特点是不能离开事物的内容而存在的，作为美感发生的源泉并不只限于事物的外部特点，起决定作用的是事物的内容。在《巴黎圣母院》里，道貌岸然的神父、军官是假、丑、恶的化身，面貌丑陋的敲钟人却是真、善、美的代表。它突出地说明了形式上的美总是服从于内容上的美。销售人员的外在美只有与为顾客服务的心灵美结合起来，才能产生真正的美感。

二、意志品质

（一）意志

意志是指人自觉地确定目的，并支配行动去克服困难，以实现预定目的的心理过程。如销售人员为了实现自己的营销活动目的，不得不去努力认识商品经济的规律，不得不放弃某些令他愉快的行为，控制自己的某些情绪而去完成那些使他感到吃力、费劲、枯燥的销售人员工作。所有这些，都是人的意志的表现。意志过程虽然与认识、情绪和情感过程一样，也是人脑对客观现实的反映过程，但它也具有自己的特点。这些特点是：意志具有明确的预定目的；意志通过克服困难集中地表现出来；意志直接支配人的行动。

（二）意志品质

意志品质是指人为了实现预定目的而自觉努力的一种心理过程和行动过程。它具有积极的能动性和制约性。能动性和制约性的相互作用，推动着主体心理的发展和变化。意志的能动性，推动主体朝着确定目标前进；意志的制约性能使主体克服各种障碍，服从前进的目标，产生积极的意志行动。能动性与制约性如果不能保持平衡和统一，就会导致意志心理的倾斜，产生消极的意志行动。意志行动是复杂的自觉行动，它的心理过程包括动机斗争、确定行动目的、选择行为的方式和方法，做出实现意志行为的计划以及通过意志努力，实现所作出的决定，这些都是意志品质的表现。

（三）意志品质的构成要素

意志品质主要由自觉性、坚毅性、果断性和自制力等要素构成。

1. 自觉性

自觉性是指一个人在行动中具有明确的目的性，并充分认识行动的社会意义，使自己的行动服从于社会的要求方面的品质。这种品质，也叫自觉性品质。销售人员的自觉性品质，不仅表现在他对营销行动目的合理性和社会意义上的自觉认识上，也表现在坚决实现营销目的的合理态度和自觉行动上。因此，自觉性品质也是销售人员产生坚强意志的精神支柱。

2. 坚毅性

坚毅性又称坚持性、坚韧性、顽强性、毅力。它是指人能以充沛的精力和坚韧不拔的毅力克服一切困难和挫折，为实现目标始终坚定不移。具有坚毅性品质的人，能够经受长期困难磨炼的心理和生理的紧张度，坚持热烈紧张的持久活动，对任何艰难险阻不会气馁，对任何挫折不会灰心。销售人员的工作岗位，不会惊天动地，也不会轰轰烈烈，而是那么的平凡，又那么的繁琐，对顾客迎来送走，对商品拿出拿进，要面对各种各样的人、各种各样的态度，是一种什么力量支撑销售人员长年累月，甚至是一生一世都坚守在极其平凡的岗位上呢？原因固然很多，但坚毅性是其中一个重要因素。

3. 果断性

果断性是指人在选择目标、做出决定和执行决定过程中能够迅速和坚决地进行决断。一个具有果断性品质的人，总是能以自觉性和深思熟虑为前提，以大胆勇敢为条件，有胆有识，处事果断。这不仅表现在个人执行决定的正常活动中，善于观察事物的发展变化，收集材料，掌握信息，通过分析比较，去伪存真，明辨是非，迅速而坚决地做出决定；而且能根据情况的变化和社会的需要，立即停止或改变已经执行的决定，毫不犹豫地做出新的决定。例如，有一位顾客想买一台半导体收音机，到商店时正赶上销售人员在店内吃饭，一位销售人员端上饭碗来接待顾客。顾客见销售人员吃饭，就想离开店面，而另一位销售人员却马上把饭碗放下，连忙向顾客打招呼，并说："您要买半导体收音机，我们这里有各种牌号，您尽管挑选。"顾客笑着说："真难为您，要影响您吃饭了。"销售人员一边说"不要紧"，一边从店面里拿出了收音机，并装上电池，调好频道，请顾客收听。销售人员见顾客中意后，又拿出同型号的另一台收音机装上电池，请顾客比较。当然，这笔买卖很快就成交了。从这位销售人员放下饭碗到买卖成交的过程，没有雷鸣电闪、暴风骤雨似的斗争，也没有惊心动魄的拼杀格斗，而是那么的平凡。然而，恰恰在这平凡中表现了这位销售人员的果断性。从果断性上又集中地表现出了销售人员其他方面的优良心理品质。

4. 自制力

自制力是指善于克制自己的情绪，并能有意识地调节和支配自己的思想和行动，甚至是与自己的目的相违背的一切愿望、动机、情绪和行为。一个富于自制力的人，能够冷静地对待和分析各种事物，忍受委屈、痛苦，乃至折磨和凌辱，经受住挫折，而不放弃自己所追求的目标。自制力是销售人员应具有的基本心理品质。虽然都是顾客，但是百人百面、百腔百调、百种心理。平凡的销售中也常会风浪叠起，冲突常有。就按一般常规而言，顾客的购买行为，通常都要经过选择、比较、评价、思索等心理阶段，这些心理活动阶段会因为某些因素的影响发生微妙的变化，如顾客购买动机的矛盾、疑虑心理的产生、个性特征的影响等，可能导致选购商品时出现断断续续、反反复复的情况而延长选购时间。碰到这种情况，销售人员若具有良好的自制力，就会以自己特有的忍耐性，宁静耐心的态度表现和行为举止去对待或说服顾客，从而获得顾客的好感，加速买卖的成交。

三、能力品质

（一）能力的概念

能力，是直接影响人顺利有效地完成活动的个性心理特征。能力不仅是人的心理活动形成和发展的重要内部因素，而且是人得以顺利完成各项实践活动必备的主观条件。才能是各种能力比较完备的结合，天才则是某一方面或某些方面才能的高度和杰出的发展。

能力可以分为一般的能力和特殊的能力。一般能力，如观察能力、记忆能力、注意能力、思维能力、想象能力、判断能力、表达能力等，这也是通常所说的智力；特殊能力，如节奏感、彩色鉴别能力等，它们只在特殊活动领域发生作用。一般能力和特殊能力有机地联系在一起，构成了人的能力品质。

能力与知识和技能的关系：能力和知识、技能既有区别，又有联系。两者的区别是：能力是一种比较稳定的个性心理特征，是顺利完成某项活动的本领，是先天素质与后天环境、教育的结合，是发展较慢的、有限度的；而知识、技能是人脑所形成的一种暂时联系系统，是对客观事物的反映和一定动作的方式，是后天获得的东西，发展是较快的、无止境的。两者的联系是：知识、技能是发展人的能力的条件、因素和中介，而人的能力又是影响掌握知识和技能的速度、质量、水平和牢固程度的重要因素。能力和活动是联系在一起的，只有通过活动才能发展人的能力和了解人的能力。能力又与智力分不开。但是，智力不是一种单一的能力，而是一种综合的整体结构。在智力结构的理论中存在各种学说，如美国心理学家斯皮尔曼提出的“二因素说”，美国心理测验权威塞斯顿提出的“群因素论”，美国心理学家吉尔福特提出的“智力三维结构模型”以及美国心理学家阜南提出的“智力层次结构模型”，都对智力因素作了种种研究。

（二）销售人员的能力品质

销售人员的能力品质，除具有一般的能力品质外，从某种意义上讲，为适应营销领域工作的特点，观察能力、注意能力和表达能力（包括语言表达能力和文字表达能力）应成为销售人员的特殊能力。

1. 观察能力

观察能力是指发现事物典型特征的能力。销售人员的观察能力，是指销售人员通过顾客的外部表现去发现顾客的消费心理和购买心理的能力。因此，观察能力是销售人员良好能力品质的重要部分。

销售人员不仅能从顾客的言谈举止、面部表情和视线上准确地判断顾客的意图和需求，由此了解到顾客的气质特点和兴趣指向，采取相应的接待方法，而且能透过事物本身的外部反映，迅速地掌握顾客的心理变化，灵活地运用各种心理策略对顾客进行诱导购买行为，或满足其心理欲求。例如，一位先生路过某药店前，看见里面陈列着仁丹，他想起要买仁丹，便进了那个药店。店里的销售人员对他微微一笑，说：“您来了！您是来买仁丹的吧！”顾客回答说：“是啊！”但感到很惊讶，自己什么也没有说，为什么销售人员能说出自己要买的东西呢？于是问道：“你怎么知道我要买仁丹啊？”销售人员露出一副理所当然的表情，回答说：“因为我看到您一边看仁丹，一边径直进店来了。”这位销售人员称得上观察细微、分析透辟。

2. 注意能力

注意能力是把意识指向和集中固定于一定对象上的心理活动。营业员的注意能力，是指销售人员在营销工作中把自身的心理活动，定向集中到接待顾客的能力。注意能力的要求是：要求能把注意力较长时间内集中于一种对象或同一种工作上；要求能为适应某种活动而尽量扩大注意范围，或把部分注意力分配到必要的其他不同方面；要求能把注意迅速地从一个客体转移到另一个客体。

按照注意能力的三点要求，销售人员不但要有稳定的注意能力，而且要善于灵活运用和分配转移注意能力。如当顾客流动时，销售人员应有目的地分散自己的注意力，把注意的区域尽量扩大，以便掌握顾客的动态，及时捕捉顾客在环视商品或注目橱窗后的各种反应和意向。当顾客临柜时，销售人员的注意区域必须迅速收缩，把注意力集中于临柜顾客上。如果临柜顾客有几位，则应根据各个顾客对商品的兴趣程度或选定程度，有所侧重地分配注意力，把对商品产生浓厚兴趣或有选购目标的顾客作为注意中心，兼顾其他顾客在集中注意接待一位顾客后，应迅速把注意力转移到候购顾客。

一个销售人员有良好的注意就能促进顾客的购买行为能力。例如：《北京日报》在一篇题为《一根绳给顾客带来的方便》的通讯中报道了这样一位销售人员，其中一段写道："同志您是不是想买鱼?"一号售货员向店面前一位男青年问。"是啊，我看今儿的鱼挺好，可惜我没带家伙。"男青年略带惋惜地说。"没关系，我给您栓上。"说着，一号售货员挑了两条平鱼放在秤盘上，称完后，她麻利地用一根塑料绳把两条平鱼栓上，递给了小伙子。"谢谢！谢谢！"男青年满意地离开了店面。这段描述说明男青年并不是有目的来买鱼的，而是偶然经过这里来看一看。然而，由于一号售货员具有较强的注意能力，敏锐地注意到了顾客的心理动向，在顾客还没有提出要求时，就已注意到如何给予顾客帮助，买卖成交时又以高度的注意能力"麻利地"完成了计量、拴鱼等服务工作。由此可见，销售人员的这种注意能力，更能体贴顾客的心理要求，给顾客以亲切的感受，促进顾客购买行为的实现。

3. 表达能力

销售人员的表达能力，主要指其与顾客接触时运用语言、表情传递有关信息的能力。销售人员良好的表达能力是与其记忆能力、思维能力、想象能力等品质能力联系在一起的。这些能力的作用表现在：记忆能力，能使销售人员对营销活动所涉及的知识、技能记得牢，在实际活动中可以迅速地运用，敏捷地传递与服务于顾客，能使销售人员对商品各个方面全面了解，有利于及时、清楚明白地把商品信息传递给顾客；想象能力，能使销售人员对商品的个性和象征性，以及商标、包装等构成部分的特点与寓意理解透彻，以其想象、通过语言表达去感染顾客。这些作用能否通过销售人员得到发挥，还要借助销售人员的语言能力。善于运用语言、语调，并伴随相应的表情和姿态，清楚、扼要、有说服力地向顾客表达自己的意思，是销售人员表达能力的基础。销售人员真诚、坦率、恰到好处的语言表达是获得顾客信任的重要条件。例如，俄国著名诗人莱蒙托夫曾经遇到过这样一件事。有一年正是梨子上市的时节，许多卖梨者都喊自己的梨好，有一位小伙子却对莱蒙托夫说："先生，这是我栽的梨树第一次结的梨，没有经验，其中有的梨可能不太甜。"莱蒙托夫最后毫不犹豫地买了这个小伙子的梨。这个小伙子在卖梨过程中，用诚挚的语言向莱蒙托夫诚实地介绍了自己所卖的梨子，这种表达方式获得了诗人的信任。由此可见，真挚和善的语言表达，能引起顾客发自内心的好感，起到吸引顾客的作用。从买卖的角度看，语言表达具有使顾客提高或减退购买欲、促进或阻碍销售的功能。因此，有时销售人员说几句得体、中听的话，会使顾客情绪高涨、勇气倍增，下定决心购买；有时说错一句话，或说得不中听，会使顾客丧失信心、打消购买念头，使本来可以成交的买卖告吹。所以，销售人员不仅本身应具有良好的表达能力，而且要了解各种顾客的心理。如有位上了年纪的顾客想买一件颜色比较鲜艳的衣服，她自己也许会对销售人员说："上年纪了，是不是太艳了一点?"销售人员如回答："是的，太艳了。"这位顾客一定很失望，因为顾客心理期望得到的回答是："哪里，哪里!"，或"您看起来很年轻，可不像上了年纪的人。"年纪较大的人通常都有一种希望别人说她（他）年轻的心理。销售人员回答询问得体，买卖就能成交。

任务三　销售人员的职业心理表象

学习目的

通过完成本任务，了解销售人员存在哪几种职业心理表象，从而树立起剖析自身销售职业心理表象的意识，以及在销售过程中针对自己的职业心理表象的特点有针对性的采取销售策略和方法。

销售人员心理的发生、发展和变化，是与销售人员职业密切相关的。销售人员的良好职业心理，是销售人员自身适应职业工作特点的客观需要。

一、销售人员的服务心理

（一）服务心理的概念

服务心理，是指销售人员在商品销售服务中，通过长期内心体验，形成的乐于为顾客服务的个性心理，它包括自觉服务心理和愉快服务心理。服务心理的核心是对自我存在价值的认识和"我为人人，人人为我"的内心体验，是销售人员的职业观和世界观的体现。我国的市场经济不断渗透到人们生活的各个层面，加上经济全球化进程加速，都毫不留情地改变着中国传统的消费价值观念。从排队店面购物到专卖超级市场的自选，孕育了人们选择行为、选择生活的意识。而商业的自由竞争又为这种选择提供了平等化的基础。平等选择使人们产生了自我意识，自由竞争给人们带来了快乐的体验。从一定意义上讲，销售人员的职业特点，就是在商品的自由竞争中，尊重顾客的自我意识心理，给顾客带来快乐的心理体验。与此同时，也使自己体验到自我存在，培育出"服务快乐"或"愉快服务"的美好心理。

（二）服务心理的出发点

服务心理的出发点，是为了促进销售人员心理与顾客心理的沟通，实现交易，达到双方都满意的目的。也就是在愉快服务心理的驱动下，通过销售人员的努力，使卖者与买者之间心向一致，即“心理认同原则”。只有从这一点出发，销售人员才会注意了解顾客的心理，理解顾客的心理，乐于为顾客服务，愉快地为顾客服务。正如中国的一句古话：“士为知己者死”，从内心深处愿为顾客服务。否则，就会因顾客问东问西而感到烦躁不安，感到处处受制于人，哪里还会有自我存在的体验？哪里还会有服务愉快的心理呢？“服务”这个词是一个平凡而又崇高的词，销售人员所从事的服务，同样也是平凡而又崇高的。销售人员服务的前提，在于对顾客的了解，尤其是对顾客心理状态的了解。顾客的心理状态，是指顾客在商店或服务场所的环境中产生的暂时性的心理特征。顾客的心理状态，常常影响购买行为。顾客的这种心理状态，会因为在不同的店面而不同。如在色彩鲜艳、款式新颖的服装店里，青年顾客带着求新、求美、求时髦的心理，就容易产生情绪热烈而带有冲动性的心理状态；在电视机等高档商品店里，顾客求实、求稳的心理很明显，他们很自然地会产生一种担心买回质量不高的商品的心理状态；在高档饰品店里，顾客的心理状态主要受美观原则的支配。这些心理状态仅仅是在一定的特殊环境下产生的一种暂时性的心理特征，一旦顾客离开这个店面，时过境迁，这种心理状态也会随之消失。

（三）服务心理的科学性

服务心理的科学性，是指销售人员除了良好的服务心理，还必须掌握科学的服务方法，才能达到优良服务的效果。销售人员与顾客的接触从整体时间观念上来比较，总是很短暂的，甚至是一瞬间。要在很短的时间内使双方达到心理上的沟通，的确是一件不容易的事。因此，销售人员既要了解顾客的心理状态，还要注意掌握不同类型顾客购买的行为规律。在通常情况下，不同类型顾客的购买行为规律大体如下：男顾客购买商品一般比较随意，相信销售人员的介绍和挑选。男顾客有时会对销售人员说：“我是代人家买的，又不会挑，请帮忙选一选吧！”青年女顾客一般着重商品的颜色和式样，要求好看、别致，对质量就不太考究。中年妇女顾客一般购买商品要求质量好、价钱相宜，挑得仔细。夫妻同行的顾客，或一男一女顾客，一般以女方为主，女的看中的商品往往成交率高。但销售人员也千万不要忽视男顾客的心理状态。一家老小顾客，通常要着重儿女方面，一般只要儿女选中，母亲点头，父亲大多会赞成。

二、销售人员的交际心理

销售人员的交际心理，是指销售人员在长期工作中形成的一种乐于接待顾客、热情接待顾客的心理。良好的交际心理会对顾客产生重要的影响。

（一）信誉的心理影响

销售人员的行为、举止是商店信誉的窗口。顾客从销售人员言谈、行为中可以体验到商店是否讲信誉的程度，确立自己对商店的信赖程度以及对商品信誉的评价。信誉的心理影响十分重要，信誉是人的第二生命。信誉，属于道德范畴。它是依靠社会舆论、人们的信念、习惯、传统和教育来发挥作用的一种精神力量。商业信誉，是指商店外部公众对商店总的看法和评价，是商店生存和发展的重要条件。市场竞争也包含了信誉竞争。一个企业一旦在社会公众中建立起了良好的信誉，那么在公众的心理上就会产生深刻的影响。如日本的松下、索尼等公司的信誉和形象不仅在日本国内有影响，而且在世界各地也有影响。

（二）形象的心理影响

商店的信誉是通过形象表现的。商店形象属于修养范畴。它要求人们用文明的行为、和善的心地去美化自己，以求得社会环境的接纳。商店形象包括：商品（产品）形象、职工形象、环境形象。良好的企业形象，对顾客具有一种奇妙的、美好的心理功能。如《美国周刊》上有一篇文章写道："在一个富足的社会里，人们都已不太计较价格，产品的相似之处又多于不同之处。因此，公司的形象就变得比商品和价格更为重要。"

（三）信息的心理影响

销售人员在与顾客的交往过程中，向顾客介绍商品或回答顾客的询问，实际上就是沟通、传播、交流信息的过程。销售人员通过商品介绍向顾客传递的信息具有真实性、及时性和科学性，顾客就会产生一种信息可靠的心理。这种心理一旦影响到顾客群体，信息就会成为商店的无形财产。

销售人员工作的交际性，属于人际交往的范围，即人际关系。人际关系属于社会心理学范畴，主要是指人们在社会生活的交往实践中所形成的个人与个人之间的心理关系。它的研究角度直接是社会群体中的个体关系。即从个体的角度，研究个体与他人、个体与群体、个体与社会之间的心理认同、情感关系和行为。销售人员工作的特点决定了销售人员的人际关系的地位，同时，营业员又是天然的公共关系人员。因此，要发挥销售人员工作交际的作用及其影响，必须培养销售人员良好的交际心理。

三、销售人员与顾客冲突的心理

销售人员与顾客冲突的心理，侧重是指销售人员在冲突中的心理准备、心理状态和解决冲突的艺术心理。

（一）销售人员与顾客发生冲突的心理起因

销售人员与顾客发生冲突，是一种心理上不平衡的表现。心理上不平衡的起因是多种多样的，而且每一次冲突都能找到具体起因。归纳起来，有以下三种情况：一是利益冲突，如顾客希望买到一件称心的商品，而销售人员则想把所有的商品都卖出去，这样，顾客的心理需求与销售人员的销售心理自然就发生了冲突；二是误会的冲突，如把对方的话理解错了，或者顾客自己算错了账，却误认为营业员错了，双方心理产生了不平衡而导致冲突；三是不可忍受性的冲突，双方中以偏见对待另一方，使另一方心理上产生了不可忍受性，导致双方心理沟通发生障碍，从而发生冲突。

（二）销售人员与顾客冲突的形式

根据营销过程中发生冲突的情况，主要有以下三种：一是逐渐发展的冲突，如因顾客要求退换商品而发生的冲突，多半是逐渐发展的冲突，一般比较温和。二是急剧发展的冲突，这种冲突大多发生在顾客询问、选购或结算付款时。双方或一方的行为急速地直线发展，火气越来越大，最后一般都会发展到难以控制的地步。三是爆炸性发展的冲突，这种冲突同急剧发展的冲突的区别在于，不需要经过争吵顶撞，与对方的反应无关，来势凶猛，有破坏性。

（三）防止和解决冲突必须遵循的原则

防止和解决销售人员与顾客冲突的基本原则是：尽快拉开冲突双方的距离，息事宁人。具体说来，应坚持下列原则：一是客观性与让步性原则，当双方的实际利益发生冲突时，要想避免冲突或解决冲突，占主导地位的销售人员则应把眼光放远些，以平静的心理，借助于适当的妥协，做出一些让步；二是清晰性和善意性原则，这个原则有助于消除误会，防止或解决冲突；三是距离性和自制性原则，如销售人员具有自制力的心理品质，善于控制自己的情绪与言行，就可以拉开发生冲突的距离，使准备争吵的顾客失去对立面，而无计可施。

（四）调停冲突的艺术心理

当销售人员与顾客发生冲突时，一般应由商店的另一个人出面做工作。如同柜组的销售人员、柜组长、主任、经理等人出面充当调停人。调停应尽可能保持平静的、良好的心态，并讲究调停艺术和技巧。如善于仲裁的技巧、找到坚持调停人地位的技巧、冲突双方共同语言的技巧、息事宁人的技巧、客观公正的技巧。

在运用调停冲突的技巧时，调停人应注意掌握冲突双方的心理状态以及心理状态的变化，适时运用相应技巧，妥善地缓和冲突，平息冲突。销售人员的渊博知识和熟练技能，是保持销售人员良好心理品质的支柱，也是防止和解决冲突的基础。因此，销售人员必须懂得心理学、社会学、美学的基础知识，要不断丰富和更新自己的商品知识，掌握营销工作的专业技能，以适应销售人员工作的需要，特别是应对突发事件的需要，主要是避免和解决销售人员与顾客的冲突。因为，任何冲突的发生，都将给销售人员和顾客双方造成心理上的不平衡，甚至留下难以愈合的心理创伤。避免和解决冲突，也是销售人员工作特点的客观需要。

四、销售人员的行为心理

（一）销售人员行为心理的概念

销售人员行为心理，是指销售人员在营销活动中支配其行动表现的心理。它是心理特征的个别差异的反映。不同个性的销售人员在同顾客的交际过程中表现出不同的个性差异。这种个性差异，形成销售人员不同的行为类型。

销售人员的行为与心理品质是密不可分的，相互促进的。心理品质是营业行为的动因，营业行为是心理品质的表露。心理品质的变化直接影响营业行为的实践活动，而营业行为的实践活动又会引起它们的心理品质的发展变化，互相作用推动着营销活动由低级向高级发展，不断适应社会向前发展的需要。

（二）销售人员行为的类型

销售人员的行为受其心理因素的支配，根据销售人员个性心理的差异，其营业行为大体可分为以下六种：

1. 独立型

独立型一般表现如下：情感显露，性格外向，接受能力强，决断能力较好，处理问题果断，肯负责任，有较强的进取心。接待顾客时，能主动迎候，精神集中，态度良好，情绪饱满，勤快利索，善于根据顾客的心理需求，诱导顾客购买。一般具有乐于从事主动性较强或能充分发挥个人才能的营销服务工作的心理。

2. 被动型

被动型一般表现如下：依赖性较强，遇事缺乏主见，喜欢随大流，性格欠开朗，缺乏自信心和为顾客服务的热情，接待顾客很少主动，与顾客沟通慢。一般具有乐于从事具有安全而无风险的销售服务工作的心理。

3. 活跃型

活跃型一般表现如下：性格外向，情感丰富，精力旺盛，异常活跃，善于与人交往。接待顾客时，思路敏捷，能及时抓住接触时机，促成交易。一般具有乐于从事与多方面接触的营销服务工作的心理。

4. 温顺型

温顺型一般表现如下：性格内向，不爱交际，容易按别人的意思办事。接待顾客时，态度温和诚恳，能尊重顾客意见，尽量满足顾客要求。一般具有乐于从事正常的、不紧迫的销售服务工作的心理。

5. 冷静型

冷静型一般表现如下：性格沉着冷静，态度客观，注意力稳定。接待顾客时，有条不紊，耐心周到，细致入微，善于透过顾客的言谈举止、表情神态去推测其心理活动。一般具有乐于从事精密细致的营销服务工作的心理。

6. 冲动型

冲动型一般表现如下：性格急躁，情绪不够稳定，容易受顾客的态度、家庭或社会等方面的刺激和干扰，而且在营销活动中迅速反映出来。接待顾客时，急于与顾客成交，有时表现得很热情，但缺乏耐心，容易与顾客发生冲突。一般具有乐于从事简单销售服务工作的心理。

根据上述六类销售人员的个性心理特征，一方面对于销售人员来说，有利于了解自己的个性特点和心理素质，加强自我修养，使个性获得完善发展是有利的；另一方面，可以作为商店领导者安排销售人员工作的重要参考因素。

（三）影响销售人员行为心理的因素

影响销售人员行为心理的因素是多方面的，主要因素如下：

1. 生理因素

生理因素包括：性别、年龄、身体素质等方面。生理因素的差别可以引起心理品质的差别，而使营业行为形成不同的特点。如一位感官生理功能健全、视觉与听觉俱佳的销售人员，在与顾客心理沟通的过程中反映就会显得快速、灵敏。生理上的差异，是客观上的因素，可以通过销售人员的努力来发挥主观能动作用。如有一位眼睛高度近视的销售人员，她觉得戴着一副像牛奶瓶底般的眼镜会扫顾客的兴，所以上班时很少戴眼镜，自己店面面前的东西尚可看到，但是离得稍远的顾客，她就看不清楚。令人奇怪的是这位销售人员却很受顾客欢迎。原来，她自知眼睛看不清，所以只要觉得对方是在看自己，就主动打招呼。其实有时人家根本就没有注意她，甚至不知道她是和自己打招呼。但是这没有关系，顾客并不会因她的彬彬有礼而有意见。

2. 心理因素

心理因素包括：智能、兴趣、情感、意志、气质、性格等。销售人员心理因素的差别对营业行为的影响是十分明显的。由观察力、注意力、表达力、记忆力、思维能力、实践能力等因素构成的人的智能，其水平程度从销售人员身上反映出来，就会产生不同的营业行为。例如，在北京某食品店发生了这样一件事，一位顾客对接待的销售人员说：“我要一斤奶油豆。请您给我铲两次，不然，我就不买。”销售人员心中咯噔了一下，马上按照顾客说的做了，规规矩矩铲了两铲，刚好一斤包好，微微一笑，递给了顾客。瞬间，那位女顾客的脸由“多云转晴”，绽开笑容，说道：“谢谢您了，不是我难为您，是我有神经性呕吐症，假如您多铲几次，我就恶心，不想吃了。”这位顾客沉思了片刻，又说了前几天买奶油豆时，有位销售人员却说：“太难为人了，非要两铲一斤，咱没有技术。我不用铲子来回铲，还让我拿眼睛把奶油豆一个个给你瞪上去?”

3. 家庭因素

家庭因素包括：夫妻关系，父母子女关系，姑嫂、兄弟关系以及经济条件、爱好兴趣等。家庭因素是销售人员良好心理品质形成的一个重要条件。有这样一句话：“家庭是人生的港湾。”试想一下，远航的船只在与狂风巨浪的搏击，在筋疲力尽的漂泊之后，如果没有一个宁静的港湾可以停泊，该是何等凄凉。当家庭因素作用于家庭每个成员时，就会陶冶着每个成员的心理品质。一个销售人员心理品质的形成必然受到家庭因素的影响，而又必然会反映到营业行为上。如一位销售人员因夫妻闹离婚，对丈夫产生了怨恨心理，结果几乎用这种心理来对待所有男顾客。后来这位销售人员重新组织了家庭，丈夫很体贴她，她又产生了满意心理，以后看到男顾客时，怨恨心理也就消失了。

4. 环境因素

环境是人类活动的场所。通常分为生活环境和工作环境。环境因素对人的心理品质形成同样有着重要的作用。本书所讲的环境，是指营业环境。营业环境因素包括：营业场所装饰、营业设施、营业方式、营业环境卫生等。营业环境因素的差别，直接或间接地作用于营业员的心理品质，影响营业行为的个别差异。如营业设施符合人体工程学的要求，就会使销售人员产生一种轻松愉快的心理，努力做好销售工作。

5. 管理因素

管理因素包括：劳动组织、管理方式、工资福利、奖惩制度、人事关系、人际关系等。商店组织管理因素的差别，会对销售人员心理品质产生不同的作用，从而对营业行为产生不同的影响。如营业柜组的成员搭配合适，相互团结协调，往往能发挥人的组织效应作用。又如营业员上班时禁止闲谈，这是工作的需要，毫无疑问，这条规定是对的。然而，销售人员都是有意志、有思维的活生生的人。管理者就必须合理安排销售人员闲谈的时间。

6. 社会因素

社会因素包括：社会消费现象、社会政治与文化背景、顾客的购买行为与态度反映、社会交际等。社会因素的差别，对销售人员的心理品质与营业行为有着直接或间接的影响。如顾客对销售人员的尊重态度，就会引发销售人员不同程度的心理感受。因为销售人员的心理活动，像一般人的心理活动一样，包括：感觉与知觉，记忆与思维，注意与抽象，情绪与情感。销售人员对营销工作和顾客所产生的营业行为心理，同样有一个认识过程、情绪过程、意志过程。他们的心理需求，同样希望得到满足。如北京王府井百货大楼的售货员每人平均每天接待数以千计人次，这种繁重的劳动赢得什么呢？从销售人员的心理需要来考察，当然是希望赢得社会的理解、支持与尊重。这就需要提高整个社会的道德水平，使人们懂得尊重别人的劳动，尊重销售人员的劳动。

任务四　销售人员的职业心理品质

学习目的

通过完成本任务，了解需要培养销售人员哪些方面的职业心理品质，从而树立起培养自身职业心理品质的意识。

销售人员良好的心理品质的形成要靠培养，培养销售人员良好的心理品质必须以物质为基础，它包括生活物质和精神物质。

一、销售人员的心理欲求

（一）心理欲求的概念

心理欲求，是指销售人员因生理需要和心理需要而形成的一种心理上的欲望和追求。心理欲求在销售人员心理品质的形成与发展过程中起着重要的作用。人类生存的本能，就是需要。人所创造的一切，就是他曾需要过和正需要的一切。需要在人们生命的每一时刻都是如影随形，永远不会泯灭的。只有遵循“人类需要法则”，才有可能培养出销售人员良好的心理品质，激励销售人员在平凡的工作岗位上显示出才能。

（二）心理欲求的内容

心理欲求是建立在需要的基础上的。需要的内容是丰富的，也是有层次性的。依据美国人本主义心理学家马斯洛提出的“需求层次论”，人既是自然的，又是社会的（见图9－1）。因此，在人的生活中既有求生存的自然需要，又有行为活动的社会需要，需要层次是一种动态结构，它处在一步一步地连续发展变化之中，表现为在低一级需要得到相对满足后，就要上进到较高层次的需要。这时，需要的核心是人的自我实现。自我实现是人潜在的最大需要。自我实现的心理欲望，唤醒和刺激着人们采取积极的行动，努力去实现所追求的目标。

根据马斯洛人的“需求层次论”，销售人员的心理欲求是多方面的，概括起来可以分为三个层次。

1. 满足生存的心理欲求

满足生存的心理欲求包括：满意的经济收入，身心得到安全保障，合理的地位和待遇，美满幸福的家庭等。

2. 期望得到重视的心理欲求

期望得到重视的心理欲求包括：胜任工作的能力，发挥潜在能力的机会，受到别人的尊重和赞赏等。

3. 实现事业发展的心理欲求

实现事业发展的心理欲求包括：职位升迁的机会，职称获得与晋升，事业上有所成就。

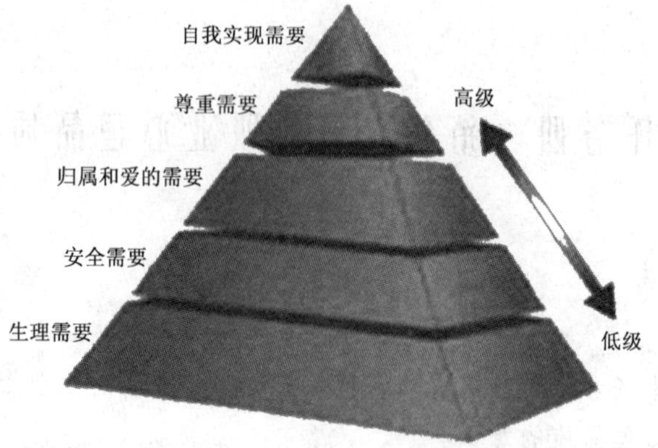

图9－1　马斯洛提出的“需求层次论”

（三）心理欲求的导向

培养销售人员的心理欲求，应选择正确的主导欲求。选择正确的主导欲求的途径主要有：增强社会责任感和荣誉感，树立正确的信念；激发专业兴趣，实现物质上和感情上的适度满足。人的心理，并不是虚无缥缈、神秘莫测的东西。人的心理是客观世界在人脑中的主观映象，即心理是人脑的机能，是客观现实的主观反映。客观现实、社会实践是产生人的心理的决定因素。因此，人的心理品质客观上存在着可塑性和可变性，人们在改造世界的同时，也改造着自己的心理品质。销售人员心理品质的形成与发展，是依靠后天的自我修养和活动实践以及心理品质培养的结果。销售人员上店面如同上“舞台”，每个人都要以各种不同角色和心理工作。只有具备良好心理品质的销售人员，才能在营销的“舞台”上扮演一个出色的角色。

在长沙有一家叫“墨华斋”的专营书画用品的商店，经营的项目有笔、墨、纸、砚、印石等多种各类商品，经理本人是一个书法爱好者，因此，对经营好这个商店具有很强的信念。他几乎每天都到店堂参与营业，去观察、揣摩顾客的购物心理。他看到有的顾客在观赏印石，欲购而又止，在犹豫中跨出了店门；有的在此挑选砚石，因无人适时参谋，挑选了半晌还是走了……也就是说，一些可以做成的生意在悄悄走失。为此，他收集店堂经营中一些常见的疑点，编写了一本《书画用品知识浅谈》的讲义，打印后发给店内职工阅读，还先后给销售人员多次讲课，激发了销售人员的专业兴趣，增强了营业员的责任感和荣誉感，因而商店生意越做越活，受到顾客的赞扬。一天，经理见一位70多岁的顾客在观赏店面内的印石，看了又看，默不作声，于是他连忙迎上前去，取出一枚印石说：“这枚印石很有特色，它利用天然的一石两色，一头作印纽，一头作印坯，工艺性很强，您如果用它刻成印章，既有实用价值，又有观赏价值。”老人一听，眼里闪出诧异、欣喜的神色，他递上自己的名片：“台北市书画职业分会常务理事于百龄。雅号‘潇湘奇客’。”然后，兴致勃勃地购买了4000多元的印石和文房四宝，并说，下次回大陆定要二进“墨华斋”。

二、销售人员自我意识的培养

（一）自我意识的概念

自我意识，是人脑对该个体所交往的周围关系及其所处的社会地位的一种反映。它包括自我分析、自我批评、自我体验、自我监督和自我修养等形式，通过这些形式，认识到个体的存在和力量，个体所处的人与人的社会关系，以及对社会的责任和义务。

人的自我意识，是在社会交往活动中逐步形成和发展的，自我意识很多时候是个体自觉进行或偶尔发生的。但是，外力的推动与激发，对其发展方向、成熟程度和稳固程度的影响，无疑也是存在的。因此，根据销售人员劳动的特性，其自我意识的培养应建立在正确认识销售人员社会地位的基础上，从社会分工的角度来考察，社会分工没有高低贵贱之分，销售人员的工作虽然是一种默默无闻的平凡工作，然而同各行各业的工作一样，也是必不可少的。只有建立在这种认识的基础上，才能培养销售人员良好的自我意识。

（二）自我意识培养的内容

1. 树立正确的荣誉观

从本质上看，荣誉是社会对一个人实际表现的客观评价，是一个人内在价值的外部标志，它是一种积极的心理品质。荣誉感可以产生不可估量的精神力量，激发人们的事业心和对崇高人生目标的不懈追求，有利于对销售人员良好心理品质的培养。要树立正确的荣誉观，就必须克服虚荣心。说到虚荣心，人们就会想到莫泊桑的小说《项链》，小说中那个公务员的妻子，可谓是爱慕虚荣的典型，正是虚荣心使她借项链、失项链，结果折腾得这个小康之家几乎走投无路。虚荣心很有害，主要表现在：使人目光短浅，追求一时的名利和享受；使人是非不分，容易滋长华而不实、弄虚作假、吹牛撒谎的不良行为；使人陷入歧途，容易上当受骗，甚至堕入法网；使人丧失理智，做出不该做的事。克服虚荣心的途径主要是通过自我分析、自我批评、自我修养，增强自我意识能力，发扬自己个性中的优点，抑制个性中的缺点，在平凡的工作岗位上争取真正的荣誉。

2. 树立艰苦奋斗的精神

获得事业上的成功与胜利，无不需要付出艰苦的劳动。只有在艰苦的劳动中百折不挠、勇往直前，才能享受到胜利后的喜悦。人生不可能一帆风顺，总会遇到一些不太顺利的事情，如工作、生活、爱情上的挫折，对人生来说并不是坏事，它可以磨炼意志，砥砺思想，培养才能，激发智慧，在逆境的情况下做出非凡的成绩。古今中外，凡是事业上有成就、为人类社会做出贡献的人，几乎都是在艰苦斗争中成长的。如我国古代历史学家司马迁，俄国文学家托尔斯泰、丹麦童话作家安徒生、世界音乐大师贝多芬等。他们成功的秘诀在于：不屈服厄运的威胁，做自己命运的主人。因此，销售人员可以通过自我体验和自我监督不断地认识和发展自己，调节自己与别人的关系，有效地提高本职工作的社会效果，从而获得事业上的成功。

3. 树立正确的审美观

爱美是人的天性。俄国作家高尔基说："照天性来说，人都是艺术家。他无论在什么地方，总是希望把美带到他的生活中去。"人都有一种喜爱美好事物的心理，有一种创造美好事物的欲望。然而对一个人来说，既有内在美，又有外在美，正如印度作家泰戈尔指出的"你可从外表的美来评论一朵花或一只蝴蝶，可你不能这样来评论一个人。"销售人员要增强自我意识能力，就必须要做到内在美与外在美的恰当结合，形成风度美。风度是指人的容貌、表情、衣着、打扮、言谈、举止、态度、作风的综合体。在接待顾客中销售人员要给顾客一种美的感受，同时陶冶自己文明经商的传统情感。

4. 提高自我意识的强制力

社会教育和法制教育中所显示出来的强制力主要表现在两个方面：通过对典型事例的自我分析、自我体验，产生一种防微杜渐的心理，从而不断增强自我意识的约束力。明辨是非，懂得荣辱，从而不断增强自我监督和自我修养的能力。在运用行政手段和法制教育的同时，正确地运用奖励和惩罚，对于提高销售人员自我意识的强制力，也是十分重要的。

三、创造心情舒畅的环境

心情舒畅的工作环境是培养销售人员良好心理品质的外在条件。销售人员的工作是复杂、单调、辛苦的，容易产生心理上的疲劳，这种心理上的疲劳往往影响到销售人员的心理品质。因此，在条件许可的情况下，要尽可能为销售人员创造心情舒畅的环境，它包括学习环境、工作环境、生活环境和文化环境。

（一）学习环境

书籍是人类进步的阶梯，如文学、历史、哲学、美学、心理学、社会学、经济学、商品学、市场学等都能增加销售人员的知识，对销售工作产生深远的影响。这是因为在营销过程中要广泛接触各种各样的人，为了和这些不同年龄、不同职业、不同兴趣爱好以及不同学历的人打交道，并且能够引起认同和亲近，达到心理沟通、买卖成交的目的，就必须找到共同的话题，这就需要多方面的知识。一个销售人员的知识面越广，适应性就越强，接待顾客就能够顺应自如，也就能心情舒畅。因此，为销售人员创造心情舒畅的环境，首先就是学习环境。良好的学习环境使销售人员不断地制定和实施自己的学习计划，经常获取新的知识，充实自己的头脑，陶冶情操，增强自我修养，从学习中获得无穷的乐趣而保持心情舒畅。

（二）工作环境

工作环境是指营业场所，即商店的店堂和营业间内的设施、灯光、通风、色调等。心理学和美学证明，这一切对销售人员的心情都有着不同程度的影响。如色彩，不同的颜色会使人产生不同的感觉：红色由于是血液的色调，是火的颜色，所以成为热烈与沸腾的象征、勇敢与正义的象征，同时又是喜庆的代表；白色则被人们用来表现光明、纯洁、欢快；黄色是大地的色调，是秋天的颜色，使人感到母亲般的温情，感到丰收的喜悦，感到光明；绿色则被人们用来表现青春的活力和希望的光芒，表现恬静、安详的氛围，由于绿色与生机盎然的春天不可分割，因此人们说“绿色是生命的象征”等。销售人员通过视觉对各种颜色会产生不同的心理。长期工作在一种不协调的颜色里，就可能造成销售人员不舒畅的心境。有经验的商店领导应运用颜色心理装饰店堂，就能给销售人员创造一个心情舒畅的工作环境。

（三）生活环境

生活，从广义上讲，是一种社会活动，如政治生活、文化生活、组织生活、家庭生活等。不管哪一种生活，都是思想感情的交流和心理的沟通。同样，作为一个有意志、有思维、活生生的人的销售人员的生活也是如此，他们需要通过各种形式进行相互之间的交流，像闲谈就是一种交流的形式。闲谈在营业工作时间是被禁止的，因为它对接待顾客是不利的，有很多顾客本来想购买商品，因看到销售人员之间在那里闲谈，只好放弃购买，这是屡见不鲜的。然而，要使活生生的人长时间在一起不说话是不可能的，销售人员之间长期在一起共事不把所感受到的东西谈出来，也是无法忍受的，有些人不谈出来甚至就感到心情不舒畅，谈出来后，得到同事们的开导和理解，就会产生一种满足的心理，形成舒畅的心境。因此，聪明的商店领导者一般都会安排时间让销售人员闲谈，他们懂得，这也是销售人员生活中的重要部分。因此，创造良好的生活环境是保持销售人员心情舒畅的重要途径。

（四）文化环境

文化，是指人类在社会发展过程中所创造的物质财富和精神财富的总和，是一种社会现象，它以物质为基础，并随着社会物质生产的发展而发展。20 世纪以来，在经济发达的国家出现了一种企业文化，这种文化对企业的发展起着越来越重要的作用。80 年代以来，企业文化在我国引起了人们的重视。企业文化是相对于大文化——社会文化——而存在的一种亚文化，是文化对企业渗透和一种经济意义与文化意义相结合的产物。它是企业在长期发展过程中，在一定社会的政治、经济、文化、环境和企业特定环境中形成和发展的，是企业群体的心理状态、价值观念、行为方式和管理习惯的总和。各国企业文化的发展，既是一种普遍性的进化过程，又是其特殊性相互渗透、融合的过程。当今世界经济飞速发展，科学技术日新月异，在国际交往日益频繁的今天，各国企业之间的竞争已不仅仅是产品和服务的竞争，而是企业文化的竞争。因此，企业文化是企业之魂，是企业管理的最高层次，它代表着企业个性、企业精神和企业素质，并成为一种企业经营战略。

建设企业文化，必须从实际出发，对本企业的经营特点、职工状况、经济性质等要审慎地进行全面的分析，把握本企业的主要特点，根据自身特点建设企业文化。如长沙五一文化用品商场结合商场的发展历史与现状，概括总结出“永不满足，高度负责，智慧与拼搏相结合：信任、理解、支持、友爱与我们同在；热爱荣誉，脚踏实地，无私奉献”的企业精神，他们以这种精神作为企业文化的主题，采取各种形式的活动去启迪人、鼓舞人、感染人，培养和陶冶销售人员的良好心理品质。

心理学研究表明，松散消极的心理气氛和过度紧张的心理气氛均会使人的工作变得无效，这一规律被称作“倒 U 型曲线”。心情舒畅的环境是培养销售人员良好心理品质的外在条件。正如人的心情、气质是以表情、姿态等外显行为折射出来的一样，一个团体（商店或工厂）的心理气氛同样是以情绪色彩表现于外，并对个体带来感染效果。置身于积极的团体心理气氛中，成员将表现出积极的价值观和饱满的工作热情。置身于消极的团体气氛中，传播流言蜚语、消极悲观情绪将表现在成员身上。团体积极的心理气氛给人以快乐、宽松、个性自由的心理体验，这种气氛能促使其成员热爱团体，并使成员的创造性得以发挥。

【学习资源链接】

1. 精品视频讲座推荐：《员工情绪管理》，讲师：何常明，GEC 特约培训师，机械工程学士、心理学学士。历任多个公司销售训练师、培训部高级讲师、培训主任、公司总经理，致力于最新学问的研究，包括身心语法程式学、情绪智能及脑神经学。

2. 延伸阅读。

营销人员职业生涯规划的方法

（1）自我认识。通过自我认识，营销人员能够发现自己是否具有营销方面的特长，是否具备营销人员的一般心理素质，以及是否适合从事营销工作。

（2）内外环境分析。通过内外环境分析，使营销人员认识到内外环境的变化以及对营销人员提出的挑战，自己在哪些方面存在不足。

（3）岗位选择。通过岗位的正确选择，营销人员能够在营销行业中找到自己的位置，找到适度发展的空间。

（4）职业生涯目标抉择。营销人员确立科学的职业生涯目标，激发活力，开发潜能，克服市场竞争的困阻，获得事业成功。

（5）职业生涯路线选择。通过生涯路线的选择，能够使营销人员工作、学习的思路清晰，发展路线明确，有计划、有步骤地发展自己。

（6）实施计划与具体措施。营销人员要制定具体的工作计划，实现计划的具体措施，明确起讫时间，并对预期目标计划确定进行考核。

训练与思考

训练思考一：

1. 将学生分组，组织学生以观察者的身份选择2～3家不同类型的手机店，在营业场所观察顾客的购买行为表现、营业员与顾客的沟通交流情况。

2. 在课堂上对观察到的营业员的营销服务得失情况进行讨论分析。

训练思考二：

案例讨论：

三越公司的"看客"策略

"今天的看客，明天的买主"，这个口号是日本著名的三越公司经营的重要方针之一。该家公司曾经做过这样的统计：一般大商店，进店的人中只有20%是当场买货的，大部分人是来看货的。基于这样的认识，三越公司对看客也十分热情地予以接待。

这个方针显然是正确的，因为顾客总是先看后买，特别是贵重的用品，更有一个挑选、鉴别、决策的过程，因此，接待好看客，无疑可以推动和强化顾客的决策，使看客转化为顾客；对那些不贵重的日用商品也可以由于热情的介绍、自然的推荐，唤起看客的购买欲望和动机，使随机购买成为一种可能。同时还将激发顾客因此产生良好的印象，并为你做义务广告，使之成交更大的生意。例如，北京天桥百货商场的一位营业员，在招呼顾客时，发现店中的一位顾客上衣掉了一颗纽扣，就主动提醒他买个纽扣，并帮他缝好。这位售货员热情的服务态度感动了这位顾客，后来他把和他一起出差来京的同伴都邀到该店购买了500多元的商品。几分钱招来了一笔较大的生意，再一次说明了经营者的经营思想不能太急功近利，如果对大主顾大献殷勤，对小主顾就不屑一顾，对看客更是态度生硬、爱理不理、满脸冰霜，这样势必把今天、明天乃至后天的顾客都拒之门外了。久而久之，不但经济损失甚巨，企业的名誉也将扫地。

（资料来源：吕玲．营销心理学［M］．武汉：武汉理工大学出版社，2008.）

思考题：

三越公司的“看客”策略体现了销售人员的哪些职业心理表象？

训练思考三：

案例讨论：

陆小姐的一次“超常”服务

有位澳大利亚客人在某酒店请客，当上了“椒盐濑尿虾”这道菜时，服务员陆小姐注意到别人都在自己动手剥虾吃，这位客人却略有迟疑，面有难色。

她便主动上前询问：“先生，需要我为您剥虾皮吗？”

“啊，可以吗？太好了！”客人如获救星，高兴地叫起来。

陆小姐就主动上前，以娴熟的手法为客人剥好虾皮，教客人怎么点酱油，吃完以后，又怎么用水洗手。客人吃得心情愉快，非常满意。

后来，那位客人一高兴，干脆拜陆小姐“为师”，正正经经地跟她学剥虾皮，看着她怎么剥，他也怎么弄。看到他们如此亲密的样子，谁还分得出他们谁是客人，谁是服务员啊！

宴会结束后，这位澳大利亚客人握着陆小姐的手说：“小姐，你的眼睛真厉害，可以看到我心里想的是什么。我回国后告诉朋友们，我在中国享受到了皇帝般的待遇，而且还学到了剥虾皮的‘新技术’。”

这是一则“超常”服务案例。餐厅的服务程序中不包括替客人剥虾皮的服务项目，当服务员发现客人遇到难题的时候，主动上前提供帮助，化解了客人的为难与尴尬，让客人不仅得到了优质的“功能服务”，而且在情绪上达到了真正的满意。

（资料来源：王官诚，汤晖，万宏．消费心理学［M］．北京：电子工业出版社，2013.）

思考题：

陆小姐的主动服务行为体现了销售人员的哪些意志品质？

参考文献

1. 范明明. 消费心理学［M］. 北京：中国财政经济出版社，2005.

2. 曹刚等. 国内外销售案例集［M］. 武汉：武汉大学出版社，2008.

3. 吴芳，张东升，李芳. 消费心理学［M］. 西安：西安地图出版社，2005.

4. 连淑芳等. 营销心理学［M］. 上海：立信会计出版社，2008.

5. 徐琴. 营销心理学［M］. 合肥：中国科学技术大学出版社，2012.

6. 王永. 营销心理学实用教程［M］. 北京：化学工业出版社，2010.

7. 廖晓中. 消费心理分析［M］. 广州：暨南大学出版社，2010.

8. 林莉. 销售心理学基础［M］. 北京：中国财政经济出版社，2011.

9. 李秀英，王旭. 消费心理学［M］. 北京：机械工业出版社，2013.

10. 戴卫东，刘鸽. 消费心理学［M］. 北京：北京大学出版社，2011.

11. 王官诚，汤晖，万宏. 消费心理学［M］. 北京：电子工业出版社，2013.

12. 刘树，马英. 营销心理学［M］. 北京：电子工业出版社，2011.

13. 王永. 营销心理学实用教程［M］. 北京：化学工业出版社，2010.

14. ［美］J. 保罗·彼得等. 消费者行为与营销战略. 大连：东北财经大学出版社，2000.

15. 郃苎，荆林波. 消费心理理论与实务. 北京：中央广播电视大学出版社，2000.